生き残る会社をつくる「守り」の経営

Defensive Management

浜口隆則

Takanori Hamaguchi

かんき出版

君主にとっての敵は、内と外の双方にある。
これらの敵から身を守るのは、準備怠りない防衛力と友好関係である。

マキャヴェリ

はじめに
会社が失敗している「2つの原因」

87％もの会社が失敗しているという事実

数年前に経済産業省や国税庁のデータを調べたところ、過去30年間に廃業した会社は【281万9千社】もありました。**毎年【約9万4千社】も廃業していることになります。**

また、廃業せずに済んで生き残った会社の中で、赤字の会社は【72・8％】でした。つまり、現存する会社のほとんどの会社が赤字であり廃業予備軍となっています。

この数値を定期的にモニタリングしていますが、残念ながら、この傾向は変わりません。

総合して考えると、全体の【約87％】が失敗しているという計算になります。この数字は「多くの社長が会社経営を正しく行なえていない結果」と言えます。

自分の身近な家族や友人が倒産したら大変なことです。廃業や倒産していく会社を何社も見ていますが、できれば見たくない光景です。それが毎年、約10万回も起きているということです。

また、廃業とまではいかなくとも、会社にとって「赤字になる」ということは悪い兆候です。学校などのテストで言うなら赤点を取るようなものです。しかし、世の中に存在する４分の３に近い会社は、毎年、赤字なのです。

こういった事実を知らない経営者が多いですし、なんとなく知っていたとしても、あまり深く考えていない経営者が多過ぎると感じます。経営者は、この事実をもっと深く受け止めるべきです。

数千社の会社を見てきて気づいた現実

このように多くの会社が失敗しています。

失敗にも様々な形がありますが、それらの失敗の根幹となっていると感じる要因が2つあります。

〈会社が失敗する2つの根幹原因〉

① 経営を知らない

② 守りが弱い

これら2つの根幹的な原因は、会社を守っていく上で、最初に知っておくべき大切なことなので一つひとつを見ていきましょう。

原因①：経営を知らない

「87％もの会社が失敗している」という客観的な事実を目の前にしてしまうと「経営は難しい」と感じてしまいます。確かに、経営は簡単ではありません。しかし、潜在的には優秀な人が多い経営者たちが「こんなに多く失敗してしまうほど難しい」とは思えません。

実際、ほとんどの会社が失敗してしまうほど、経営は難しいのでしょうか？　私自身も最初は「経営自体が難しいから、失敗する人が多いのは当然だ」と感じていました。

しかし、30年近くにわたって経営にたずさわり、数千社の会社と数千人の社長とお付き合いしてきた経験から言うと、経営は「そんなに多くの会社が失敗するほど難しい活動ではない」ということがわかってきました。

では、何が問題なのでしょうか？

経営が難しいのではありません。経営を実行する社長に課題があるのです。

何千人もの経営者と接してきてわかったことは、経営が難しいのではなく、私たち経営者の方に課題が多いということです。経営が難しいわけではありません。どちらかというと、難しくしているのは私たち経営者なのです。

この事実は、「高跳び」にたとえてお話しすると理解していただけることが多いです。経営というバーは、そんなに高い所にあるわけではないです。頑張れば跳べる所にあります。少なくとも、経営に挑戦するような潜在的には優秀な人たちが87％も失敗するほど高い所にあるわけではないです。

しかし、それほど高いバーではなかったとしても、跳ぶ人が訓練していなかったり、トレーニングしていなかったりしたら、当然、跳び越せません。バーが高くなくても、跳ぶ能力が不足していれば、バーにぶつかってしまいます。

経営というバーは、実は、多くの人が考えているほど高くはありません。しかし、練習をせずに高跳びをすることと同じように、跳ぶ側が学んだり、準備していないから、跳び越えられないだけなのです。

今日も、多くの社長が経営というものを知らないまま経営をして、失敗していきます。そして、その失敗する多さと悲惨さだけを見て「経営は難しい」という神話が生まれてしまうのです。

経営そのものは、難しくありません。
経営者に、不足があるのです。

最も大きな不足は「経営を知らない」ということです。驚くべきことであり、不思議なことでもありますが、多くの社長が経営を知らないまま経営をしています。経営をしているのに「経営を知らない」わけですから、多くの会社が失敗するのは、ある意味、当然のことです。

そうやって考えると、失敗の原因は初歩的なことでした。もちろん、現象だけを見ると、失敗する原因は多岐にわたります。しかし、それらを紐解いていくと、社長が「経営を知らない」「経営を学んでいない」という原因に行き着くことが多いのです。

社長が「経営を知らない」「経営を学んでいない」ということが、多くの失敗の起因となっていて〈根幹的な原因〉になっているということです。

「経営をするなら、経営について知っておいた方がいい」ということは、客観的に聞いていると「当たり前」のことのように聞こえると思います。しかし、驚くべきことに、多くの社長は経営を知らないまま失敗していきます。

知らないことで成功できるはずがありません。稀に成功することはあっても、確率は著しく低いです。しかし、多くの社長は経営を学ぼうとしません。

残念ながら、この不思議な現状が「多くの失敗の土台」となってしまっています。

原因②：守りが弱い

数多くの会社を見てきて、もう一つ気づいたことは「守りが弱い」ということです。

一時的に成功する会社は、ある程度の割合で存在します。しかし、その状態を続けられる会社は少ないです。たいていの会社は、一旦、軌道に乗ったとしても、3～5年の間に低迷することが多いですし、そのまま廃業してしまうことも少なくありません。

それらの現実を見てきて「成功することは簡単だが、成功し続けることは難しい」と感じるようになりました。

成功し続けることができる会社が極端に少ない理由はいくつかありますが、最も大きな原因の一つが「守りが弱い」ということです。

ほとんどの会社は「守り」ができていない

最も問題だと感じるのは「守って弱い」のではなく、そもそも「守っていない」ということです。守りへの意識が不足している経営者が多く、結果として会社のディフェンス力が低いまま放置されています。

「守りの重要性」を深く理解して、守りを固めている経営者も存在します。そういう経営者が経営する会社は派手さはなかったりしますが、ピンチがあってもうまく凌ぎますし、そもそも予防的な対策を講じているのでピンチが訪れているようにすら見えません。

このように軽々と勝ち続けている会社は「守り勝ち」しているわけですが、「守り勝ち」は見えにくいです。経営活動の勝ち方はスポーツなどの「勝ち方」と違って、ただでさえ見えにくいので周囲に伝わりにくいです。しかも、経営活動の勝ち方の中でも、まだ「攻めの勝ち方」は伝わりやすいですが、「守って勝っている」のはさらに見えにくいために「多くの人に伝わっていない」というメカニズムがあります。

守りを忘れない経営者が、守りが弱い経営者に対して使っていたのは「脇が甘い」という表現です。「脇が甘い」という表現は、元々は相撲で使われる言葉で「勝つために重要な脇の締めつけが弱い」ことから、相手に有利な組み手の形になってしまうことに由来する表現です。これが転じて「無防備で容易につけ込まれる隙だらけの状態」の「守りの弱さ」を意味する言葉になりました。

守りを固めている経営者から見ると、守っていない会社は隙だらけで「常に後手後手に行動している」ように見えています。

経営において、攻めることも必要ですが、守ることも同じように大切です。しかし、なぜか、守りを攻めと同じように意識している経営者は少ないですし、実際に守りを実践できている会社は不思議なくらい少ないのです。

この守りの弱さが、多くの会社が安定的に経営できない原因の一つであることは、多くの会社を見てきた結果として思い知らされました。

会社を守るために必要なこと

本文でも詳細に述べますが、守りが弱くなってしまう原因の一つは、一つ目の原因である「経営を知らない」ことに起因しています。

攻めは一点突破でも可能ですが、守りは違います。**守りは全方位的であり、全体を把握できていないとできません。ですから、経営を知っていないとできないのです。**経営には、どんな部分があって、それらがどのように機能的につながっているのかという「経営の要素と構造」がわかっていないと「どの部分が弱点になっているか?」「どの部分が危険な状態か?」がわからないということです。そして「守りの重要性」に気づく前に、会社がダメになっていってしまいます。

このようにして「守りの重要性」は知られないままになり、その重要性に気づき、実践して成功し続けている少数の会社だけの専売特許のような状態になっています。

この状況は不幸ですが、逆に考えると、守りを意識して少しずつでも実践していくだけで、守りを意識していない多くの会社と比較すると「格段に生存確率が上がる」とも言えます。

会社は「関わる人を幸せにする仕組み」です。そんな存在である会社が簡単になくなり、経営をしている多くの社長が舞台から去っていっていることは、社会にとって大きな損失です。

それを防ぐためには、経営者に「守り」の視点が必要です。

会社を経営するときに厳然と存在するリスクを認めて「会社の守備力」を上げていくべきです。しかし、多くの経営者には「守り」の視点が不足しています。

本書の目的は「会社を守る」ことです。

一社でも多くの会社に長く継続していってもらうために、見落としがちな「守り」という観点から会社を見直し、「守り」を強化していく具体的な方法を提示することです。

さあ、守りを固めていきましょう！

生き残る会社をつくる「守り」の経営　目次

第1章　「守り」の重要性

第2章 社長が「守り」の重要性に気づかない《5つの原因》

第3章 守りの「基礎力」

第4章 「守り」の3大分野

守りの3大分野 Ⅱ：〈分散させる〉……149

守りの3大分野 Ⅲ：〈流動性を高める〉……182

第5章 「7つの脅威」から会社を守る

第6章　社長の「ストレスマネジメント」の重要性

カバーデザイン　井上新八
本文デザイン・ＤＴＰ　佐藤千恵
企画協力　株式会社オープンマインド
素材提供：arbuz, Gajus, fran_kie, Olivier Le Moal, shpakdm, Brian A Jackson, Twinsterphoto, kiyaksun, Mike Mareen/Shutterstock.com

第1章

「守り」の重要性

【1】最も重要な〈前提条件〉

ほとんどの人が忘れてしまう前提条件とは？

経営者の仕事として最も大切な仕事の一つは「経営戦略を考えて会社が進む方向性を明確にしていく」ことです。

そして経営戦略を考えるときに致命的に重要なことは「前提条件」を理解しておくということです。前提条件を間違ったまま立てた戦略は、戦略自体が正しくても、正しい戦略にはなりえません。

しかしながら、多くの経営者が前提条件を忘れてしまっています。経営という世界に厳然として存在する前提条件は、厳しい現実でもありますから「忘れていたい」「無視していたい」という気持ちは、一人の実践者としては理解できます。

しかし、そのようにして前提条件を無視して立てられた戦略は、それがどんなに良さそうでも最終的な目的を果たすことはできません。ですから、私たちが経営を進めるにあたって「どんな環境なのか?」という前提条件は深く知っておかないといけません。

「会社の継続」ということをゴールとしたときに、そのゴールに向かって、私たち経営者が「どのような環境の中を進んでいかないといけないか?」ということを考えてみましょう。

道路にたとえると「目的地に向けて、どのような状態の道を進んでいかないといけないのか?」ということです。それは「舗装された楽に進んでいけるような道なのか?」、それとも「ドロドロの進むのが困難な道なのか?」ということです。私たちが直面する現実と言っても良いでしょう。

会社の継続を目指したときに「どういう現実が私たちの前に広がっているのか?」という前提条件を深く認識していきましょう。

「滅多に起きない」と言われる大きな変化の頻度

私たち経営者が経営をする上で、最も覚悟しないといけないことを、より深く理解してもらうために、ニュースなどで報道される「滅多に起きない」と言われるようなことが「実際どれくらいの頻度で起こっているのか？」を見てみましょう。

「100年に1度」というほどのことでなくとも、少なからず会社が直接的・間接的に影響を受けるような出来事を考えてみてください。

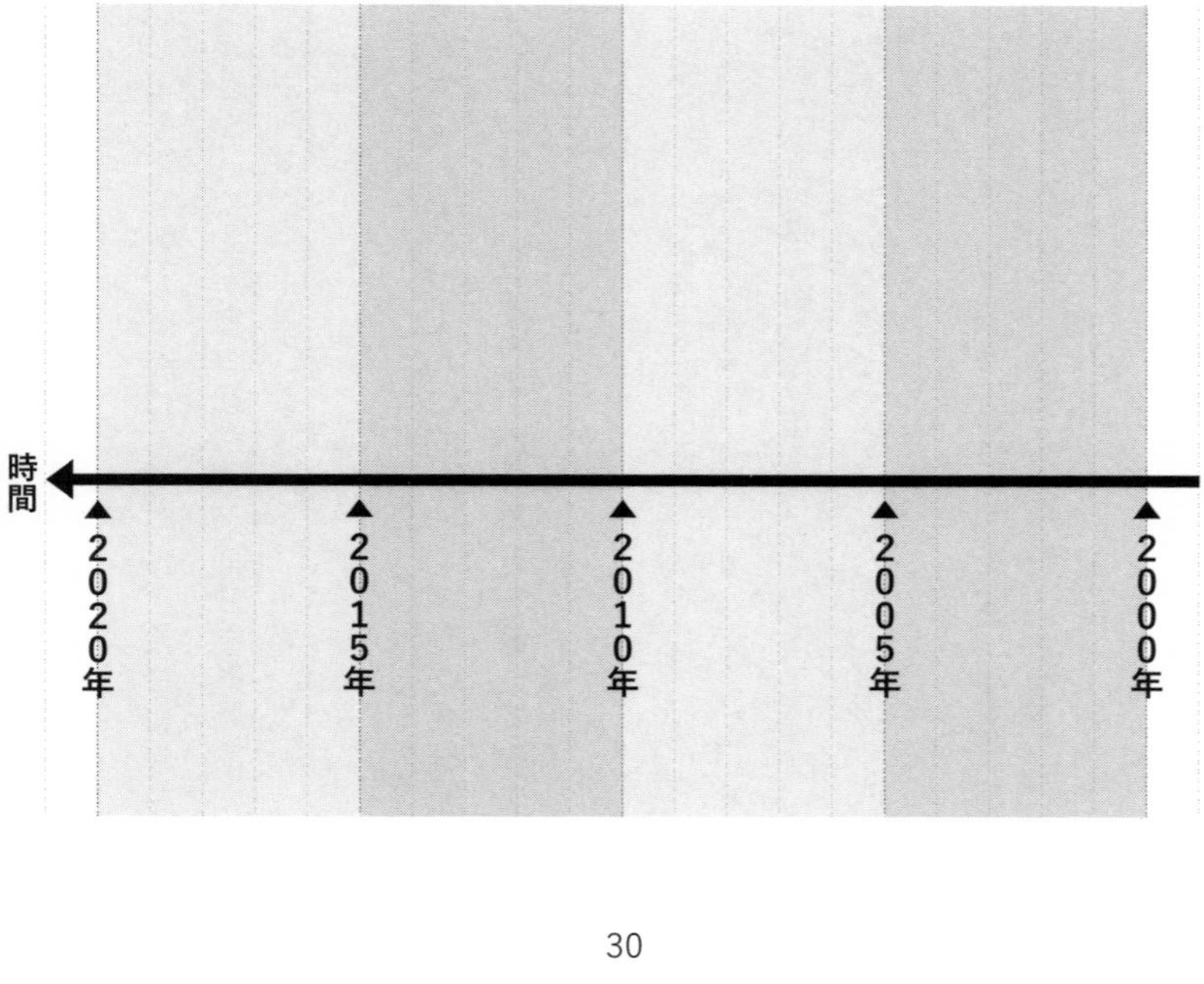

どうでしたか？　下の図は私の会社が10周年（2006年）を迎えて「今後も継続してやっていくためには何が必要か？」ということを考えていたときに「外部環境からの影響は、どれくらいあるのか？」ということを分析するためにつくり始めた年表です（図は2020年に作成した最新版です）。

世界的に影響を与えたことは、こんなにあります。大小合わせると、さらに多くなります。

この表を書いてもらうと、ほとんどの人が意外なことに気づくのですが、

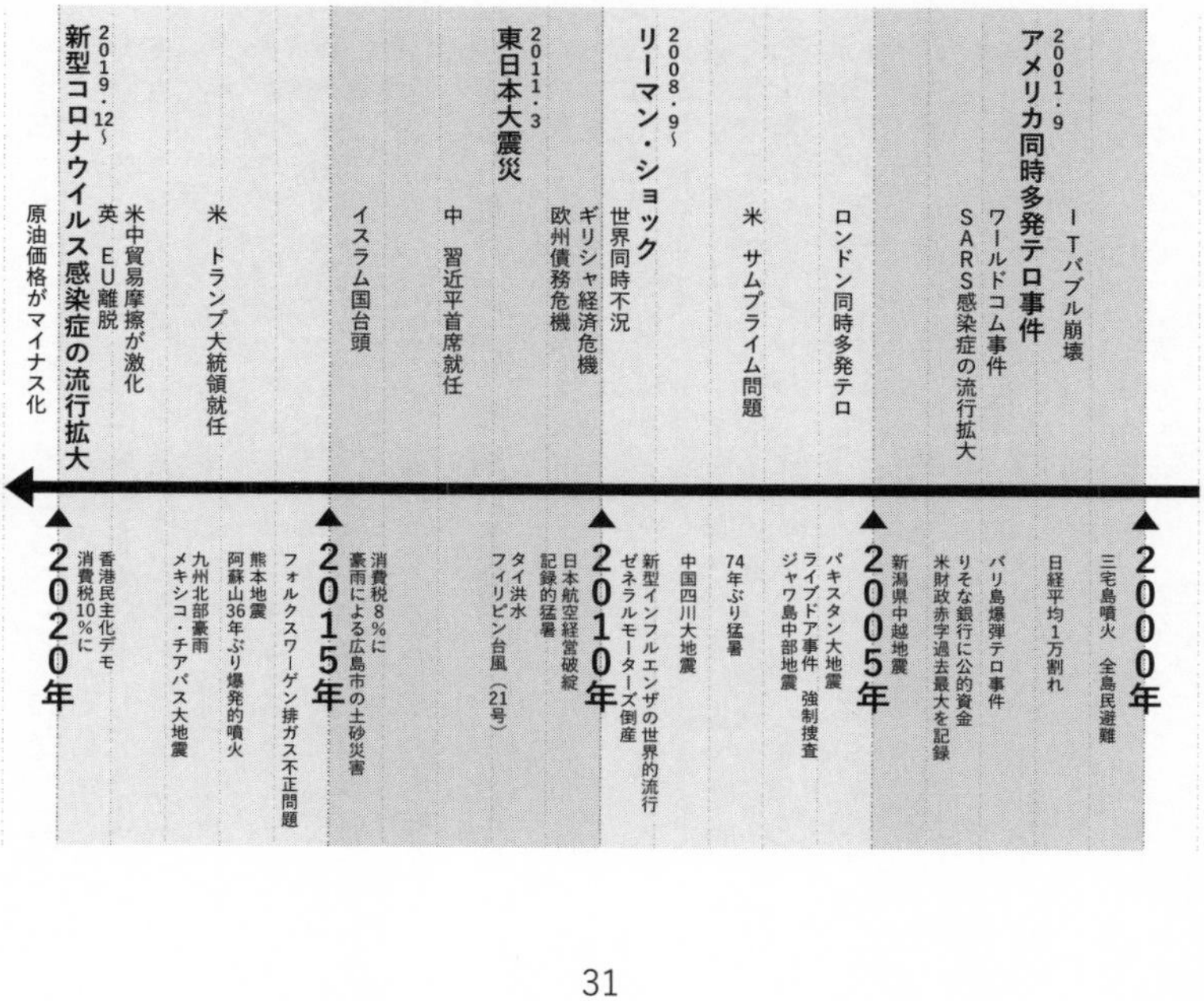

上段の世界的に影響を与えるようなことが「5年に1回」は起きていることがわかります。下段の局地的だけれども、そこに関わりがあるような会社は影響を受けてしまうようなことは、毎年、起こっています。

たとえば、2008年のリーマン・ショックが起きたときは、大企業から研修事業を受託していた会社やコンサルティングの仕事を受けていたような会社はバタバタと廃業してしまいました。大企業が景気の大きな後退を危惧して、一時的に教育などの中長期的にしか成果が出ないような投資を大幅にカットしたからです。同じ原因で、広告宣伝に関係している会社なども大きな影響を受けました。

リーマン・ショックのような世界的に影響を及ぼしたようなことでなくとも、私たちの会社が直接的・間接的に影響を受けるような外部環境の変化は、かなりの頻度で起きています。たとえば、気象災害です。日本は台風や地震などの災害が、少なくない地域でもあります。その一つが近隣で発生したら、直接的な影響を受けます。

東日本大震災が発生したときには、東日本に仕入先の工場があった会社の多くは、最終製品を作れなくなりました。地域が違って直接的な影響を受けなくても、間接的な影響は受けます。自然災害でなくとも、火事などで関係している工場や倉庫が稼働しなくなっても、会社は大きな影響を受けます。

「この20年だけのことなのでは?」と感じるかもしれません。しかしながら、そうではありません。下の図で確認できる通り、それ以前の20年も同じです。

この20年ほどではないかもしれませんが、大きな変化は起きています。ですから、「滅多に起きない」と言われるような大きな変化は、実は「5年に

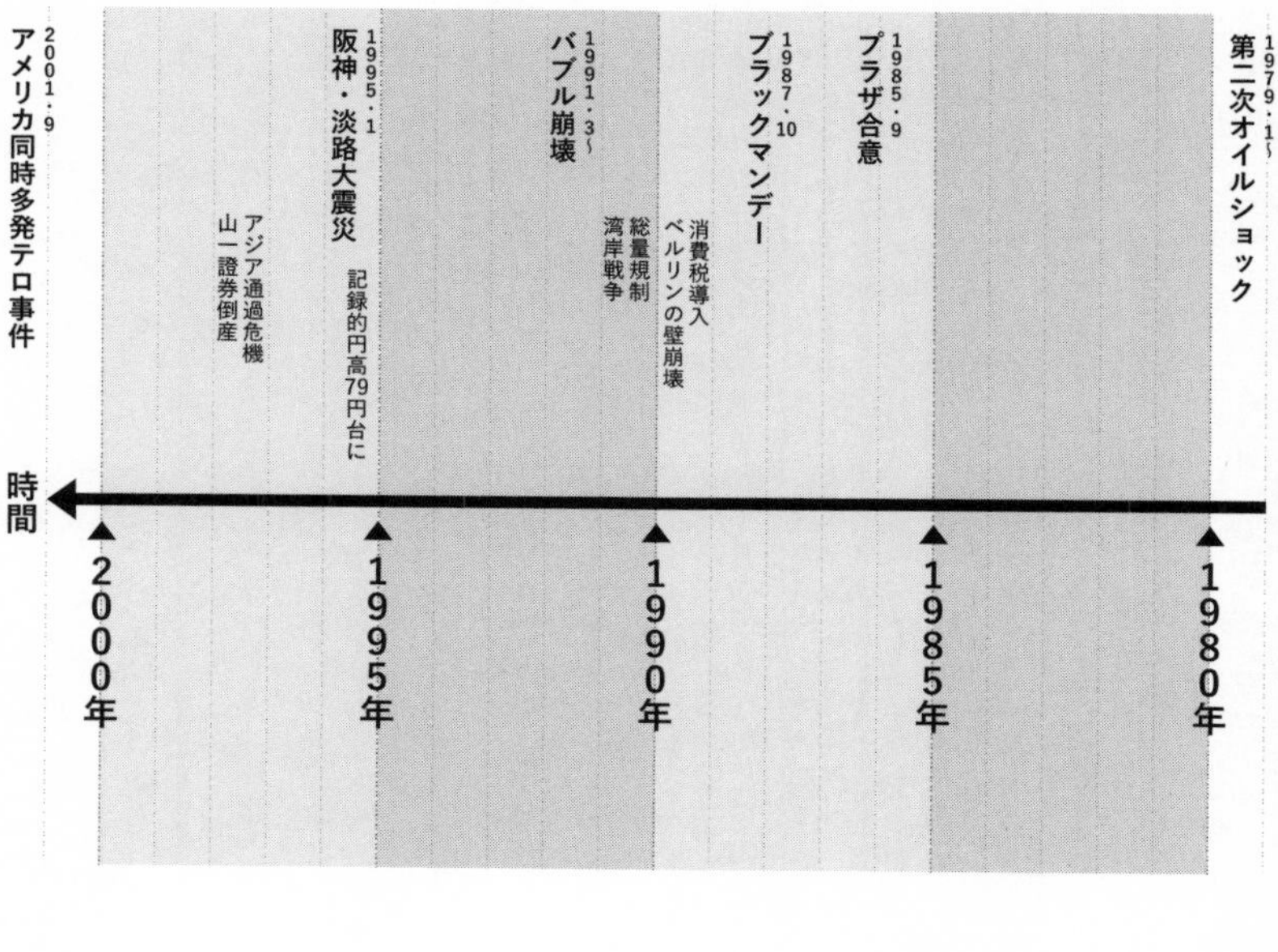

1度は起こる」と思っていたほうがいいということです。

導かれる前提条件

実際、2020年にはコロナウイルスという想定外のパンデミックが発生し、世界中が大きな影響を受けました。多くの方が命を落とされましたし、東京オリンピックも1年延期となり、さらに無観客での開催という異例の事態になりました。

産業界では、飲食店や観光業は壊滅的な影響を受けましたし、自動車産業などの製造業でも部品の供給が滞り、一時的に生産不能な状態に陥りました。

このようにマイナスの影響を受けるような出来事はないほうが良いに決まっていますす。しかし、この年表を目の前にして見ると「起こらないこと」を前提条件にはできません。**実際には、いつ起こるかはわかりませんが「起こると覚悟」して経営していくべきだということがわかります。**

外部環境の大きな変化は、会社が経営をしていくときの〈前提条件〉として捉えるべきなのです。

【2】守りが重要になってきている時代背景

変化が常態化した不連続な社会

私たちが今、覚悟しておかないといけないことは「変化が常態化」しているということです。それも「直線的な変化」ではなく「非連続の変化」です。

1990年頃までは、社会の変化が直線的でした。どんどん便利なものが生産されるようになって生活に変化はありましたが、その変化は連続的であり直線的でした。社会全体も目指している方向が同じだったため、わかりやすい社会であったと言えます。

社会が成熟したことや、世界が豊かになってグローバル化したことで、これまでと違って不連続な変化が起きるようになりました。情報化社会が、それに拍車をかけて変化のスピードを速くし、変化の波を大きくしています。

世界は常に変化しています。それはプラスの変化だけではありません。だからこそ「変化こそが常態である」と覚悟しないといけないのです。

成功体験というブレーキ

「変化が常態化」しているというのは世界的な傾向ですが、日本は特に大きなパラダイムシフトが起きて社会構造が大きく変わってきています。それにもかかわらず、変化に適応できていません。

こうなってしまった最大の原因は「成功していたから」です。

戦後からバブルが崩壊するまで、80年代の『ジャパン・アズ・ナンバーワン』というベストセラーに代表されるように、日本は世界的に「奇跡と称賛される成功」を遂げていました。

しかし1990年代初めのバブルの崩壊以降は、少なくとも世界における相対的な価値は薄くなっています。世界に出てみるとわかりますが、日本のことを話題にする人は確実に減っています。TVなどで「日本はすごい！」という趣旨の番組が人気だったりしますが、それは日本が相対的価値を喪失しているがゆえの断末魔の叫びに近いと感じてしまいます。

少子高齢化という現代社会の発展が生み出した最大の問題が、世界に先駆けて最も深刻な状況になっているにもかかわらず、高度経済成長時代と同じような拡大路線で生き残ろうとする戦略は、あまりにも無理があると感じている人も多いのではないでしょうか？

この状態は、一旦成功して軌道に乗った会社が、外部環境や社会構造という前提条件が変わっているにもかかわらず、成功したときと同じ戦略を繰り返してうまくいかず、疲弊していき、最終的に廃業していく姿に似ています。

成功することは素晴らしいことですが、成功体験はブレーキにもなってしまうのです。

良い時代の方法論を引きずっている日本

変化が激しくなっている要因の一つは、間違いなく情報化社会です。情報は変化を促します。ですから、情報が速く、かつ広範囲に伝わるようになった現代で「変化が激しくなっている」のは当然の結果とも言えます。

しかし、なかなか変わっていないものがあります。

それが、私たちの「考え方」です。

成功を果たした過去の前提条件は変わらないと信じて、同じ方法論で成長しようとしています。前提条件が変わっているのですから、それでうまくいくはずがありません。

ルソーが、こんな言葉を残しています。

われわれが無知によって道に迷うことはない。
自分が知っていると信ずることによって迷うのだ。

成功体験という強い記憶が、今の日本の低迷を招いています。結果として、生産性の低さに象徴されるように、日本全体が衰退してきています。

実際、日本は、いつの間にか「先進国中で最低の生産性」の国になってしまっています。問題なのは「それを実感できていない」ことです。

就業者１人あたりの労働生産性の国際比較
（OECD 加盟諸国の労働生産性　2018 年）
※単位：購買力平均換算 US ドル

1	アイルランド	178,879
2	ルクセンブルク	153,423
3	米国	132,127
4	ノルウェー	129,621
5	スイス	123,979
6	ベルギー	120,983
7	オーストリア	113,593
8	フランス	111,988
9	デンマーク	111,393
10	オランダ	110,321
11	イタリア	108,890
12	オーストラリア	107,538
13	ドイツ	106,315
14	スウェーデン	105,977
15	フィンランド	104,129
16	アイスランド	102,175
17	スペイン	96,010
18	カナダ	95,553
19	英国	93,482
20	イスラエル	90,813
21	日本	81,258
22	トルコ	80,415
23	スロベニア	80,215
24	チェコ	79,774
25	韓国	77,219
26	ニュージーランド	76,052
27	ギリシャ	75,284
28	ポーランド	72,198
29	スロバキア	71,978
30	リトアニア	71,957
31	エストニア	71,481
32	ポルトガル	70,597
33	ハンガリー	67,041
34	ラトビア	65,023
35	チリ	56,305
36	メキシコ	46,717
OECD 平均		98,921

公益財団法人　日本生産性本部「労働生産性の国際比較 2019」より

自分の周囲だけを見て安心してはいけません。その周囲全体が低迷していて、全員が間違っている可能性があるのです。

変化のスピードは、ますます上がってきています。これまでの方法や基準を見直すべきときにきているのは明らかです。

【3】中小企業が持つべき基本戦略

社会は大きく変化してきています。これからも変化が絶えないことは、ほぼ間違いないでしょう。ですから、会社を守っていきたいなら、変化しない可能性はあっても「変化することを前提」にしておくべきです。

変化を前提としたとき、考えるべきこと

「変化が常態である」という前提条件を確認してきました。このような状態であれば、自ずと戦略の方向性は決まってきます。

変化が常態化しているということは、「守り」がさらに重要になっているということです。

会社が船ならば、海の波が高く、激しく刻々と変化しているような嵐の中を進まないといけないとしたら、船が転覆しないように「守り」を考えるはずです。そんなときにスピードを上げたり、「攻め」で対応することは愚の骨頂であることが、すぐにわかります。

しかし、これが経営だとわからない。「目に見えない脅威」というのは、理解するのが「想像以上に難しい」のだなと、頑なまでに守りを無視する多くの会社を見て感じます。

実際、本当に多くの会社が間違った考えを持っています。31ページの年表で可視化したのが本当の世界なのに「何事も起こらないことが前提」のように経営していますから、変化に対応できず、波にのみ込まれてしまうのは、当然の結果です。

「ものすごく変化する社会、それでも生き残っていかないといけない」と考えると、基本戦略は「守り」であるべきで、このような環境で「攻め」ばかりは無謀だと言わざるをえません。

失敗する多くの会社が間違っている基本戦略とは？

戦略の定義を簡潔に言うと「目的を果たすための方策や方針」のことです。

戦略を考えるときは「方策や方針」を検討することに捉われがちですが、「目的」のほうも重要です。目的を間違ったとき、絶対に正しい戦略にはならないからです。

それでは「経営における目的」はなんでしょうか？　社会に貢献していくことや成長し続けることが望ましい姿でもありますが、**最低限、経営者が考えないといけないことは「生き残ること」ではないでしょうか？**

特に、これまで見てきたように変化が激しく起こる社会においては、最善を望むことよりも、最低限のことをクリアすることを考えていくのも必要です。

経営で失敗すると、関わる多くの人を不幸にしてしまいます。中小企業であっても、経営に関わる人は多いです。だからこそ、リスクを取ってアクセルを踏みっぱなしにするよりも、リスクを回避しながら生き残る方法も考えておくべきです。

それにもかかわらず「生き残っていくための戦略」を真剣に考えていない会社が多過ぎます。

このような現状を招いている原因は第2章で詳細に述べますが、「戦略と言えば攻めることだ」というイメージが経営者の頭の中に強くあるからです。ですから「攻め」を戦略の基本においてしまいます。

しかし、私たちがおかれている「前提条件」と「目的」から考えると、それは間違っています。前提条件は変化が激しいということであり、だからこそ目的としては生き残りを考えるべきですから、「攻め」を基本にしてはいけないのです。

【4】「守り」が8割

変化に溺れてしまう会社

変化の激しい中で、資本力の少ない会社が考えるべきことは「守り」のはずですが、多くの会社が経営の基本戦略を「攻め」にしています。そして無謀にも嵐の中に入っていって、溺れてしまっています。

変化はチャンスでもあります。しかし、その変化を観察していなければ、変化がもたらしてくれるチャンスに気づかず、チャンスを活かすこともできません。変化から目を背けていると、変化という波にのまれて溺れてしまいます。そうやって変化に溺れている会社が多いのです。

ですから「変化に対応できない会社」が多いのではなく「変化を無視している会社が

多い」というのが実情であり、大きな課題です。

人は、なぜ変化を無視してしまうのか？

会社を経営するときに影響を受けるような外部環境の変化は、想定している以上に頻繁に起こっているということを見てきました。

変化はチャンスでもあります。しかし、多くの会社は、そのチャンスを活かすことができず、逆に変化の影響をもろに受けて廃業への下り坂を転がっていってしまいます。

変化そのものを嫌い、変化に向き合っていません。

それはまるで、その存在に気づいていながら、見えないふりをしているようです。人はなぜ「変化」を無視してしまうのでしょうか？　様々な理由が考えられると思いますが、根本的な原因が2つあると考えられます。

【人が変化に弱い2つの理由】
①変化したくない生き物である
②正常性バイアスが働く

理由①：変化したくない生き物である

人は変化を強いられるとストレスを感じます。なぜなら人は「変わることが嫌い」だからです。

人間の身体には「ホメオスタシス」という恒常性機能があります。すべての細胞が連動していて、身体が常に一定の状態を保てるように働いていています。気温が暑くなれば汗をかいて体表温度を下げようとしますし、寒くなればブルブルと震えることで体温を上げようとします。

このホメオスタシスは生理的な働きですが、私たちは心理的な面でもホメオスタシスを持っています。多くの人が実感することだと思いますが、人は簡単には変われません。

たとえば「成功している人には早起きの人が多い」と知ったとしても、翌朝から急に早起きができるわけではありません。新しい行動や習慣を取り入れるのは、なかなか難しいことが多いです。変えようと決意して行動してみても、三日坊主という言葉に代表されるように、元に戻ろう戻ろうとします。

つまり、人は本来、変化を受け入れることを嫌う性質が強く、「今までと同じようにする」ことが最も楽であり、心地が良いのです。

もちろん、変化を受け入れられることができなければ、人類は生き残ることはできなかったでしょう。変化を受け入れて進化してきたからこそ、長きにわたって地球という厳しい環境の中で発展してこられたわけです。

しかし、そうやって変化することができたのは「生命の危機」という目に見えて明確な理由があったからです。命を守るということは強い動機です。だから、変化を受け入れることができたのです。

一方で、現代は良い意味でも悪い意味でも「生命の危機」というような致命的で明確な危機はありません。命の尊厳を脅かすような危機は間接的に存在はしているのですが、それを感じ取るのは非常に難しいと言わざるをえません。

実際には、変化を無視して何もしないでいると危機的な状況に進んでいることが多いのですが、その危機を感じることが難しくなっているのです。

理由②：正常性バイアスが働く

①が根源的な原因なのですが、その根強い「変わりたくない」という動機から、私たちは事実を歪めて認知してしまいます。そういった認知の歪みは「バイアス」と呼ばれています。

この「認知の歪み」は、経営を実践する社長には知っておいたほうがいいというアドバイスをしていますが、実はとても多くて４００近くもあります。

それらのバイアスの中で、変化への対応を遅らせてしまう原因となるものが「正常性バイアス」です。「正常化の偏見」とか「恒常性バイアス」とも呼ばれます。

「自分は大丈夫だろう」と災害などの危険性を低く見積もってしまう心理傾向のことであり、危険な状態なのに「危険じゃない」と捉える認知の歪みです。災害などが発生したときに逃げ遅れてしまう人が多いのは、この「正常性バイアス」が働くからだと言われています。

本来は危機管理能力に長けているべき経営者にも、この傾向が強い社長も多く、他の会社が倒産したり、他の社長が失敗して苦しんでいたりしても、根拠なく「いや、自分は大丈夫だろう」と考えています。ですから、世の中の変化に気づいたとしても「自分は変わらなくても大丈夫だろう」と考えて、結局、変化の波にのまれて失敗していってしまいます。

人が必ず持っている、これらのバイアスの問題は「認知そのもの」が間違っているので非常に難しい問題ですが、**私たちが、まずできることは「自分がこのような認知の歪みを持っている」ことを理解しておくことです。**

「認知バイアスを、認知する」ことが重要です。

人は「明日も同じような日が続く」と思い込む傾向が強いです。

そして油断（安住）してしまうことが多いのです。

「守りという軸」で会社を再構築する

会社経営を進めていくにあたっては、もちろん、攻めていくことも重要ですが、あまりにも攻めだけが礼讃される傾向にあるので、少し強めに「守り」を意識したほうが良いです。

スポーツの世界を想像してもらえるとわかりやすいかもしれません。強い選手やチームは「実は守りが強い」ということが多いです。イタリアのサッカーなどは典型的な例です。ファンタジスタという言葉に表現されるように、一見すると派手な印象がありますが、イタリアサッカーの強さの土台は「守り」でありディフェンスです。彼らは本当に勝たないといけない試合ではガチガチに守ります。

テニスでも、強い選手は攻撃力がクローズアップされがちですが、よくよく分析してみると、ディフェンス力が最大の武器になっていることが多いです。野球でも、同じです。オリンピックや世界大会のように、勝たないと先がないような試合では、多くのチームがディフェンスを重要視しますし、ディフェンスが強いチームが勝つ傾向があります。

攻めの戦略が不要なわけではありません。スポーツの世界で見るとわかりやすいように攻守のバランスが大事ということです。

特に経営では「変化が常態化した不連続社会」という外部環境が守りの重要性を高めていますから、「攻めという軸」で構築された会社の仕組みを、改めて「守りという軸」で見直し、再構築することが必要になってきています。

ですから「守りが8割」くらいに考えたほうがいいです。

会社を「守り」という観点から見直し、再構築していくキッカケを作るのが、本書の役割であり、守りを強化していくことは、多くの会社の廃業や失敗を防ぐための最も有効な戦略の一つだと考えています。

第2章

社長が「守り」の重要性に気づかない《5つの原因》

【1】最も危険な状態は「問題の存在に気づいていない」とき

第1章では、会社の「守りの重要性」について見てきました。経営における「守りの重要性」を理解して実践していくことは、会社の継続性にとって致命的に大切なことです。

ですから、経営者は、もっと「守り」を強く意識すべきです。特に成功して軌道に乗っている会社であるほど、守りに転換していかないといけません。

しかし、その転換がうまくできない会社が本当に多いです。

その原因は、どこにあるのでしょうか？

原因は「社長」にあります。

問題に気づいていないことが、最大の問題

本書を読まれている方々は「守りの重要性」に気づいていたり、関心があるはずなので、ある意味「最初で最大の壁」を越えていると言えます。

何事もそうですが、最も問題が深刻なのは「問題の存在に全く気づいていない」ときです。車を運転した経験のある人が多いと思いますが、車を運転しているときに、深刻な事故だけでなく、壁に擦ってしまったりとか、何かにぶつけてしまったりしたようなときって、どういうときでしょうか？

障害物に「気をつけていたにもかかわらず、ぶつけてしまう」こともあるかもしれませんが、たいていは、そうではありません。障害物の存在に気づいているときは、そこにぶつけることは、ほとんどないと思います。

ぶつけてしまうようなときというのは「何か別のことをしている」ときとか「別のこ

とに意識がいってしまっている」ときなど「そこに障害物があるという障害物の存在そのものに気づいていない」ときが、ほとんどなはずです。つまり、意識できていないときが「最も危険である」ということです。

経営をするときにも、車を運転するときと全く同じことが言えます。残念ながら、多くの社長が失敗していきますが、それは、そもそも問題に気づいていないことが多いからなのです。

「守りの重要性」に気づいていないということが、守りができていない最大の原因です。これが最も危険な状態です。車の運転と同じように、多くの経営者は障害物の存在に気づかないまま事故を起こしてしまっています。

交通事故の原因と会社の失敗

実際、多くの事故は「気づいていないこと」が原因で起こっています。以下は、ある年の交通事故の発生要因の割合です。

〈交通事故の発生要因〉

①安全不確認（30・7％）
②脇見運転（15・6％）
③動静不注視（11・3％）
④漫然運転（8・6％）
⑤運転操作不適（6・6％）

①〜④で66・2％もあります。一方で、運転操作のミスは6・6％しかありません。

交通事故のほとんどは不注意から起きています。この傾向は、過去数年を見ても基本的には同じです。つまり、事故は「問題に気づいていないから」起きているのです。

交通事故の発生原因が「問題に気づいていないから」起こるということと、経営の失敗が87％にもなっている発生原因は、基本的には同じです。経営を進めるにあたっては、配慮しないといけない様々な要素がありますが、それらの存在に気づいていないから失敗するのです。
ですから、問題を意識できていれば、多くの失敗は回避することができるはずです。

【2】多くの社長が間違った戦略を持ってしまう《5つの原因》

では「なぜ多くの経営者が守りの重要性に気づかないのか？」を見ていきましょう。
何千人もの経営者と接してきて「5つの原因」があることに気づきました。

原因1：攻守の切替えができない

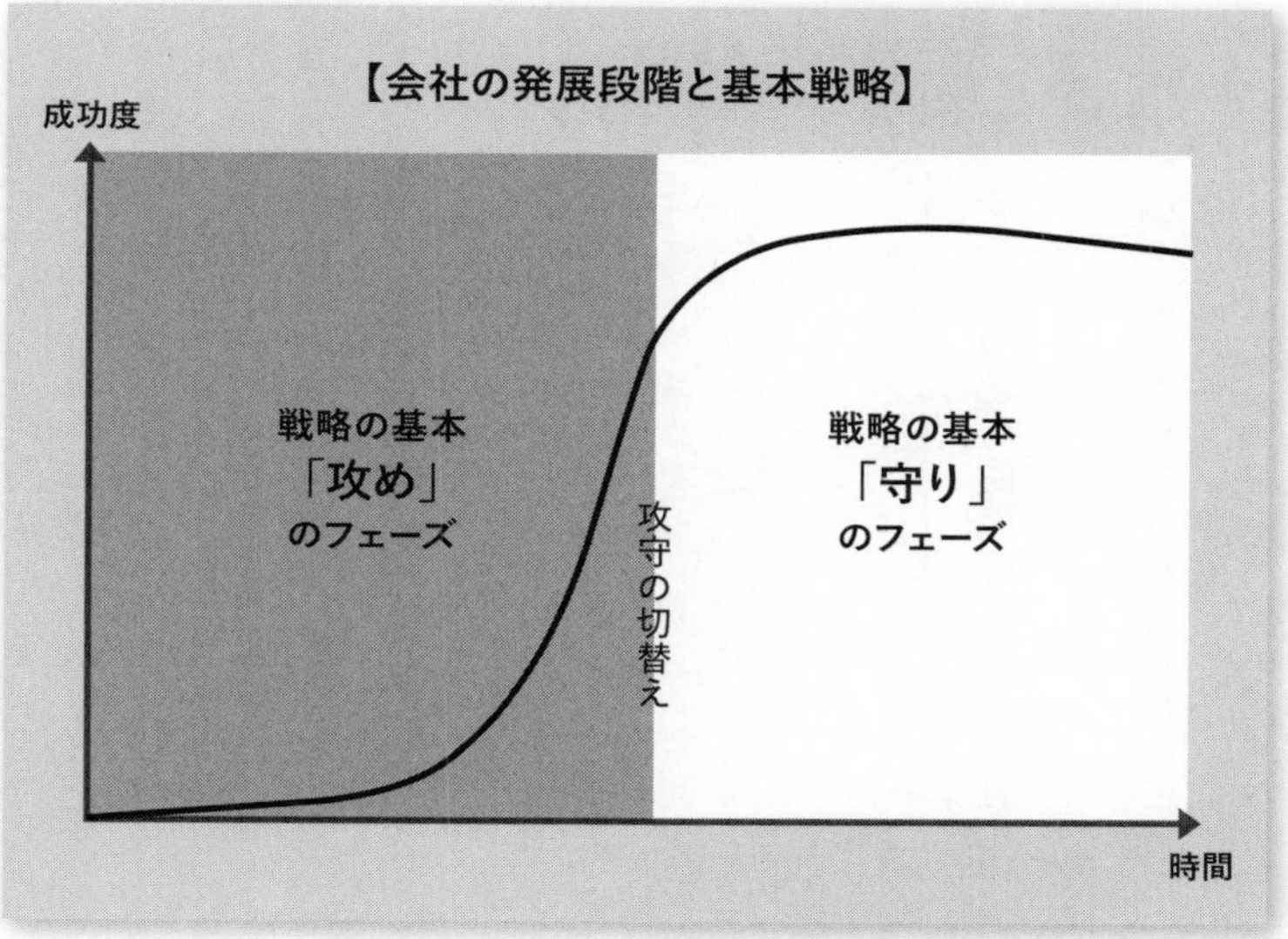

上の図は、会社が発展していく状態を表しています。

時間の経過とともに「会社がどのように軌道に乗っていくか」と言うと、最初はなかなかうまくいかないわけですが、どこかのタイミングでうまくいくようになって急激に良くなっていきます。その後は、安定軌道になっていきます。こういう展開になることが多いです。

前半の時期はゼロから全てを築いていかないといけないフェーズです。顧客も売上もゼロから始めて開拓していかないといけません。ですから、この

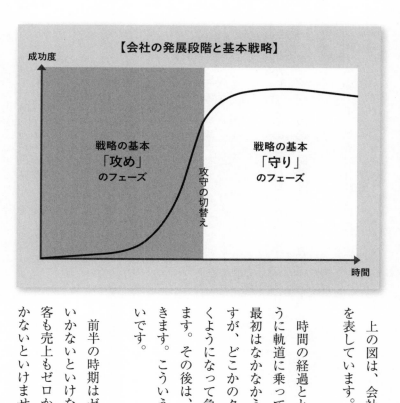

フェーズでは攻める必要があります。つまり攻めを戦略の基本にして良いフェーズです。そうしないと突破することが難しいです。

しかし、後半の時期は築き上げた成功度や規模を安定して継続するフェーズに入っていかないといけません。ですから、このフェーズでは守りが戦略の基本になってきます。攻撃よりも守備が大事になってくるのです。

前半のゼロから軌道に乗せるまでを「攻めの姿勢」で苦労しながら頑張って実現させるので、その方法論が社長に染みついてしまいます。社長の「成功体験」として強く記憶に刻まれてしまいます。

ですから、多くの社長は前半から後半に移行したときに「攻守の切替え」ができないのです。ずっと攻めの戦略でやってきたので、急に守りを戦略にできないわけです。

攻めていくことで成功体験を得てしまうので、守りが重要なフェーズになっても「攻めることが重要」だと思い続けてしまいます。結果として、ディフェンスが重要になっているにもかかわらず「ディフェンスができないまま」という状態を生んでしまいます。

原因2：大企業・ベンチャーの戦略に惑わされる

戦略は前提条件によって変わってきますから、取るべき戦略が、会社の資本力によって違うはずです。

大企業のように資本力があれば、攻めて失敗しても許容範囲が大きいです。しかし中小企業のように資本力が弱いと、1回失敗しただけでも倒産してしまう可能性がありま す。ですから、資本力が弱い中小企業が取るべき基本戦略は、攻めのほうではなく「守り主体」であるべきです。

次ページの図のように縦軸に会社の「資本力（≒リスクの許容範囲）」と横軸に「取るべき戦略」を使って資本力と戦略の関係を可視化してみます。中小企業は資本力が低いですから下のほうにあります。大企業は資本力が高いですから上のほうにあります。

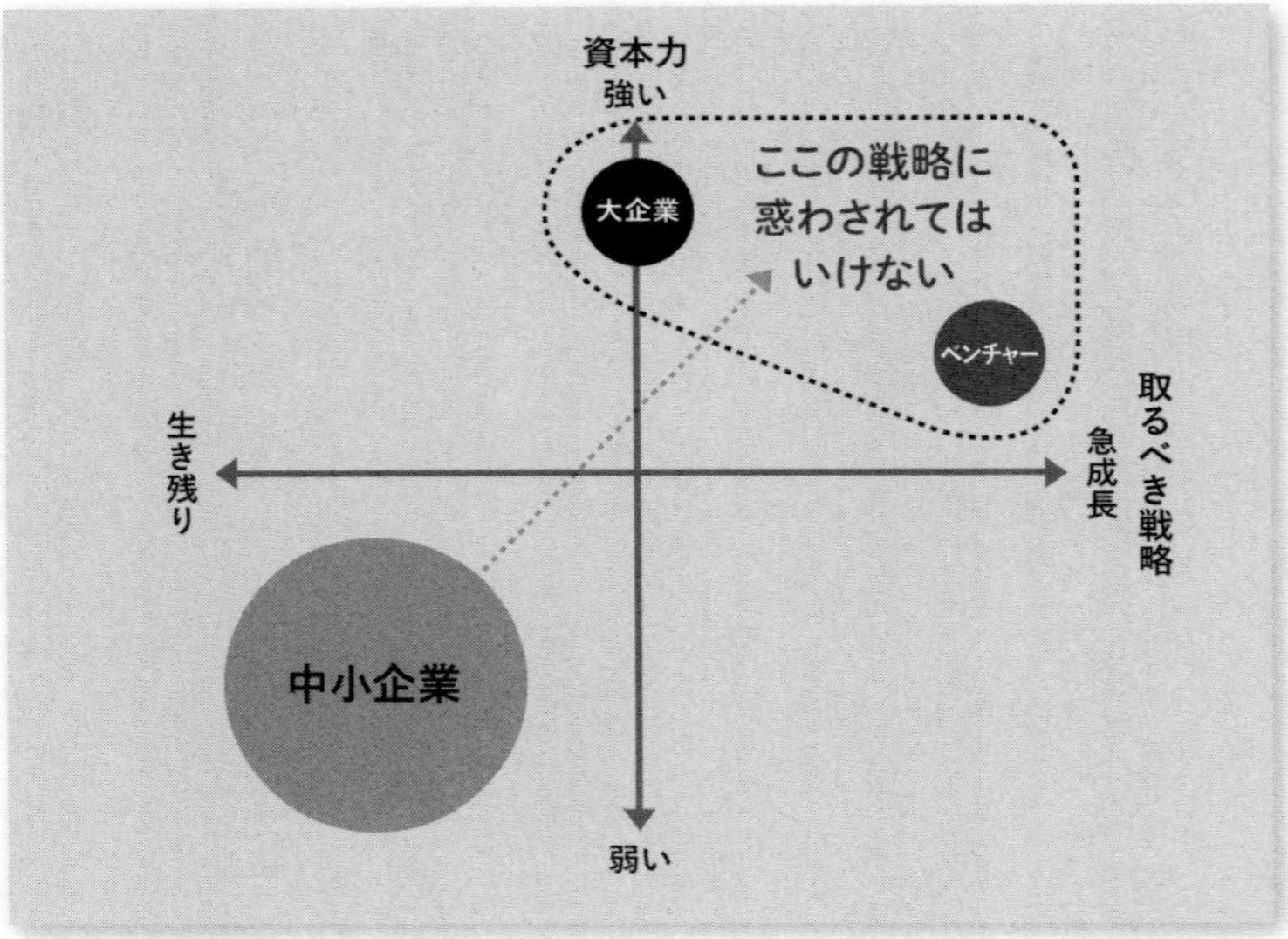

大企業は資本力が強いです。そして、ベンチャー企業のようなスピードで成長しようとはしていませんが、株主の圧力もありますから、ある程度の成長はしたいと考えています。また全体ではないですが、一部は新しいことに挑戦していますから、上の図の「大企業」の場所に位置しています。

ベンチャー企業は上の図の「ベンチャー」くらいの位置を宿命づけられています。お金をたくさん集めて「できるだけ速いスピードで成長する」ということを期待されて投資されているわけですから、急成長という戦略を取らざるをえないわけです。

私もベンチャー企業に投資をしているので実感できますが、ベンチャー企業は攻め続けることを期待されています。投資家から集めたお金を使って、リスクを取ってでも短時間で成長拡大することを期待されています。だから、攻めます。乱暴な言い方をすると、半分、失敗を覚悟で突っ込んでいきます。これは株式会社が生まれた構造・原理そのものですから悪いことではありません。急成長をするためにはリスクを取らないといけませんが、そんな莫大なリスクを経営者個人が一人で負うことはできません。ですから、経営と資本を分けて、資本は投資家から集めてリスクを分散して、経営者はリスクを覚悟で突っ走っていきます。

このように大企業とベンチャー企業は成長戦略を取っていきます。というか、取らないといけない会社なのです。

しかしながら、中小企業は違います。「どの位置に存在すべきか？」と言うと、資本力が低くて、成長よりも生き残りの戦略を取るべきですから、右ページの図の左下のような位置にいるべきです。

資本力が低いという前提条件があるということは「失敗に対する許容量が低い」わけです。ですから、最初に考えるべきことは「生き残る」ということです。急成長させるということは、それだけリスクが高くなっていくということですから、資本力が低いのにもかかわらず急成長のリスクを取るということは無謀だということがわかります。

それにもかかわらず、大企業やベンチャー企業が攻めの戦略でガンガンやっていると、目立ちます。こんなことをやった、あんなことをやったと、攻めの戦略でやったことをメディアなどで目にする機会も多くなります。

ですから、どうしても大企業やベンチャー企業がやっていることを見る機会のほうが多くなって影響を受けてしまいます。そういった資本力を背景にした攻めの戦略が「全ての企業における正しい戦略」だと勘違いしてしまうのです。

成長を余儀なくされた会社群によって惑わされてしまうということです。

中小企業が右上に行ってはいけません。もちろん、アクセルを踏んで成長を目指す期間も必要でしょう。しかし、基本的には、資本力の高い会社と資本力の低い会社では取るべき戦略は違うはずです。

自社に見合った戦略を取ることが重要ですから、中小企業はガチガチに守るくらいで良いと思います。

大企業やベンチャー企業は全体の1％以下しか存在していません。ですから、世の中の99％の会社は守りを重視すべきなのです。

原因3：成功者のポジショントーク

3番目の原因は、2番目の原因と少し似ています。ビジネスにおける成功者が様々なことを言います。メディアに出たりする経営者も皆さんの周囲にもいらっしゃるかもしれません。

成功者が自分の「成功した理由」を語るときには「自分は、こうやって成功した」という何らかの特徴が欲しいものです。できれば、その特徴によって他の経営者とは違うユニークなポジションを築きたいと考えていたりします。ですから、人の関心を得やすい「攻めの戦略」を語ることが多くなります。

自分が望む「ポジションを確立させる」内容を中心に話をするようになるということです。たとえ実際の現場ではバランスに気をつけていたとしても、特徴のある部分の内容に偏ってしまいます。こういった話し方をポジショントークと言います。

成功者は「地道に守っています」とは言いたくないのです。「会社は攻め続けないといけない」という攻めの姿勢のほうが見栄えがするのを知っていますし、メディア受けもします。ですから「攻め続けている」という姿勢を保つことが多いです。

それを見たり聞いたりしてしまうので、多くの経営者は攻めこそが成功への道であるという考えを強化してしまいます。本質的に正しいか正しくないかではなく、世の中に出て目にするか目にしないかの違いで影響を受けているということです。

一方で、「守り勝ち」をしている経営者は地味です。メディアにも出てきません。しかし、何千社もの実情を見ていると、そういう経営者こそが本当の成功者であることがわかります。

原因4：「強者＝攻め」という思い込み

これまで見てきた3つの原因が相まって「攻めが戦略の基本として正しいのだ」という考えが強化されていきます。

それが強いメンタルブロックになっていきます。「強者＝攻め」という強い思い込みになってしまうのです。「強者というのは攻めるものだ」という思い込みです。

経営者は「会社を強くしたい」と考えていると思います。そうやって会社の強化を考えるときに「強くあるためには攻め続けることが重要だ」「攻めの姿勢でいることが必要だ」ということが刷り込まれてきているので「強くする＝攻めないといけない」という発想から抜けられなくなっていきます。

結果として「守ることは弱者のすることだ」と思うようになってしまいます。

そして、守りを疎かにするようになってしまうのです。

原因5：一時的な成功で油断してしまう

社長に対してアドバイスしていることの一つに「欲のコントロール」があります。

中長期的に経営を成功させ続けるためには「欲のコントロール」が重要になってきます。欲はプラスにも働きますが、暴走してマイナスにも働くことが多いからです。特に、一旦成功して軌道に乗った社長は「欲が暴走する」こともあるので注意が必要です。

一方で、満足し切ってしまうことにも問題があります。特に、低いレベルで満足して慢心してしまうのは良くありません。「満足欲」という欲を簡単に満たしてしまうのは「ほどほど」であればプラスに働きますが「行き過ぎる」とマイナスに働きます。

経営を継続していくためには、長く続く道のりのところどころで満足感を味わうことも大事なことではあります。しかし満足し切ってしまうと、そこから積極的に何もしなくなってしまいます。

「一時的な成功で油断している」状態になります。

満足してしまい、何となく「このままで大丈夫だ」などと考えていると、守る必要もないので、ディフェンスの必要性を感じなくなってしまうのです。

私たち経営者が守りを意識できなくなってしまう原因を見てきました。これらの原因によって「守りの重要性」に気づきにくくなっているわけですが「守りの重要性」は厳然として存在します。

本章の冒頭で解説したように、最も危険な状態というのは「問題に気づいていない」ときです。ですから、気づくことができれば、最悪の状況からは抜け出せるわけです。多くの経営者は、元々は優秀な人が多いですから、この盲点のような「実は守りが重要」ということに気づけば、会社の生存率は一気に上がるはずです。

ただ、守りに関しても、ムダな試行錯誤を繰り返して多くの失敗を重ねてしまうと時間も資源も無駄に使ってしまうことになりますから、守りの具体的な方法を次章以降で詳しく見ていきましょう。

第3章

守りの「基礎力」

【1】会社を守るために最も必要な力

会社を守っていくためには守備力が必要不可欠です。

では「守備力を高めていくために必要な力」は何でしょうか？

様々な力が考えられますが、最も重要かつ効果的なのは基礎的な力です。「守りの基礎力」と言っても良いでしょう。

何事もそうですが、基本や基礎的な力は重要です。すべての活動の土台になって影響を及ぼすからです。良い土台は全体に良い影響を与え、悪い土台は全体に悪い影響を与えます。

ですから、**どんな分野でも成功している一流の人は「基本」を大切にしています。**成功し続けている経営者も同じです。しかしながら、この基礎力の重要性を多くの経営者は軽視しがちです。ですから、まず「守りの基礎力」から理解していきましょう。

最も簡単な解決策

87％もの会社が失敗しています。その原因は「はじめに」で解説したように「①経営を知らない」「②守りが弱い」という2つのことでした。

②の原因は①に起因しています。①ができていないからこそ守りが弱くなり、足元をすくわれて失敗していく会社が多いのです。ですから、①を解決するのが最も効果的であり、効率的な方法です。

それが「経営を知る」ということです。

経営知識を得ることは「攻め」でも役立ちますが、「守り」には必要不可欠なことです。「攻め」は経営知識がなくてもできますが、「守り」のほうは経営知識がないまま行うことは不可能です。できたとしても、マイナスなことが「起こった後に対処していく」という後手後手の対応方法になってしまい、「問題そのものを未然に防ぐ」という本来の「守り」はできません。

ですから、多くの会社が失敗していく2つの原因を同時に解決する一石二鳥の方法として、社長はもっと経営を学ぶべきです。

経営知識が〈最高の手段〉である理由

経営は「人が人のためにやっている人の活動」です。ですから、経営を成立させていくためには、人との関わりが欠かせません。しかし、他者を動かすのは簡単なことではありません。他者との関係性を構築することの難しさは、経営を長く実践されている方ほど感じていることです。

しかしながら、経営における「経験値」を積んでいこうと思ったら、難しい他者との関係に配慮しながら「トライアル＆エラー」を繰り返していくしかありません。それは労力も大きいですし、ストレスもかかります。

しかし、経営の勉強に「他者」は介在しません。他者が介在しないので「自分のペース」で進められます。つまり実践によって経験値を積むよりも、ずっと簡単です。それにもかかわらず、経営知識による経営力の向上への影響は絶大です。つまり、「インプットは楽」で「アウトプットは大きい」のです。

こんなに楽な手段が目の前に存在しているのに、それすら「面倒」と考えて経営を勉強しない経営者が多いのは、本当に不思議でなりません。**皮肉なことに、経営の勉強を面倒だと考えて勉強しない経営者は、経営を実践していくときに、経営を勉強することの何十倍もの面倒を抱えることになります。**

【2】社長が経営を学ぶ重要性
～社長が学ぶべき、たった一つの理由～

経営を勉強する重要性は、多くの社長が十分に理解していません。

経営やビジネスという活動が持つアクティブなイメージが知識との関連性を弱めているのかもしれませんし、経営の現場主義的な行動重視の考えが根強く残っているからかもしれません。

しかし、経営を勉強することは、多くの社長が考えている以上に重要なことです。実際、数千社という経営と数千人の社長の現実と趨勢《すうせい》を見てきた私たちが強く感じることは「成功し続けている社長は、例外なく勉強し続けている」ということです。

経営を勉強する重要性には様々な観点がありますが、最も重要な理由をシンプルにまとめておきました。本書を手に取って読んでくださっているような経営を学ぶ重要性を理解している経営者の方々には必要ないかもしれませんが、とても重要なことなので、復習のつもりで確認してみてください。

最も重要な「社長の仕事」

「社長の仕事」の中で最も重要な仕事は「仮説を立てる」ことです。

「社長の仕事」は〈部分最適〉ではなく〈全体最適〉ですから多岐にわたりますが、最も重要なのは、自分の会社が生き残っていくための正しい戦略を考えて明確にしていくことです。

もちろん、経営を成功に導いていくには「実行力」も重要です。実際、経営は関わる全ての人の行動の集積によって成り立っています。最終的な行動の積み重ねが経営のパフォーマンスを決めているということに異論はありません。
しかし、その「行動の方向性」は社長が立案する「仮説」によって決まります。

失敗＝間違った仮説による、間違った行動の累積

社長が「こっちだ」と考えた方向（＝戦略）に向かって、全ての社員が動いていきます。「もし、その仮説が間違っていたとしたら？」「全く見当違いの方向だったとしたら？」。全ての社員の行動がムダになります。

実際、多くの会社が失敗する原因は〈行動の量〉ではなく〈行動の質〉にあります。行動の方向が間違っていることが多いのです。

その方向性を決めるのは、社長の責務です。社長が「会社の成否を決めている」と言われるのは、会社の方向性（戦略）を決める役割があるからです。

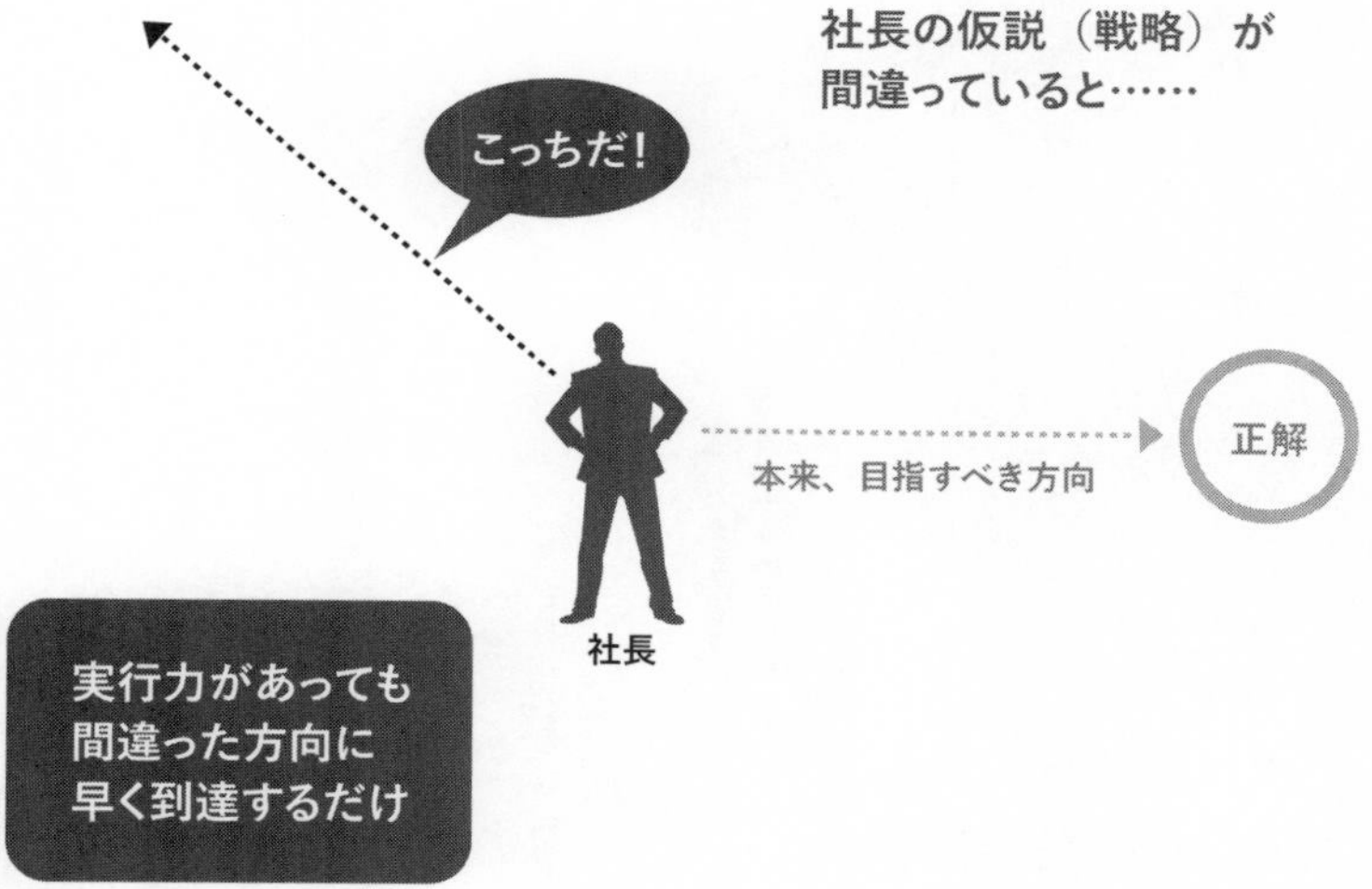
社長の仮説（戦略）が
間違っていると……
こっちだ！
正解
本来、目指すべき方向
社長
実行力があっても
間違った方向に
早く到達するだけ

どれだけ実行力が強くても、どれだけ優秀な社員が揃っていたとしても、行動の方向性（戦略）が間違っていたら、間違った方向に早く到達するだけです。

「間違った仮説による、間違った行動の累積」が失敗を生みます。

もちろん、常に100パーセント正しい仮説を立案するのは不可能です。しかし、仮説が正解に近いほど楽ですし、ムダな行動をしなくて済みます。仮説が間違っていると、社員全員の行動が全てムダになります。そして、間違った仮説を繰り返し、行動のムダを

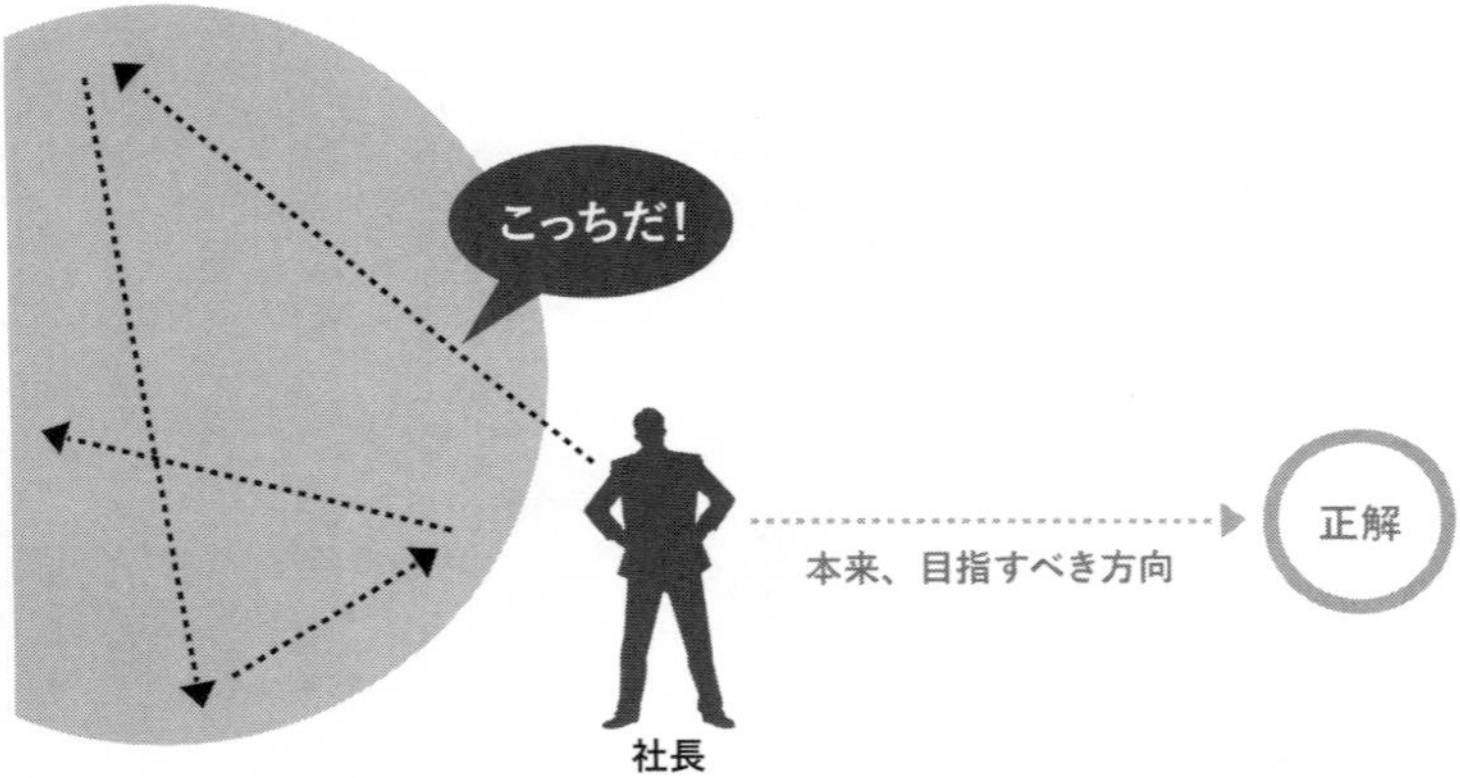

**間違った仮説による
間違った行動の累積**

繰り返すと、資源（主にお金）は枯渇し、組織は疲弊していきます。そうやって多くのムダをしてしまい、会社は継続できなくなっていきます。

ですから、仮説の正しさは致命的に重要なのです。完全に正しくなくて良いです。しかし、**少しでも正解に近い方向性の仮説を出せないと、成功するまでに多くのムダをしないといけなくなります。**

このように考えていくと、社長力（社長が持つべき力）の中で、最も重要なのは正しい戦略を立案できる力、つまり〈仮説力〉だということがわかります。

仮説力を高めるには？

正解に近い仮説を立てられれば、最短で目的を達成できます。組織をムダなアクションで疲弊させることもなく、お金を代表とする資源をムダに浪費することもなく、一歩一歩力強く成功に近づいていくことができます。

それが実現できるかどうかは、社長が持っている仮説力次第です。

では、仮説力を高めるには、どうすれば良いのでしょうか？

仮説力を高めていくために最も重要なのは「経験値」です。経営者として、経験する全てのことが仮説力を高めていきます。経験を積めば積むほど、経験したビジネスの中での仮説力は向上していきます。外部環境の変化があっても、それらに対応して「次は、こうしていくべきだ」という仮説（戦略）を立案できます。

もちろん、経験値が高いレベルでは成功体験が邪魔になる可能性も考えないといけません。しかし、それは十分に成功しているときの話です。十分に成功していて成功体験の危険性に気をつけないといけない場合でも9割以上の経験値は役に立ちますから、経験値を積んでいくことは、会社のステージにかかわらず大切なことです。

ただ、気をつけないといけないのは、会社を継続している期間が長くても、経営的な経験が少ない場合があるということです。なぜなら、社長が経営ではなく、現場で社員と一緒に仕事をしている場合が多いからです。その場合は経験値が低いと見積もるべきです。

経験値の次に大切なのが【経営知識】です。経営を知っていることが重要です。

経営のことを知らないと、経営における正しい仮説（戦略）を立てることができないのは、当然と言えば当然の話です。特に、経営者として経営をしてきた期間が短く、まだ経験が浅い場合には【経営知識】が重要です。経営を勉強することは、経験値の低さを「補完」してくれるからです。

経営知識のバックグラウンドもなく、自分が思いついた仮説を元に行動をして失敗を

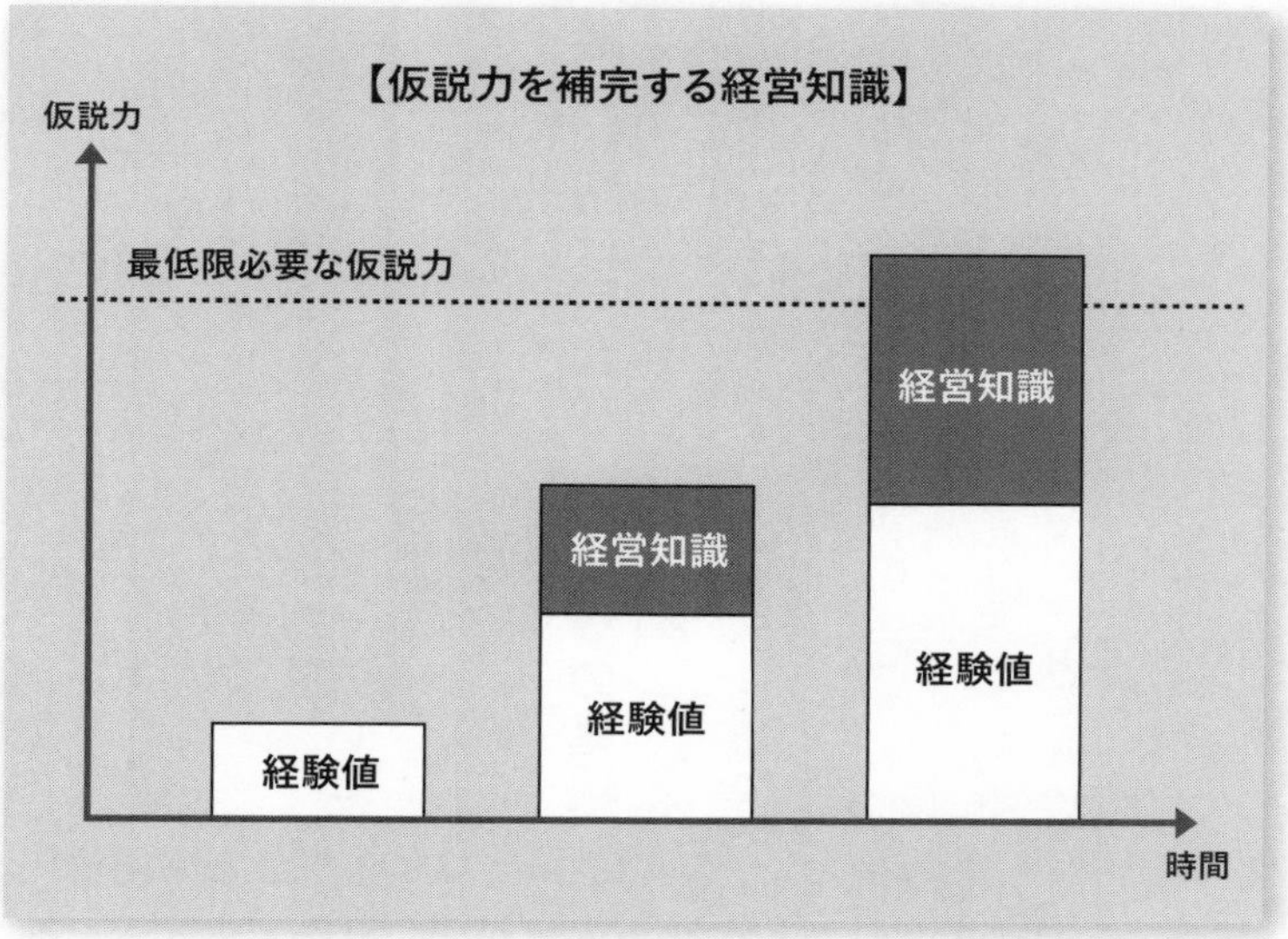

繰り返せるほどの豊富な資源と無限の時間があれば、かつ、失敗から効果的に学ぶことができれば、少しずつ成功には近づけるでしょう。

しかし、そんな資源と時間は、ほとんどの社長にはないはずです。ですから、ムダは最小化しないといけません。たいていの社長はムダを嫌います。そういう素養がないと成功し続けることは難しいです。そんなムダを嫌う社長の多くが「経営を勉強する」ことを嫌って、結局、大きなムダをつくっているのは皮肉な話です。

可能な限り正解に近い仮説を立てら

れる能力が、社長には求められているのです。多くの人を巻き込んでいるからこそ、仮説（戦略）に対する責任もあります。それは勉強もせずにできるような簡単なことではありません。

ですから、社長は経営を勉強しないといけないのです。

経営知識は巨大なノウハウの集積

経営に対する知識というのは、理論ではなく実学です。経営学も科学の一つだとは思いますが、社会学なので実際に起こったことがベースで築かれていく学問です。

そもそも科学とは、体系化された知識や「経験」の総称のことです。つまり、経営を勉強することとは、何百万人という先輩の経営者が多くの苦労をしながら経験してきてくれたノウハウを学ぶことでもあるのです。

そんな資源が目の前にあるのに、それを無視して経営をするというのは、原始人が手作りの粗末な石器でドローン爆撃機を数百キロも離れた所から操作できる武器を持った現代人と戦うようなものです。

スポーツの世界に例えて言うなら、最初から得点をもらっているようなものです。5対0といったような状況から試合が始まるわけですから、似たような条件を持つ会社同士が同じ業界にいたら、勝つ確率が圧倒的に高いのは「経営知識を持って正しい仮説を立てられる社長を有した会社」のほうです。

経営に対する研究は世界中で行われているわけですから、経営を勉強することは、そういった研究成果を知識という武器として得ることができるということです。このノウハウの土台を持って経営をしていくのと、何も持たずに経営をするのでは、結果が違って当然です。

人は道具を使って繁栄した動物です。そういう観点からすると、知識も道具です。それを使わない理由はありません。**ですから、経営を勉強しないことは「社長が作る最も**

大きな損失」だと言っても過言ではありません。

このように考えていくと、経営を勉強することは〈成功への近道〉なのです。

ビジネスの豊かさを享受するために

ビジネスの世界は、ある意味、豊かな世界です。そこで生きるための知識（≒経営知識）を得た人は、物心両面で豊かさを得ることができます。

ビジネスの世界で成功した経験のある人であれば、ビジネスから豊かさを得ることは、実はそれほど難しくないことだと実感していると思います。しかし、それを経験したことがなければ、ビジネスの世界で成功することは、とても難しく感じ、遠い夢物語のように思えるでしょう。私もそうだったので、よくわかります。

ビジネスの世界は、よくジャングルにたとえられます。それは、弱肉強食という競争原理が働くという意味であったり、一歩間違うと死んでしまう危険性があるという意味でたとえられます。

一方で、ジャングルは、とても豊かでもあります。手を伸ばせばフルーツが得られますし、食べる物も豊富にあります。**ただし、その豊さを享受できるのは「どうやって、それらを得られるのか？」「安全に暮らすには、どうすればいいのか？」を「知ってさえいれば」の話です。**

ジャングルで暮らすための知識があれば、ジャングルは豊かな場所です。しかし、その知識がなければ、危険で厳しい場所であり続けます。ビジネスの世界も全く同じです。そこで生きていく知識がなければ厳しい場所であり続けます。しかし、知識があれば、豊かに生き残っていくことができます。

経営の勉強は、社長の仕事

何千社もの経営と何千人もの社長を見てきていますが、とても残念なことに、何も知らずにビジネスの世界に入ってくる人が多過ぎます。経営をしているのに、経営を知らない人が多過ぎます。経営を勉強しない人が多過ぎます。残念ですが、失敗する人が多いのは、当然の結果です。

経営の勉強不足から生まれる〈仮説力の欠陥〉は「多くのムダな行動の果てに疲弊し尽くして失敗する」という〈最悪の失敗〉を生んでしまいます。

本書を読んでくださっている方は、すでに、その重要性に気づいているからこそ、本書を読んでくださっていると思いますが、ぜひ経営を勉強する重要性を改めて深く認識していただけたら嬉しいです。

特に、経営者としての経験が浅かったり、「現場で社員と一緒に仕事をすることが中

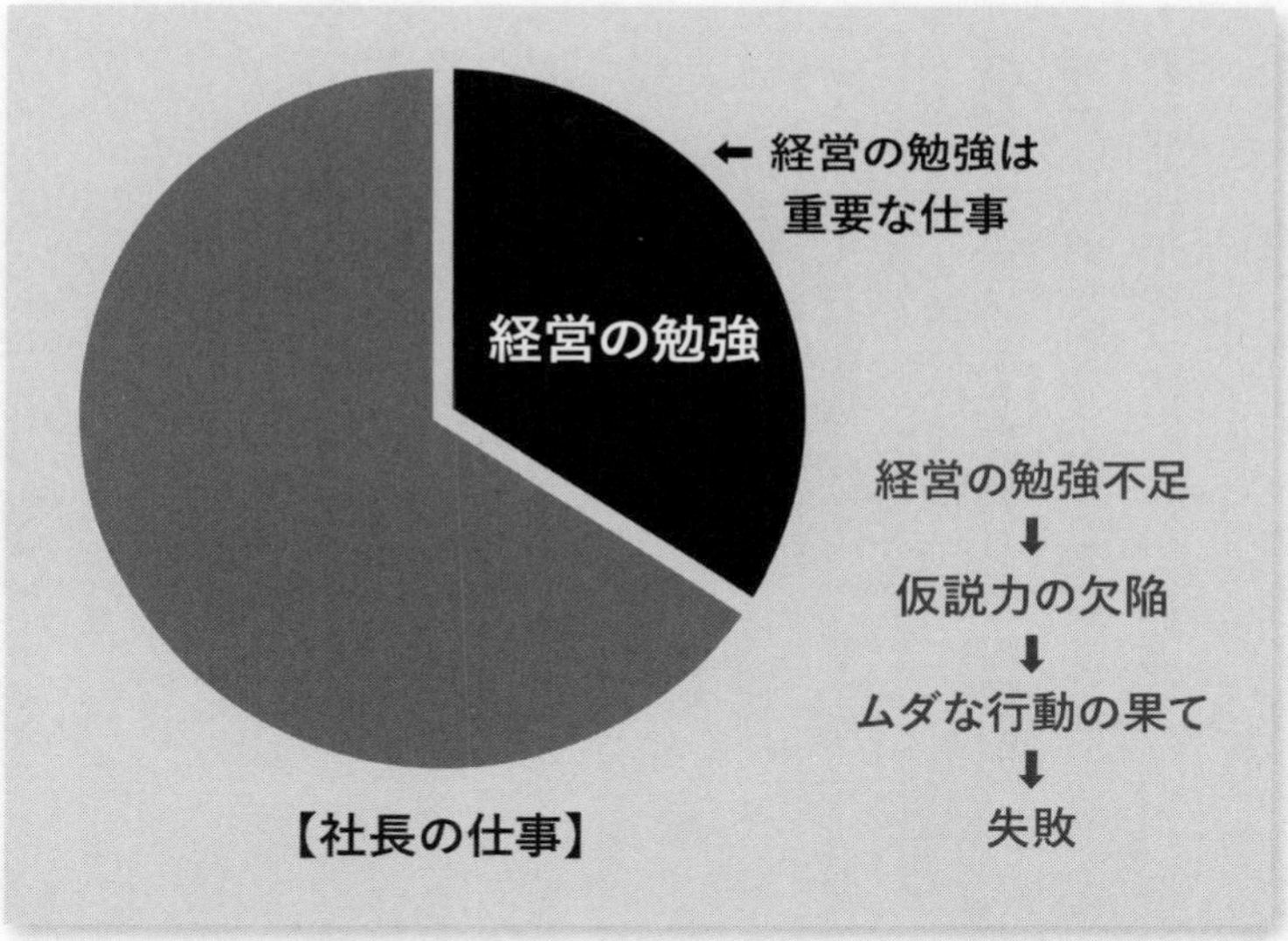

心」で経営が中心ではなかった社長が最初にすべきことは「多くの時間を経営の勉強に費やす」ことです。

どんな手段でも良いので、経営の勉強をするということを、1日5分からでも始めてもらえたらと願います。

経営の勉強は、最初は面倒なことだと感じるかもしれません。しかし、あなたの会社をより良い方向に変えていく強い原動力になります。結局、それが最高の近道なのです。

経営を勉強し続けましょう。

それは、私たち社長にとっては仕事

の一部であり、とても重要な仕事です。

【3】経営知識が〈守りの基礎力〉である2つの理由

守る力と経営知識の量は、ほぼ比例しています。経営知識を有しているというのは、経営をする上で重要ですが、守備力では、特に重要です。理由は2つあります。

【経営知識が守りで重要な2つの理由】
理由①：想定力に大きく影響する
理由②：守りは全方位的である

理由①：想定力に大きく影響する

想定力は基本的には仮説力と同じですから、ここは経営知識が仮説力に大きく影響しているのと同じ理由です。

理由②：守りは全方位的である

守りは、攻めのように一点突破ではできません。守りは、会社全体を見なければならず、全方位的です。攻めるときは攻めるポイントがわかって動いていけますが、守るときは「穴が、どこに空くか？」はわからないのです。

また、複数の穴が空いた場合「どちらが重大な影響を与えるか？」という優先順位を知っていないと、優先順位の低い場所を優先的に対応して、結局、優先順位の高かった場所が全体に深いダメージを与えて全体をダメにしてしまうこともあります。

医者が複数のケガなどを負った急な患者を受けたときに、最初にすることはトリアージという治療する優先順位を決めることです。優先順位が重要で、それを間違うと手遅れになってしまうことがあるからです。経営にも常に優先順位づけ（トリアージ）をする必要があります。

このように「守り」は全体がわかっていないとできないがゆえに、経営を知らない社長が守りに弱くなるのは当然です。

攻めの戦略にはフォーカスの原理が働くことが多いです。資源の有効化を考えると少ない資源を小さな領域に集中させるほうが成果は出やすいからです。ですから、攻めは、わかりやすいのです。また、経営全体を知らなくてもできます。それは一時的な成功や偶然の成功が生まれてしまう原因にもなっています。

一方で、守りは分散的です。だから、わかりにくいです。「どこに穴が空くか？」という可能性を想定しないといけないわけですから、経営全体の要素と構造を知っていな

いとできません。そうやって考えると、守りができる会社のほうが知性的でありインテリジェンスは高いのです。

第2章の原因1で確認したように、事業を成長軌道に乗せるためには、攻めていく必要がありますが、軌道に乗ったら、少しずつ「守り」にシフトしていくべきです。

そのときに最も障害になるのは「経営知識の不足」です。

成長軌道に乗るまでは、経営知識がなくても成功することはできます。一点突破が可能だからです。しかし、成功を継続していくためには、一点突破では不可能です。どうしても「全方位性」が必要になります。つまり、経営全体の要素と構造を把握している必要が出てくるのです。

もちろん、経営を知らずに予防的な対策ができなかったとしても、穴が空いたときに、その都度で対応していく方法も考えられます。実際、多くの会社は、この方法になってしまっています。だからこそ、87％もの会社が失敗しているわけですが、この方法だと常に後手後手になってしまいます。経営の要素と構造（※）がわかっていないので、穴が空いているのに気づくのも遅くなります。それが致命傷になることも少なくありません。

（※）「経営の要素と構造」に関しては、ＨＰで簡単に読めるように〈無料レポート〉を公開していますので、検索エンジンで「経営とは」または「経営」と入れてみてください。検索結果の上位に出てきます。

後手後手に対応していると、会社は必ず疲弊していきます。予防に要する力よりも、問題が発生してしまってから対応して元通りに回復させるほうが圧倒的に大きな労力を必要とするからです。

一時的な成功で満足しているのであれば、それで良いかもしれません。しかし、長く経営を継続していきたいのであれば、先憂後楽の姿勢で予防をしていくべきです。そのためにも社長は経営を知らないといけないのです。

第4章

「守り」の3大分野

第3章までに「守りの重要性と基礎力」の理解が深まったと思います。本章からは、具体的に守備力を高めていく方法を見ていきましょう。第4〜6章を読んで自社で取り得る選択肢を把握したら、優先順位をつけてみてください。そして、優先順位の高いところから実践していきましょう。

守りの方向性は「備・散・流」

守りの3大分野　〜備蓄・分散・流動性〜

攻撃と違って守備は全方位的ですから、把握しておくべき要素は多いです。しかしながら、集約していくと3つの大きな方向性が見えてきます。それらの3つを「守りの3大分野」としています。

【守りの3大分野】
① 備蓄する
② 分散する
③ 流動性を高める

これらを覚えやすいように、守りの「備《び》・散《さん》・流《りゅう》」と呼んでいます。

「守りの3大分野」を考えていくと、会社を守る方法の理解は深まっていきます。さらに、一つひとつを実践していくと、かなり守りは固められますが、できていない会社は多いです。

成功し続けているような本当に優秀な会社は、このあたりをしっかりと考えて実行しているので、3大分野のそれぞれを具体的に見直していきましょう。

守りの3大分野Ⅰ：〈備蓄する〉

「備蓄」の定義と重要性

「守りの3大分野」の一つ目は「備・散・流」の【備】です。

備は「備蓄」の略です。何かマイナスのことがあったときのために備えることであり、そのための「備蓄」をすることです。

このように会社を守るために備蓄する資産のことを「防衛資産」と呼んでいます。「資産防衛」のほうがよく聞く言葉だと思いますが、**それよりも考えてほしいのは「防衛資産」です。資産防衛は資産そのものを守ることですが、防衛資産は会社そのものを守る資産のことです。**

会社やビジネスを守るためには、それらを守る資産が必要です。資産防衛よりも防衛資産のほうが重要です。資産を防衛しても、会社が残らなかったら、元も子もありません。もちろん、結果として会社が廃業しても、資産が残っていたら再スタートするチャンスを残すことはできます。そういう意味では資産を防衛するのも悪いことではありません。

しかし、優先順位が高いのは、会社を守ってくれる防衛資産を「会社を守ってくれる盾」として準備しておくことです。資産そのものを守るのではなくて、事業を継続させるための資産のことを考えていきましょう。

防衛資産を考えたときに、まず自問すべきなのは「ピンチのときに最も助けてくれる資産は？」ということです。ピンチのときに最も助けてくれる資産はなんでしょうか？ 一度、考えてみてください。

直近の大きなピンチと言えば、2020年からのコロナ禍がありますが、そのときに「あって良かった……」と強く感じた資産は何だったでしょうか？ 「これさえあればなあ」と感じた資産は、どんな資産だったでしょうか？

多くの成功し続ける経営者が心の底で考えている、ピンチのときに最も自分を助けてくれる資産は「現金」（預金も含みます）です。身も蓋もない話ですが、それが事実だと思います。私自身も全く同じように考えています。そして、実際に、その現預金の備蓄によって助けられました。**「Cash is king」と言いますが、まさにその通りだと感じます。**

では、なぜ現預金が「私たちの事業を守ってくれる最も重要な防衛資産なのか？」と言うと、ものすごくシンプルな理由です。

それは、最も「交換可能」な資産だからです。

単純に「お金は重要だから」とか「お金が好きだから」という理由ではなく、お金が持つ最も重要な機能である〈交換可能性〉に理由があります。お金は他の資産に換えていくことができます。これが、お金が持つ最高の機能であり特性です。交換可能性という意味では、お金は他のどんな資産よりも優れています。

たとえば、自社ビルなどに代表される不動産という固定資産を持っていて、それらが高い価値を持っていたとしても、それを他の資産に交換するためには、時間と労力が必要です。そうやって交換に時間がかかっている間に、会社が倒産してしまう可能性は十分にあります。

ですから、交換可能性の高さという意味で、防衛資産として「現預金残高」が最も重要です。

生存ライン預金残高

事業の継続を守っていくための防衛資産として「現預金残高」が最も重要だとすると、次に考えるべきことは「どれくらいの準備をしておくべきなのか?」「どれくらいの現預金残高を持っているべきなのか?」ということです。

これには様々な考え方や指標があります。売上の何か月分や固定費の何か月分などで考えることが多いです。必要な金額は業種業態によっても変わりますが、一つ考えておいたほうが良い選択肢は「最も厳しい状況を想定する」ということです。最悪のケースを想定しておくということです。

たとえば、2020年のコロナ禍における飲食店をケースに考えてみましょう。飲食店にとってコロナ禍というのは、滅多に起きない最悪のピンチだったはずです。**ですから、コロナ禍で苦しめられた飲食店を想定すると、他の業種業態でも最悪のケースとして活用できるはずです。**

コロナ禍ほど社会全体の経済が急激に低下することは、ほとんどないと言っていいでしょう。ですから、この状況に耐えられるような「備蓄力」を想定しておけば、他のピンチにも耐えられる可能性が高くなりますから安心できます。

2011年の東日本大震災も大きなピンチだったと言えます。東北地域で活動していたり、その地域に深く関係する会社は深いダメージを受けました。しかし、それ以外の地域では間接的に影響を受ける会社はありましたが、全体としては大きな影響は受けませんでした。

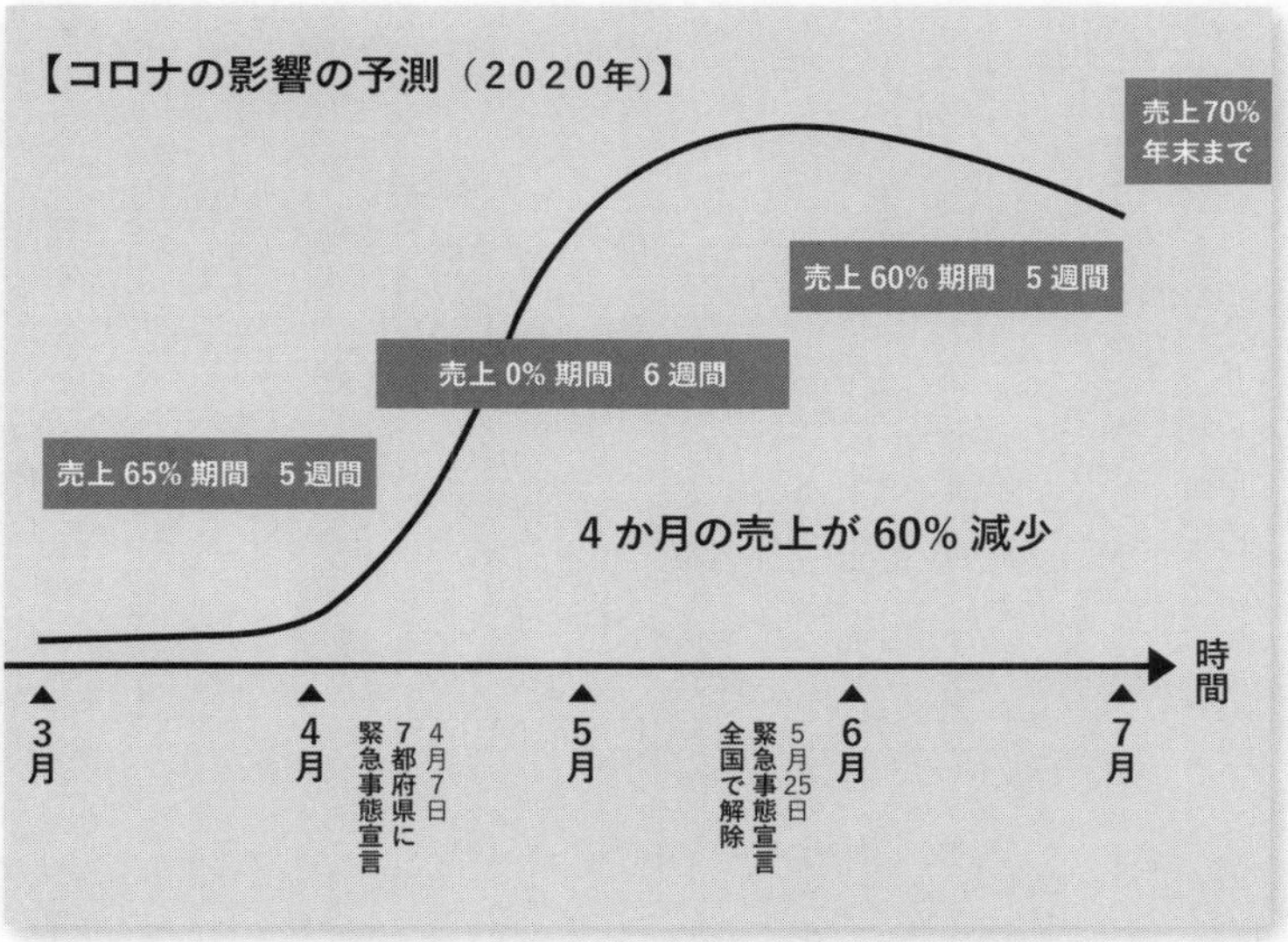

それを考えるとコロナ禍の影響範囲の大きさがわかります。実際、国内だけではなく、世界的に影響を受けたわけです。こういったピンチは、なかなかありません。ただ、長期スパンで見ると今後も起こる可能性は十分にあります。ですから、このケースを使って想定していくのは選択肢の一つだと考えています。

上の図を見てください。これは2020年の3月に、私がコロナの影響を予測したものです。Sカーブ(※)という普及理論で考えていくと、第1波はS字の線のようになる可能性が高

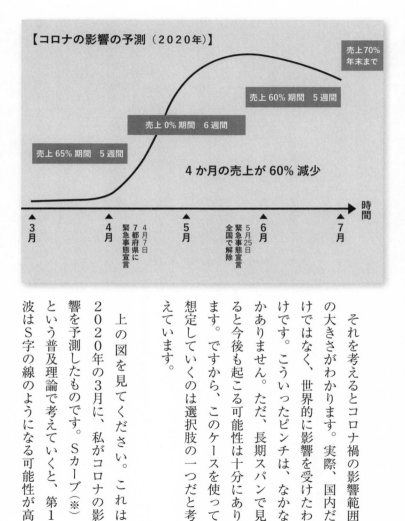

【コロナの影響の予測（2020年）】

シミュレーション

		2月		3月		4月		5月		6月		7-12月	
1w		100%	250,000	65%	162,500	65%	162,500	0%	0	60%	150,000	70%	175,000
2w		100%	250,000	65%	162,500	0%	0	0%	0	60%	150,000	70%	175,000
3w		100%	250,000	65%	162,500	0%	0	0%	0	60%	150,000	70%	175,000
4w		100%	250,000	65%	162,500	0%	0	60%	150,000	60%	150,000	70%	175,000
売上	100%		1,000,000		650,000		162,500		150,000		600,000		700,000
原価	33%		330,000		214,500		53,625		49,500		198,000		231,000
粗利益			670,000		435,500		108,875		100,500		402,000		469,000
固定費			670,000		670,000		670,000		670,000		670,000		670,000
人件費	50%	*1	335,000		335,000		335,000		335,000		335,000		335,000
家賃	15%		150,000		150,000		150,000		150,000		150,000		150,000
その他			185,000		185,000		185,000		185,000		185,000		185,000
営業利益			0		-234,500		-561,125		-569,500		-268,000		-201,000
営業利益（累計）			0		-234,500		-795,625		-1,365,125		-1,633,125		-2,839,125
固定費何ヶ月分？		0.0		-0.4		-1.2		-2.0		-2.4		-4.2	

*1 労働分配率

いと考えました。そして、それは、ほぼ想定の通りになりました（※Sカーブに関しては、経営の様々な場面で使えますから、経営知識の一つとして、時間のあるときに、ぜひ勉強してみてください。市場の浸透スピードなどの予測をするのに役に立ちます）。

5月の中旬くらいからは落ち着いていきますが、3月〜6月までの4か月の売上は通常の売上の0〜60％まで下がると想定し、7月以降も年内は70％以上になるのは難しいだろうと想定しました。

そうすると、第1波前後の4か月間

の売上は60％も減少することがわかります。また、**これらをPLに落とし込んでみると「年末までに月商の284％が資金不足になる」ことになります。**飲食店はギリギリでやっている場合も多いのとわかりやすさのために、通常時の収支はプラスマイナスゼロという状態で想定しています。

固定費で考えると、不足する資金は「固定費の4・2か月分」に相当します。毎月の固定費が1000万円の会社だとすると、4200万円を保有していないと資金ショートしてしまうところまで落ち込みます。

このように計算していくと「固定費の約4か月分の現預金」を持っていれば、年内（2020年）にはワクチンが完成して、国民が集団免疫を獲得すれば、急激に回復するだろうと考えられます（実際、世界的には2020年12月にはワクチンが開発されてイギリスで接種され始めましたが、日本では2021年2月になりました）。

コロナ禍の飲食店というのは、かなり厳しいケースの一つなので、このように考えていくと固定費の4か月分の現預金残高を持っていることが、まずは目指すべき「生存ライン」と考えられます。

固定費の4か月分の現預金残高というのは資金的にはギリギリ乗り越えられるレベルなので、もう少し余裕があったほうが良い感じがします。ただ、ここまで甚大な外部要因の変化の場合は、今回の政府が動いてくれたように補助金や助成金も出されることが多いですから、それらが助けてくれる可能性は高いです。しかし、そういった資金は「支給されるまでに時間がかかる」ことが圧倒的に多いので、やはり最低限の「持つものは持っていないと怖い」ということが言えるでしょう。

コロナ禍が長引いたように、さらに落ち込む出来事を想定しておくのも良いですが、まずは「固定費の4か月分」を基準に考えてみてください。もちろん、4か月以上あったほうが安心ではあります。**しかし、現預金を持ち過ぎるということは、企業体として「有効にお金を使っていない」「成長のための投資をしていない」という見られ方もします。**大企業などの上場企業は、株主から、そういう圧力を受けます。中小企業は、そういった圧力は少ないですが、企業体としての資金の有効活用性は問われますから、持ち過ぎも良いわけではないです。

またコロナ禍のように危機的な状態が長く続いてしまう場合には、後述する「行動の流動性」を高めて、変化した状況に適応していくアクションが必要です。待っているだけでは、会社は守れません。最低預金残高は「元の状態に戻るまでの猶予期間」を与えてくれるのではなく「自社が適応変化するための時間」をつくってくれる資産と考えるべきです。

ですから、まずは「最低ライン」としての「固定費の4か月分」の現預金残高を意識していきましょう。

ピンチのときに必要な預金残高を想定してきました。このように様々なピンチを乗り越えて会社が継続していくために必要な預金残高を**「生存ライン預金残高」と呼んでいます。**

「生存ラインが、どこにあるのか？」を把握していないと、知らない間に谷底へ落ちてしまう可能性があるので、自社の生存ラインとも言える「生存ライン預金残高」を常に把握しておくことが重要です。

【Work《ワーク》】

■生存ライン預金残高の不足額を計算

①「生存ライン預金残高」を決めましょう（≒固定費の4か月分など）

②不足額を計算してみてください（①―現在保有する現預金残高）

経営者が最初に確保しないといけない資産は【生存ライン預金残高】です。

事業が軌道に乗ってお金回りが良くなると、すぐに無駄遣いをしてしまう経営者が多いですが、「生存ライン預金残高」を継続的に確保できるようになるまで、絶対に油断してはいけません。

これを保有できていると、ピンチのときにも動揺することなく冷静に対応しやすくなります。また生存ライン預金残高を保有できていなかった会社のように廃業という最悪の状況を避けることができますから【生存ライン預金残高】をクリアするようにしておきましょう。

正しい営業利益率

防衛資産における預金残高の重要性が理解できたら、次に考えるべきことは「どうやって預金残高を積み上げていくのか?」「どうやって生存ライン預金残高をクリアするのか?」ということです。

預金残高の原資は最終的には税引き後の利益ですが、その源泉は営業利益にあります。**そこで、さらに考えてほしいのは「今の営業利益率で大丈夫ですか?」ということです。**

「あなたの会社の営業利益率は、どれくらいあるでしょうか?」

営業利益率の計算式は左記です。

【売上高 対 営業利益率 ＝ 営業利益 ÷ 売上高】

たとえば1億円の売上高があって営業利益が５００万円の場合は、営業利益率は５％ということです。業種によっても平均的な営業利益率は違いますが、５％くらいあると「悪くないな」という印象ではないでしょうか？ それが世の中の常識です。しかし、果たして営業利益率５％というのは「良い状態」なのでしょうか？

左ページの図を見ながら確認していきましょう。

まずは10年という期間を見てみます。10年の期間を経営し続けていると、第1章31・33ページの「過去40年に起こった出来事」で確認したように、5年に1回は強い向かい風がくる可能性があります。自分たちとしてはうまく経営をしていたとしても、外部環境の大きな変化によって、急激なピンチに陥ってしまう可能性があります。

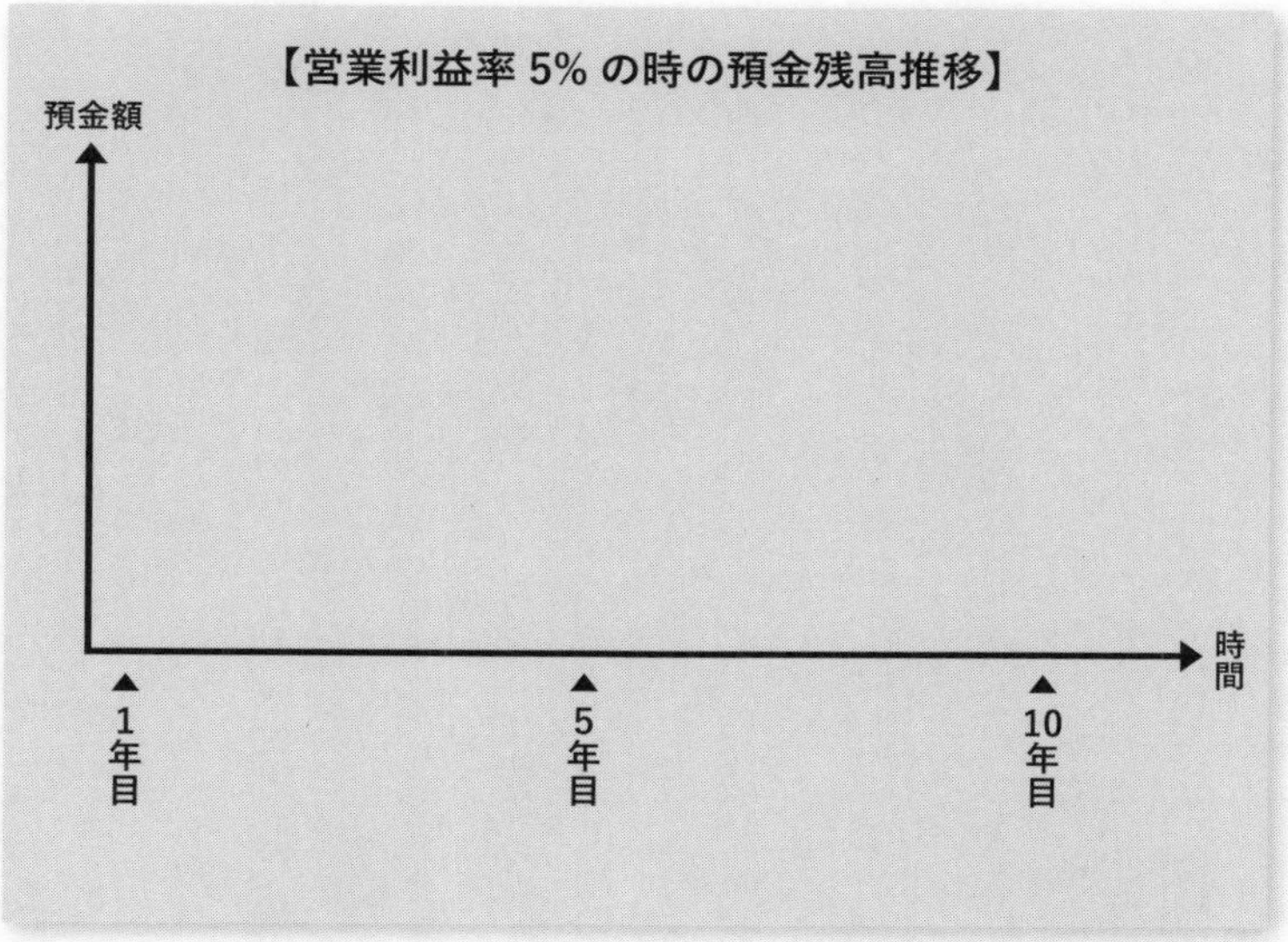

それらの出来事は、コロナパンデミックであったり、東日本大震災であったり、リーマン・ショックだったりします。３つの出来事は社会や会社に大きな影響を与えましたが、２０２０年から振り返ってみると、たった12年間に起こった出来事です。

つまり、10年以上経営を継続したいのであれば「これらを想定しておかないといけない」ということです。

そのような大きな変化がない通常の年は５％の営業利益率を出し続けられたとします。そして、安全のために、その営業利益から残る利益を全て備蓄

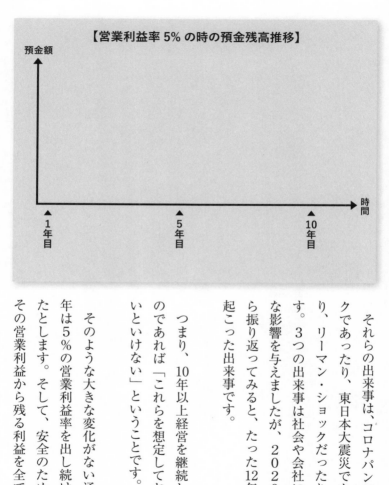

するとします。ここではわかりやすく営業外収支がプラスマイナスゼロだったとして(借入金によって設備投資などをしている会社には利息などが営業外に計上されるので、そういう会社は経常利益率で考えてみてください)、実効税率を40%として計算します。**すると、毎年、売上高の3%が剰余金として現預金に積み上げられる計算になります。**

実際の資金残高はPL上以外の影響も受けますので、完全には一致しませんが、理論上は3%になりますし、資金繰りを上手にやっている会社であれば、ほぼ同じ数値になっていくでしょう。このように、毎年、売上高の3%の資金が順調に積み上がっていくなら、4年間が経過すると3%×4年分で売上高の12%分の資金が積み上がっているはずです。

しかし、5年目にリーマン・ショックや東日本大震災やコロナパンデミックのようなことが起こってしまったら? あなたの会社は通常の年と比較して「売上の何パーセントが下がる可能性がある」でしょうか?

多くの会社で20%くらいの売上高が減少する可能性は十分にあります。中小企業では、

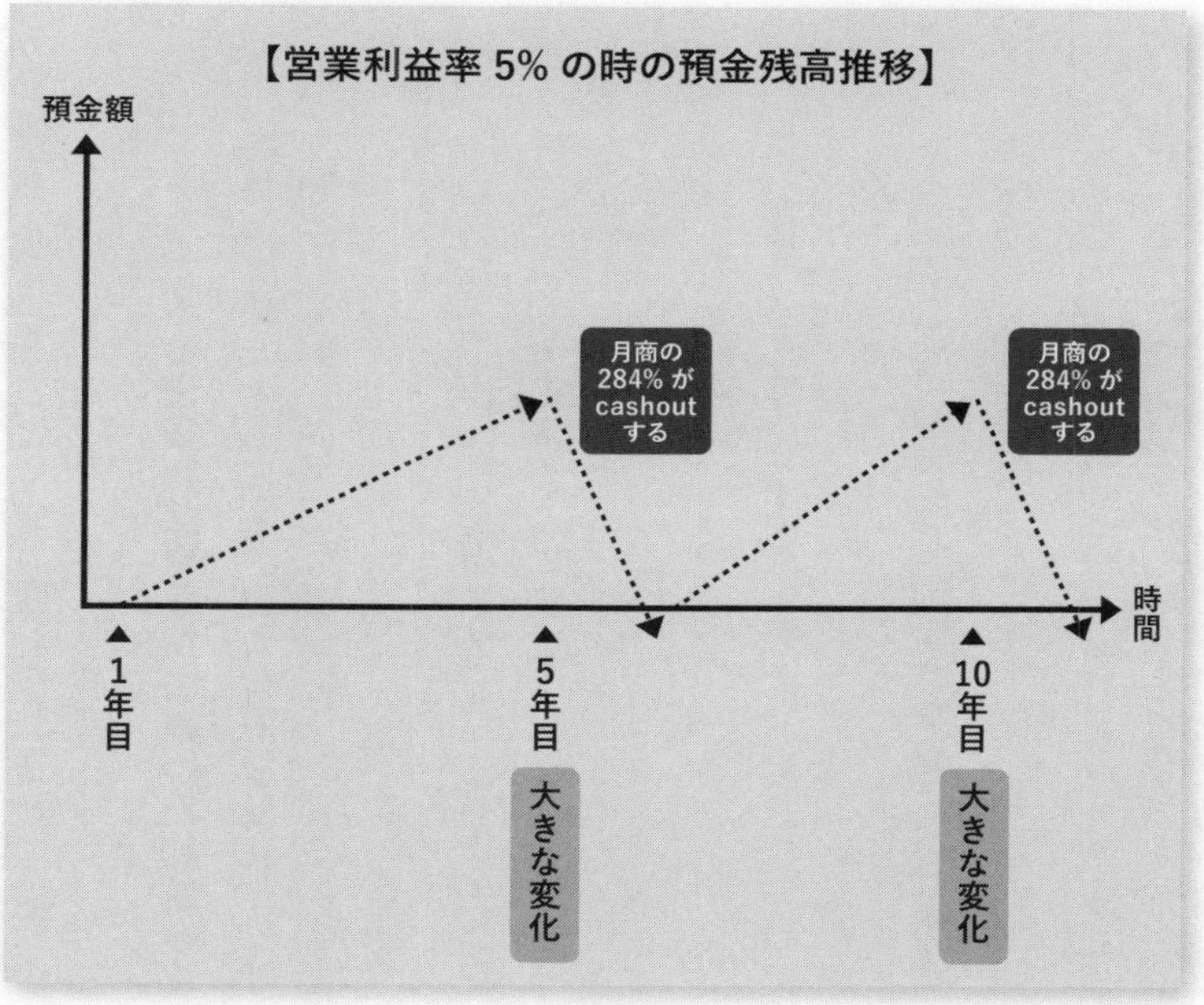

もっと大きく減少してしまう可能性もあります。先にも解説しましたが、コロナ禍の飲食店では売上（月商）の２８４％が減少する可能性が高かったですし、実際、多くの飲食店の売上は壊滅的な状態に陥りました。月商の２８４％は年商に換算すると年商の24％に相当します。この収入がなくなるのです。

徐々に減っていくのではなく、急激に売上が下がってしまった場合は、原価などの変動費もすでに支払わないといけなくなってしまうことも多いですから、通常の５％分の利益を差し引いても19％近い赤字に陥る可能性があるということです（粗利率によって影響の大きさは変わります）。

そうすると営業利益率5％で残った利益を4年間すべて備蓄した年商の12％分の資金を持っていたとしても、全く足りません。つまり、何かがあったときのために毎年3％の資金を備蓄していたとしても、5年に1回は「倒産の危機」に陥ってしまうのです。

しかも、これは資金繰りを上手にやっていた会社の場合です。お金は「出るほうが先で、入るほうは後」になることが多いために、PL上の計算よりも多くの資金を要することが多いです。

つまり、営業利益率5％では、足りないのです。

たとえ、そのときに融資などを受けて、倒産や廃業を免れたとしても、同じような5％の営業利益率で経営をしていたら、再び5年以内に大きな変化が起きてしまったら、またお金は足りなくなります。しかも、そのときは借りた分の返済もしているわけですから、さらに資金は不足しているはずです。

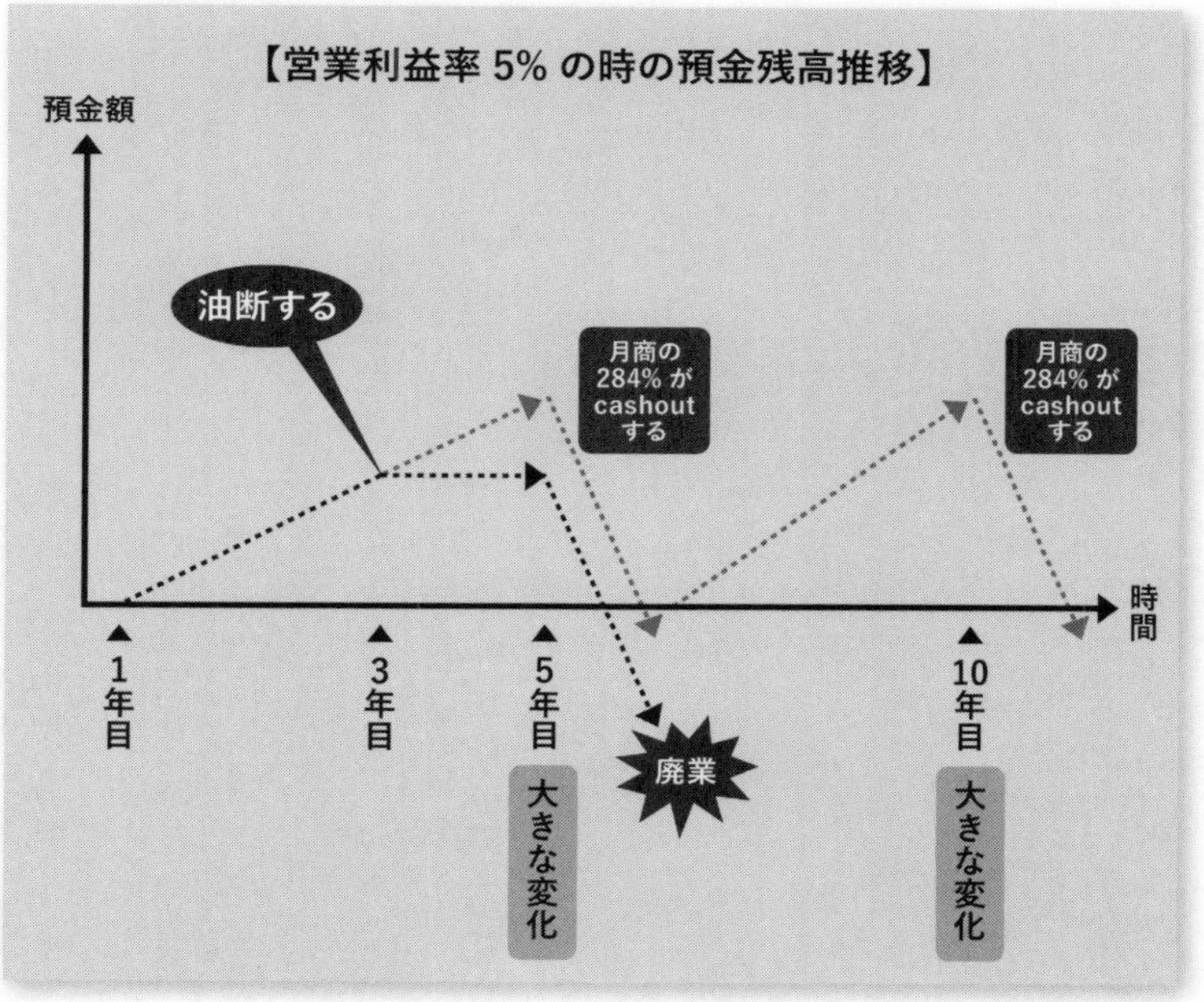

営業利益率5％というのは「これくらい危険な状態」だということです。

さらに言うなら、多くの経営者を見てきてわかった現実ですが、5％程度の営業利益率が3年くらい続くと、たいていの経営者が油断するようになります。そして、必要でもない経費を使い始めます。そして利益率はますます悪くなっていきます。

こういった会社のほうが多いので、3％×4年分＝12％分の利益を備蓄できている会社は、まだ優秀なほうなのです。そんな優秀なほうの会社ですら廃業のピンチに陥ってしまうということです。

ですから、経営者が疑わないといけないのは「営業利益率5％は悪くない」という常識です。「営業利益率5％は低い」「儲かっていない」と考えるべきです。

営業利益率5％は本当に良い状態なのか？

「営業利益率が5％程度だと、5年以上は継続するのが難しくなる」という感覚を持っておくべきです。

それにもかかわらず、中小企業の営業利益率の平均は3・0％程度しかありません。大企業は7・1％程度あります。大企業は資本力があるので、急激な売上の減少にも対応できます。しかし、資金力のない中小企業は急激な売上の減少には耐えられません。

ですから、本来、中小企業のほうが高い営業利益率を目指さないといけません。しかし、多くの中小企業では営業利益率は低いままです。

こんな現状があるわけですが、誰も支えてくれるわけではありません。残念ながら、ピンチのときに、必ず誰かが助けてくれるわけではありません。自分たちの身は自分たちで守らないといけません。

ですから、私は様々なシチュエーションで「利益が出るようになったのですが、どれくらいの利益率を目指せば良いですか？」と中小企業の経営者から質問されたときには「5％では危ないですよ。できれば15％、少なくとも10％を目指してください」とアドバイスしています。

営業利益率は15％くらいを目指したほうが良いです。

10％程度が安定的に出ていれば、5年に1回は訪れる可能性のある大きな変化を乗り越えられるだけの備蓄を持つことができます。税引き後の6％の資金を4年間、油断せずに蓄積すると6％×4年分で売上高の24％の現預金残高を積み上げることができていますから、ギリギリで乗り越えて生き残ることができます。

シミュレーションしたように大きな変化が起きた場合には年商の24％の収入がなくなる可能性があるわけですから、営業利益率10％でもギリギリなわけです。しかも、5％程度で十分という常識が頭の中にあって「5％もあれば十分だ」「ちょっとくらい使ってもいいのではないか」と感じてしまいますから「15％くらいが常識」と考えて「営業利益率5％は正しい」という思い込みを早急に捨てるべきです。

多くの会社は営業利益率の「設定」を間違っている

「営業利益率5％は悪くない」と感じていた経営者は「営業利益率は15％が正しい」と言われると「高過ぎないか？」と感じるかもしれません。しかし、現実は逆で、これくらいを目指さないと危ないです。

実際、世の中に営業利益率15％を出している会社は多く存在します。

私は社会人になって間もない頃は会計事務所にいたのですが、1990年代半ば当時の大企業の営業利益率が3%~5%で推移していることが多かったので、中小企業でも5%くらいを出せていれば悪くないと感じていました。実際、顧客の経営計画を策定するお手伝いをする仕事のときも、目標営業利益率は5%程度を設定していましたし、それで銀行の融資の審査も通っていました。

しかし、ある優秀な経営者にお会いしたときに「浜口さん、営業利益率5%は低過ぎます」「15%はないと危ないですよ」と言われて、びっくりしたことを鮮明に覚えています。私も最初は「5%程度が正しい」と刷り込まれていたわけです。

しかし、自分自身でも社会人2年目の何もないところから起業して、複数の会社を経営しながら、かつ、何千社もの会社経営の現実を見てきて「営業利益率5%程度では、本当に危ない」と思い知らされるようになりました。そして、少なくとも営業利益率は10%程度が必要で、基本的には「15%を目指すべきだ」と考えて実践するようになりました。実際、経営していたシェアオフィスの営業利益率は20%を超えていました。

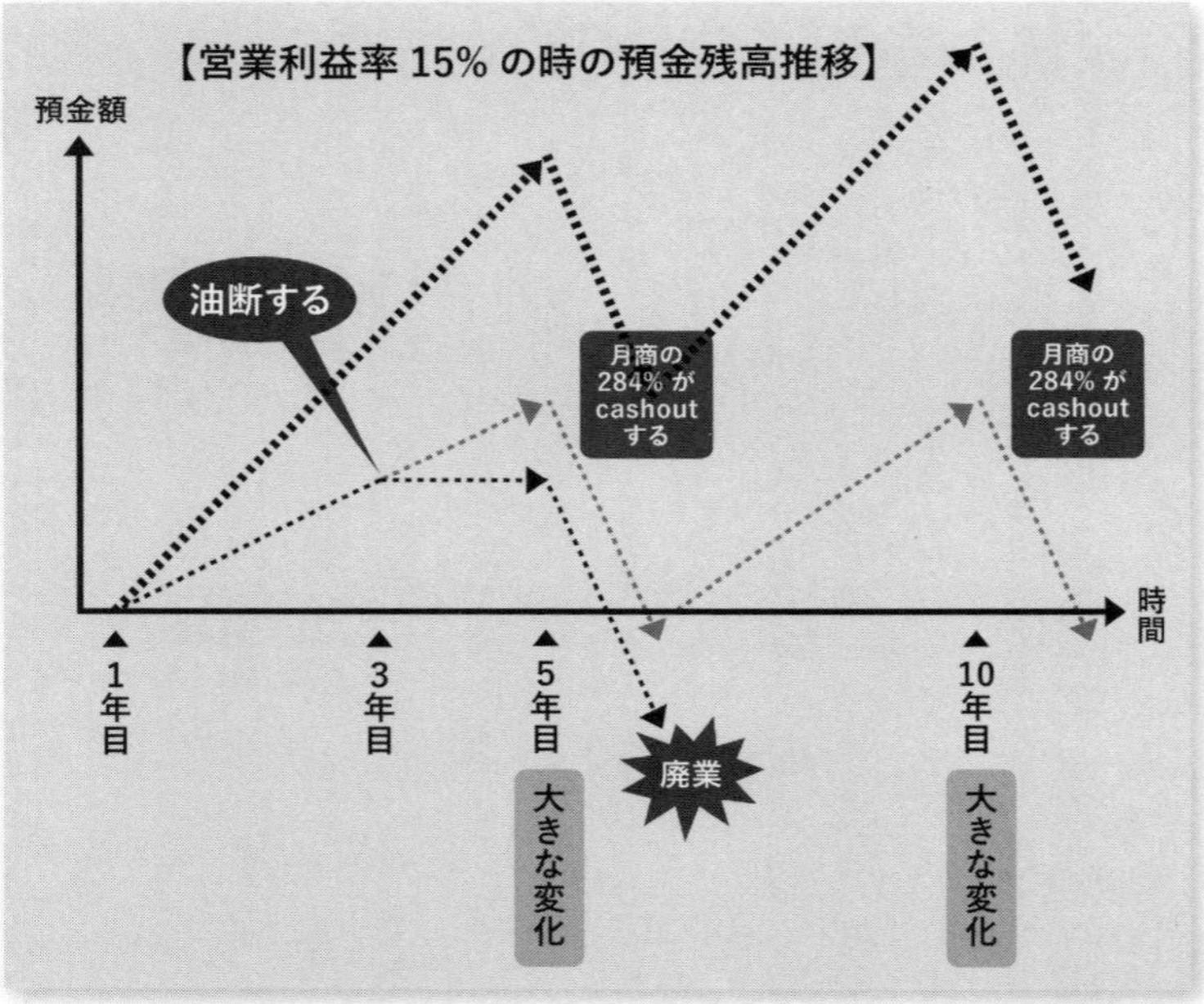

もし、営業利益率を15％にすることができれば、上の図のようになります。

会社に大きな影響を与えるような出来事が5年に1回は起きても、十分な備蓄があるので乗り越えることができます。ピンチが来たときには備蓄の量は下がりますが、なくなってしまうことはありません。このように激変を想定して、それらに耐えうる状態をつくっていくことが大事です。

では「なぜ多くの会社が低い営業利益率で留まってしまうのか？」ということです。経営を経験していくと「5％程度では危ない」と感覚的にはわかるようになっているはずなのに、なぜ5%程度で安心してしまうのでしょうか?

最も根深い原因は「過去の常識や大企業の常識に縛られている」ので考えを変えることができないということです。第2章【2】の原因2と同じ理由です。大企業やベンチャー企業などのごく一部の目立つ会社の常識に惑わされてしまっているのです。今一度、大企業などの全体の0・3%しか存在しない会社群は「参考になりにくいのだ」と考え直しておいてください。

絶対に「15%の営業利益を出し続けないといけないか?」と言うと、そうではありません。生存ライン預金残高をクリアして、かつ、他の守備分野の力も上がってくれば、大企業と同じように7~8%が平均的に出せていれば、総合的に考えても合格点になります。

そういう状態になれば、むしろ力強く未来をつくっていくための再投資のほうに資金を回していけるようになるので、ますます盤石な体制を築くことができます。

営業利益率を15%にするために見直すべき5つの項目

営業利益率を高めていくためには、集客力から始まって様々なことを見直さないといけませんが、最初にチェックするべき代表的な項目としては、左記の5つがあります。

【営業利益率を15%にするために見直すべき5つの項目】

①売上高
②価格
③原価
④人件費
⑤その他の固定費

①売上高

売上高を重要視している経営者は多いので「売上を上げる」方法に関しては定期的に検討されている経営者は多いでしょう。しかし「考え尽くされているか？」と言うと、そうでないことも多いです。最低でも毎年10％は増収できる可能性はあると考えて、対策を検討し続けましょう。勉強し続けて、考え続けていると、これまで思いもつかなかったようなアイデアが出てくることがあって飛躍のキッカケになります。

②価格

中小企業は「価格設定が間違っている」ことが多いです。基本ラインとしては、もっと価格を上げるべきです。価格設定に関しては1冊分の本が書けるくらい重要なことですが、多くの経営者は価格設定のことを学ばずに、原価に少ないマージンをプラスして価格を決定するくらいのことしかしていません。

価格設定に関しては、もっと徹底的に考えるべきです。価格を10％だけでも上げることができれば、それだけで利益率は格段に上がります。多くの経営者は価格を少しでも上げると顧客数や販売量が下がって、逆に利益率が下がると考えていますが、実際に試行錯誤してみると、それほど販売量は下がらないことも多いです。

たとえば、ある地域で多店舗展開していた飲食店に「価格を上げましょう」というアドバイスをして一律5％の値上げを実施したことがあるのですが、販売量は減るどころか増えました。価格設定は面白い分野でもあり、もちろん十分に考えなければいけませんが、経営者にとって最も簡単に利益率を上げられる手段でもあります。

③原価

原価は売上の変動に応じて上下する費用ですから、利益率には大きく影響します。売上を上げられたとしても、それ以上に原価率が上がっていることも多いです。原価を上げて、売上を上げることは簡単です。しかし、その方法だと、提供者である会社が「付加価値を創出している」とは言えません。原価を上げたのなら、価格も上げる必要があります。

原価を見直すことで、利益率はグッと上がります。「下げられる原価がないか？」「交渉できる仕入先はないか？」「別の外注先はないか？」などを検討してみましょう。

④人件費

サービス業が産業全体の主流になった現在、最も大きな費用は人件費です。そして人件費は、たいてい過剰になっていることが多いです。日本の会社は特にその傾向が強いです。人件費の問題に関しては第5章でも解説しますが、よほど気をつけていないと人件費は適正な状態より過大になる傾向が強いです。ですから、常に「人件費は適正か？」とモニタリングしていく必要があります。

⑤その他の固定費

固定費は家賃などに代表される「常に固定的にかかる費用」です。毎月、定額を支払っている場合が多いです。この固定費を10％でも下げることができたら、必要な売上高の

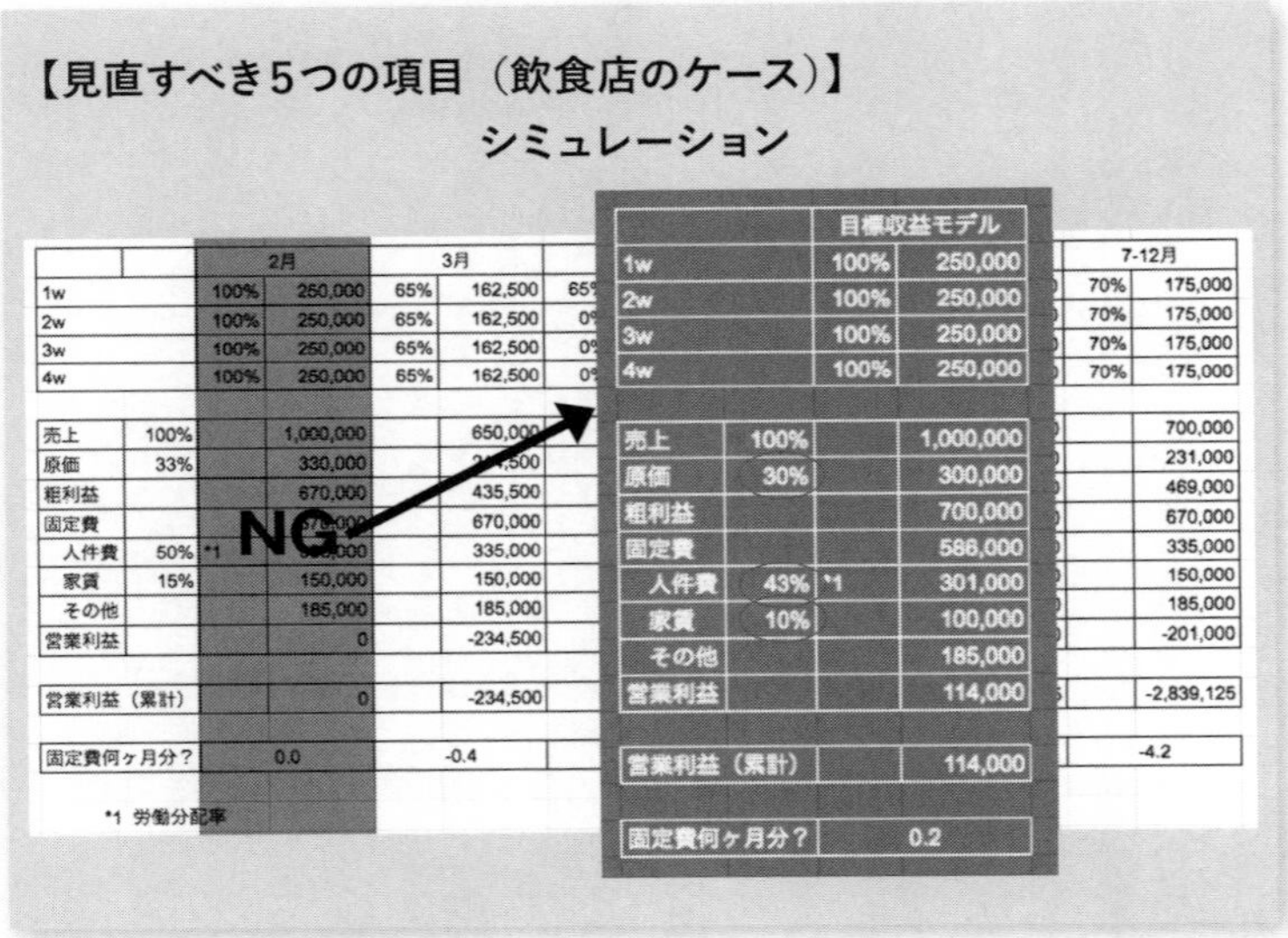

基準も下がって楽になりますし、翌月以降もずっと同じ割合で利益率を押し上げてくれますからインパクトは大きいです。ですから、まず「固定費リスト」を作成して、必要のないものは解約するなど手を打っていきましょう。油断していると、固定費は支払っていることを忘れがちで「増えていくのが普通」なので注意が必要です。

以上の5つの見直すべき項目の③〜⑤は、飲食店のPLでいうと上の図で示しています。

一度、見直してみるのと同時に、今後は定期的に見直しをするようにしましょう。

「減収増益」でいい

守りを固めるという観点では「増収（売上を増やす）」しなくても良いと考えています。

無理に増収を追いかけて減益してしまうと「増収減益」に陥って、結果として残せる利益は減っていることが多いからです。そうなるよりは減収でも利益が増える「減収増益」を目指すべきです。

特に外部環境が悪いピンチのときはそうです。ピンチのときに増収を狙うのは、向かい風のときに通常と同じような走り方をして全速力を出すようなものです。より大きな負荷がかかってしまうので、効率は悪いし、チームも疲弊してしまいます。結果として、増収はできても利益率が下がって「増収減益」という状態に陥って「労多くして益少なし」という状態になってしまいます。

ですから、ピンチのときは「減収増益」を狙うべきです。売上は下がっても良いので、これまでの方法を様々な領域で見直していくことで利益率を上げて「利益の絶対額を増やす」という状態を目指すほうがピンチのときのスタイルとしては合っています。ピンチのときはスピードを落として、低い姿勢で凌ぐことを優先させるべきだということです。

利益を上げようとしたときに「売上を増やさなければいけない」と感じる経営者が多いと思いますが、必ずしも売上増だけが手段ではないです。むしろ、売上増以外の手段をキッチリやっていくほうが利益率は上がりやすいです。

これまで慣れている方法や費用構造などを見直すというのは、順調なときには、なかなかできないものです。ですから、ピンチのときは、そういったことを見直すチャンスになります。

そうやってピンチのときに、これまでの方法を捨てることができたり、しっかりと構造を見直すことができる会社というのは、ピンチのときに逆に良くなっています。

ピンチをチャンスに変えているわけです。

「PL思考」から「BS思考へ」

「PL思考」というのは、会社を経営するときにPLを重視することです。PLはProfit Loss の略で損益計算書に表されます。BS思考は、BSを重視することです。BSは Balance Sheet の略で貸借対照表に表されます。

創業社長であればゼロから売上をつくって利益を残していかないと生き残れなかったはずです。ですから、多くの経営者の頭の中にはPL思考が強く残ってしまうことが多いです。事業継承をした後継者でも、創業者のPL思考が引き継がれたり、PLを重要視することが無言のプレッシャーとして与えられたりするので、PL思考になりがちです。

このように多くの経営者はPL思考が中心なので、あまりBSを気にしていません。
PLも重要ですが、会社の守備力を上げていくためには、BSを重視するほうにシフトしていかないといけません。BSを意識することが守りを強化していきます。

BS思考への第一歩

ＰＬのことは知っていても、ＢＳのことをよく知らない経営者は多いです。ですから、ＢＳ思考に移行していくために、最初に必要なことは「ＢＳのことを知る」ことです。

ＰＬとＢＳでは、下の図のような違いがあります。

ＢＳは「資産の目録」とも言えます。自社がどんな資産を持っていて、その資産の元になった資金の出所が明確にされています。

BS	PL
ストック	フロー
長期志向	短期志向
守備思考	攻撃思考
歴史の積み上げ	1年ごとの切替

BS VS PL

下の図のように、左側に資産、右側に資産の元になった資金の調達方法（原資）が表されていて、左側の資産と右側の調達元の合計が同じになるようになっています。

左と右の合計が同じになってバランスが取れるようになるのでバランスシート（ＢＳ）と呼ばれます。

ＰＬとの繋がりは、次ページの図のようにＰＬで最終的に会社に残った税引き後の最終利益が利益剰余金として④の直接資本の中に入ってきます。

ＢＳで最初に着目すべきなのは134

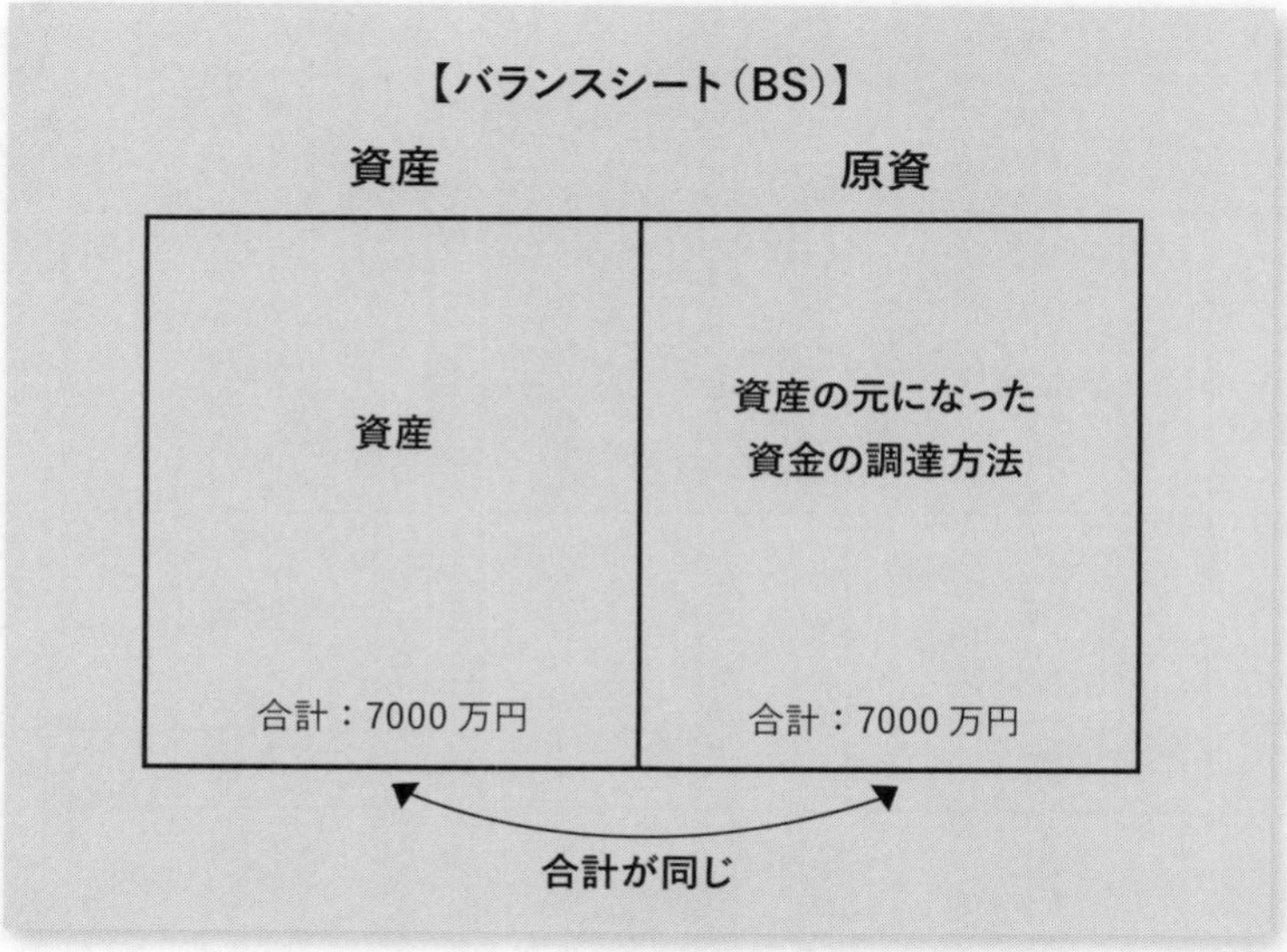

ページの図の4つの領域です。

本来は単純な構造ですが、慣れていないと理解が進まなかったりするので、最初は大まかに4つの領域からスタートして、まずはBSに対する構造的な理解を深めましょう。次第に理解が進んでくれば、それぞれをブレークダウンして、もう少し細かい部分を見ていくようにすれば良いです。

① 流動資産
② 固定資産
③ 他人資本（負債）
④ 直接資本（純資産）

これらの4つの領域で自社のBSの

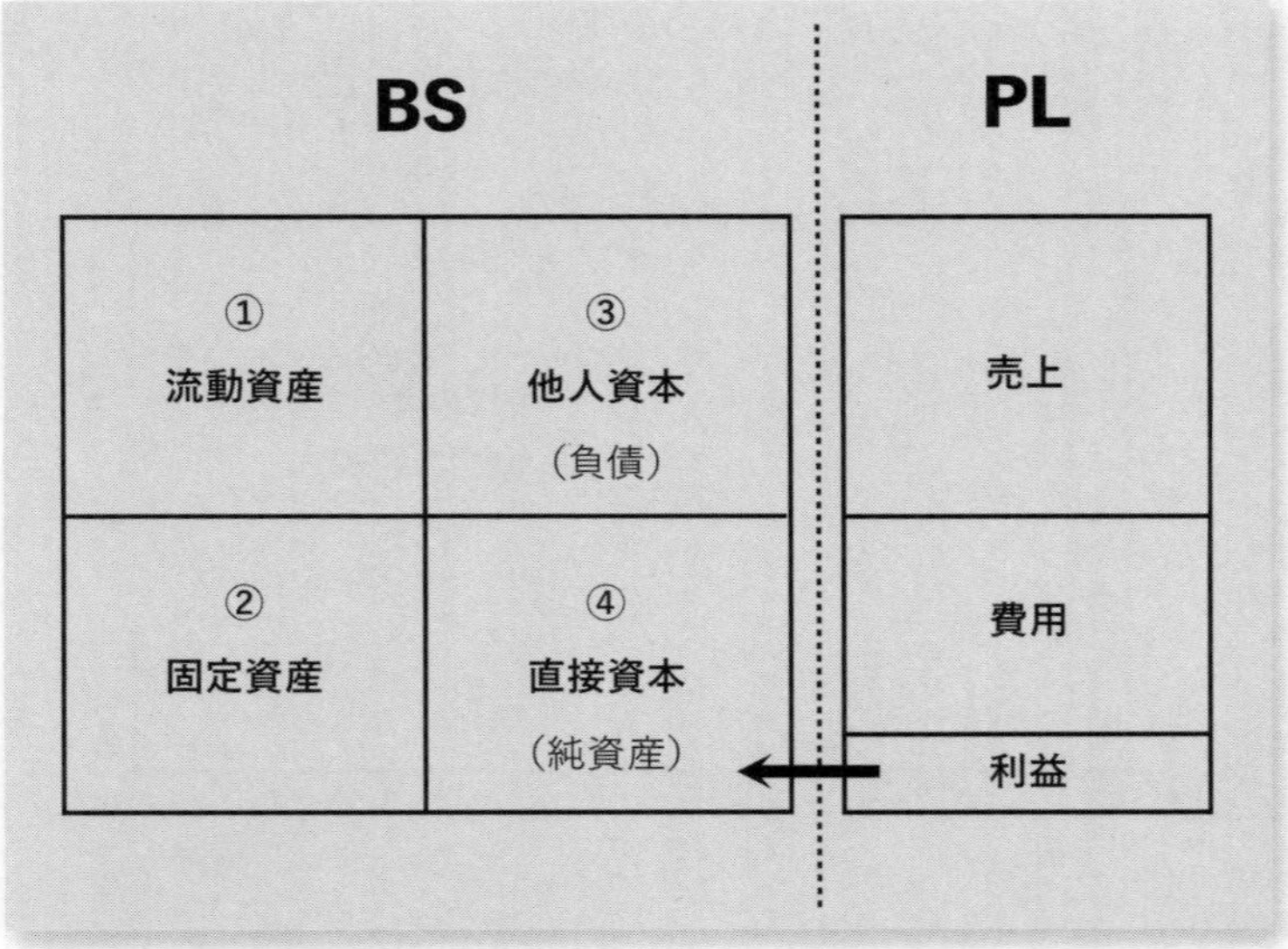

優劣がわかります。会社としての「地力」がわかるとも言っていいでしょう。

それはＢＳを十分に理解している人が見ると明白で、ＰＬを見るよりも会社の状態を深く把握することができます。

ただ、慣れていないとわかりにくいので、最初は基本的なところを押さえましょう。良い例と悪い例を見ると一目瞭然なので、比較して見ていきます。

ＢＳの良い例は次ページの図です。変化の激しい時代は、こういう状態が大事です。

このように「流動資産が多くて、直接資本が多い」状態です。

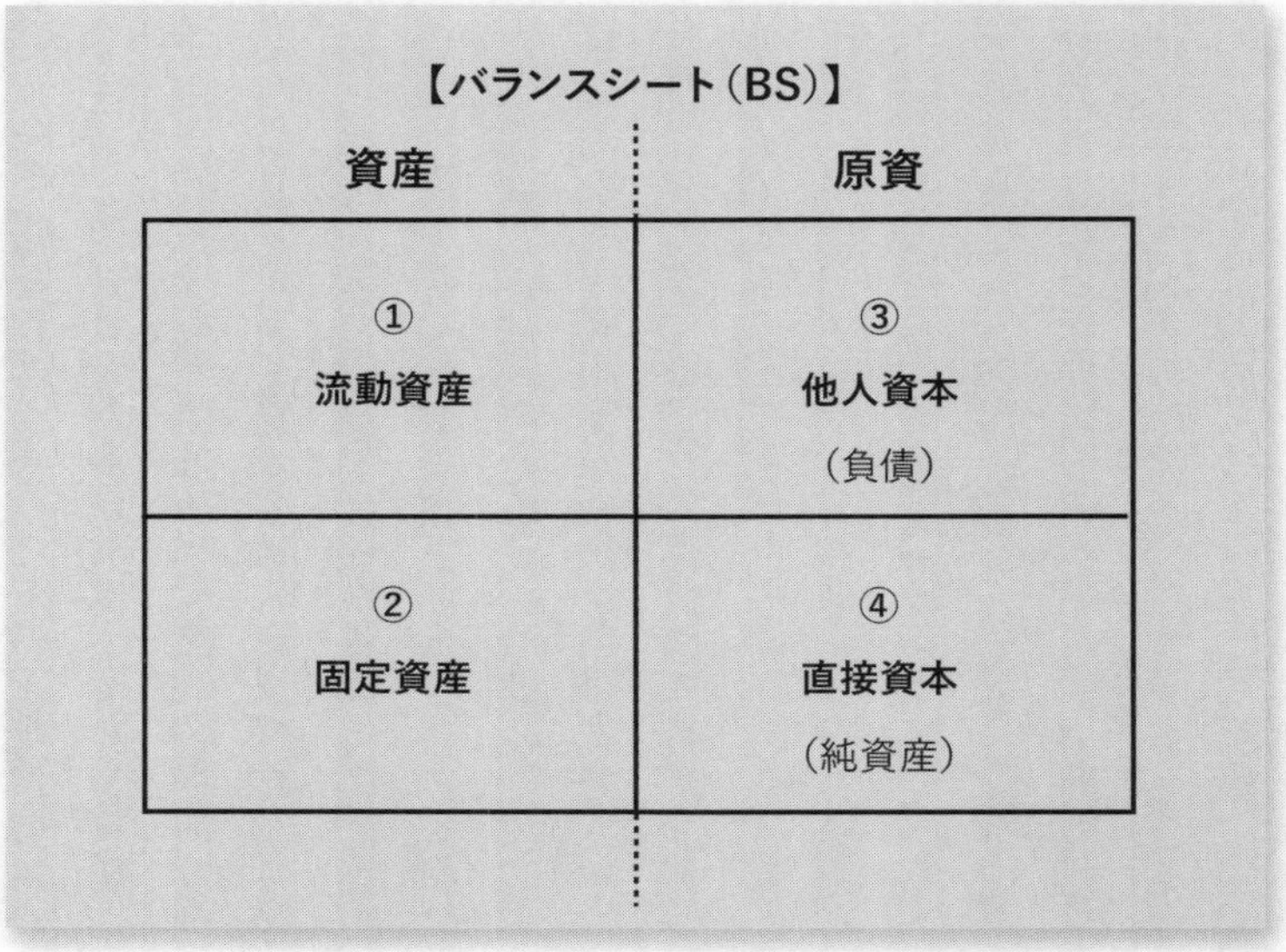

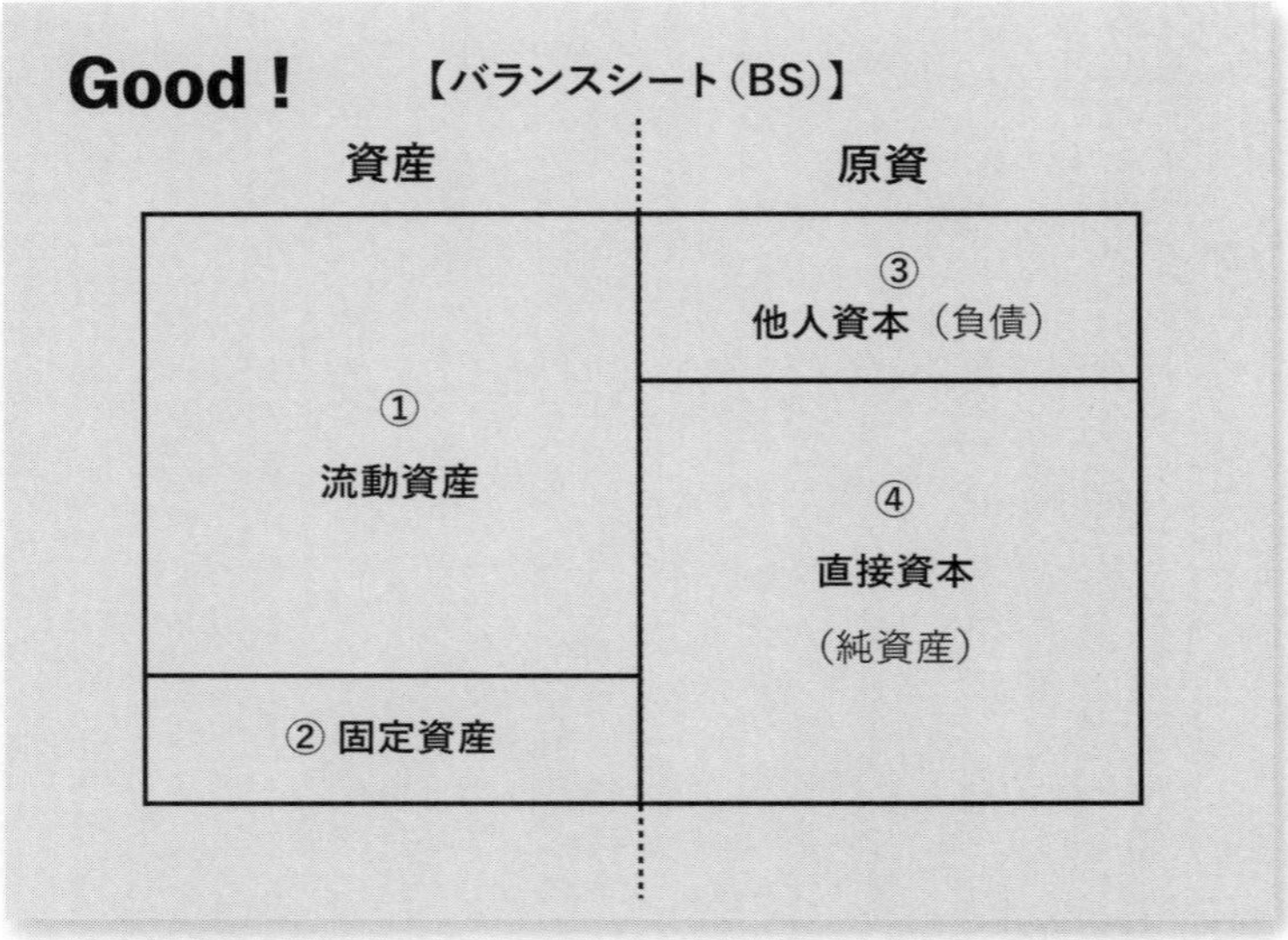

資産が多くあっても、土地建物などの固定資産が多ければ、それらはすぐに現金化できません。変化の激しい時代は即時対応が求められますから、素早く現金に交換できて必要な資産を買えないといけません。

「守りの3大分野」のⅢ流動性で詳しく見ていきますが、守りを固めるためには流動性も重要です。

昨日の成功の方程式が、今日、通用しなくなったりするからです。そんなときは、素早く新しく必要になった設備などを購入して、新しい方法に挑戦していかないといけません。ですから、売りにくいものを資産として持ってい

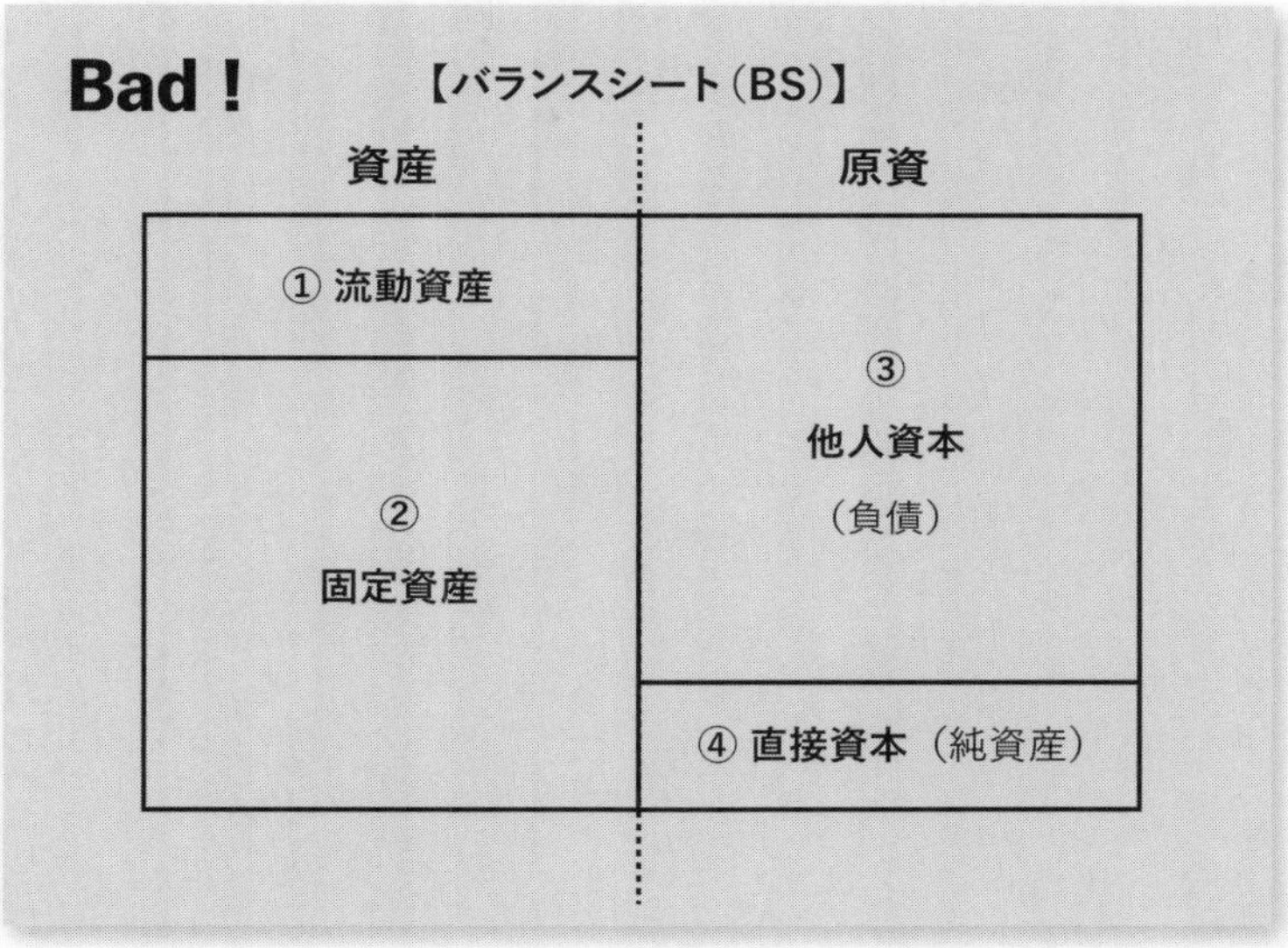

ても防衛資産にはならないのです。

また借金よりは、自前のお金で資産を用意できたほうがいいので、136ページの図のように③負債よりも④純資産が多くなっている状態が良いです。

反対に悪い状態は、上の図のように右ページの図の反対になることです。固定資産が多くあって、借入金（負債）も多くあるようなパターンです。

こうなると自由に動ける幅が狭く、ピンチに対応するにしても時間がかかります。

一度、自社の「ＢＳがどのような状

態なのか?」を、これら4つの領域のバランスで分析してみてください。

成功し続ける社長はBS思考

PLは特定の期間の収益的な状態を表したものなので、短期思考になりがちです。しかし、BSは会社の全歴史の結果なので、長期的思考に立って良いBSをつくっていこうとしないとできません。**BSは自社の歴史の積み上げであり、過去から全ての期間の通信簿のようなものです。**

PLは、たまたま偶然、良い年があったりします。しかし、BSは誤魔化しようがないです。偶然で良い状態にすることは不可能です。

「PLに偶然は、ある」けれども「BSに偶然は、ない」ということです。

PL思考の経営者が多いのは仕方がない側面があります。なぜなら、経営者は、まず収益性を確保していかないと生き残れないからです。**しかし、ある程度の収益性を継続**

的に確保できるようになったら、ＢＳ思考にシフトしていくべきです。

前述したようにＰＬにはラッキーパンチみたいなものはありますが、ＢＳにはありません。ですから、ＢＳを良い状態に持っていける経営者が本当に優秀な経営者です。成功することと成功し続けることは全く違います。成功し続けるほうが圧倒的に難しいです。一時的な成功者はＰＬしか見ていませんが、成功し続ける経営者はＢＳ思考です。

成功する社長は、ＰＬ思考。
成功し続ける社長は、ＢＳ思考。

社長のタイプをいくつかの方法で分けていますが、次ページの図のように3つのタイプに分けることができます。ＩＱ型はビジネスセンスや経営に対する知識で勝負するタイプです。ＥＱ型は人間関係構築力が経営を成り立たせる原動力になっているタイプです。ＩＱ型かＥＱ型の経営者が多いですが、経営が成長軌道や安定軌道に乗ったらＲＱ型の要素を増やしていくべきです。

【社長のタイプ】

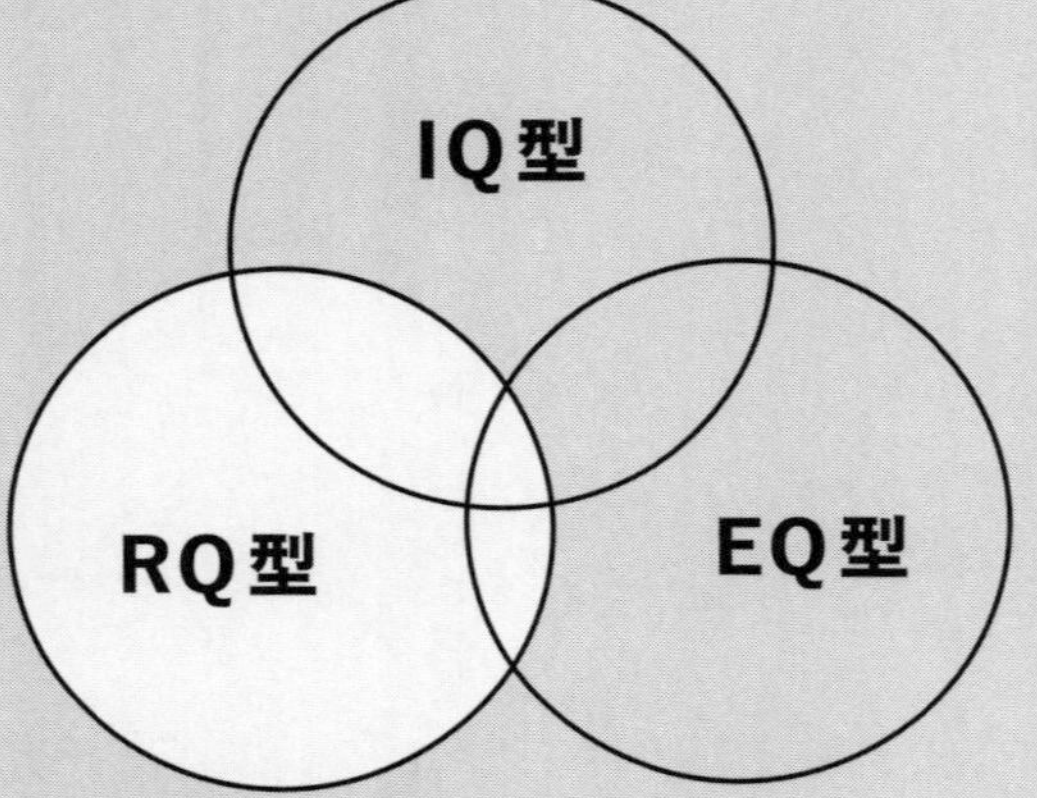

【社長の仕事】

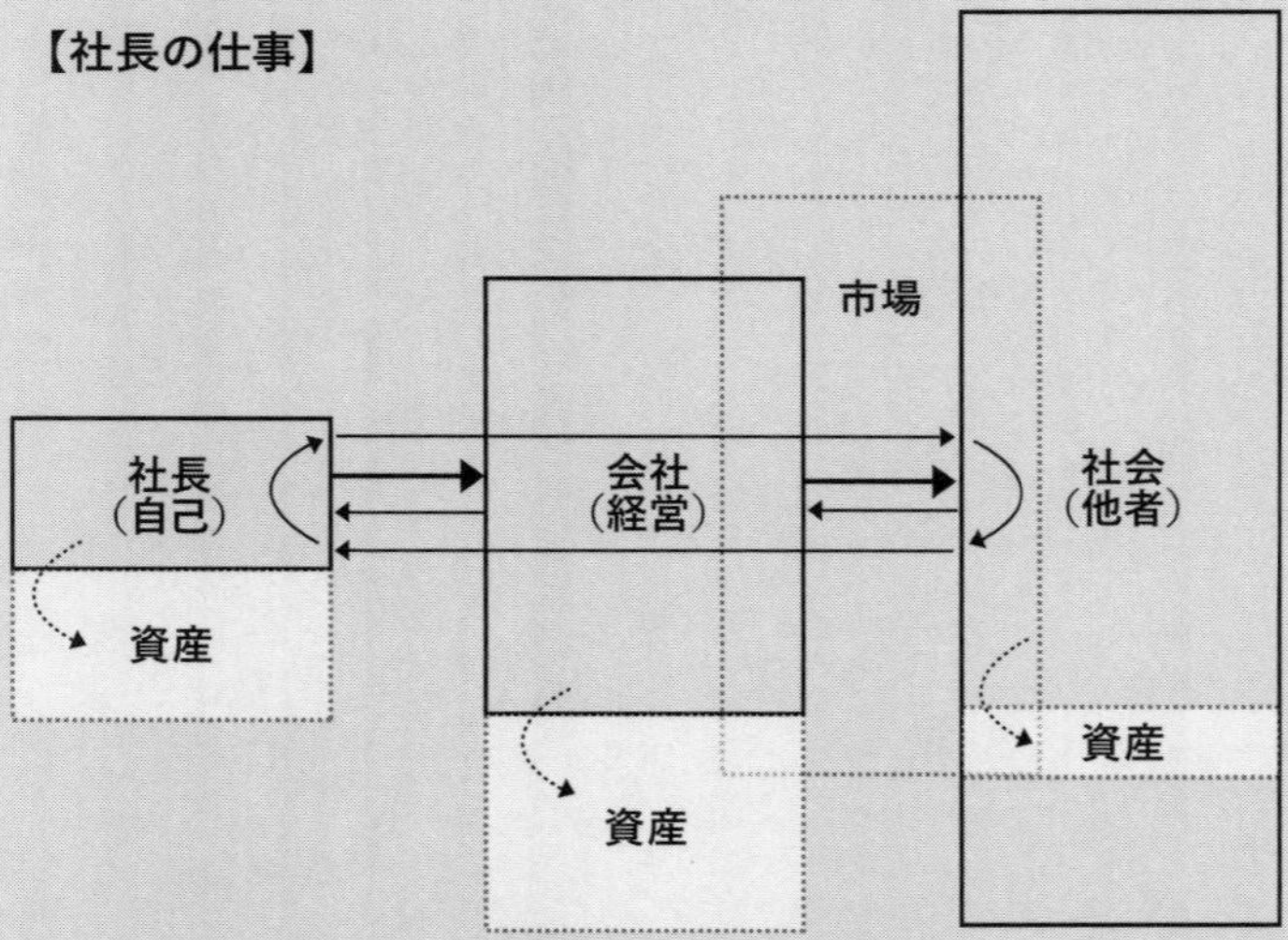

ＲＱとは Resource Quotient の略で経営資源のマネジメントに対する知識やスキルの高さを表すために使っている言葉です。

また「社長の仕事」の大きな方向性の一つは「社長が無から資産をつくっていく活動」とも言えます。そういった観点からもＢＳ思考は重要であり、経営者はもっとＢＳ思考になっていくべきです。

ＲＯＸを真剣に考える

ＢＳ思考へ移行するための「二歩目は何か？」と言うと〈ＲＯＸ〉を真剣に考えていくということです。

ＲＯＸとはＲＯＡ・ＲＯＥ・ＲＯＩなどの総称として使っている言葉です。ＲＯＡ・ＲＯＥ・ＲＯＩなどは、どこかで聞いたことのある言葉だけど、中小企業の経営の現場で聞くことはあまりなく「十分に理解はしていない」という経営者が多いと思います。

ＰＬ思考が強かった経営者は無視してきた言葉かもしれませんがＢＳ思考へ移行していくためには理解しておかないといけない言葉です。

ＲＯＸはReturn On Ｘの略で「Ｘ（投資）に対してリターン（利益）がどのくらいあったのか？」という「投資収益性」を表しています。ＲＯＡであればＡがAsset（総資産）なので、自社が保有する総資産に対してどのくらいの割合で利益を出せているのかを見る総資産利益率という指標になります。

会社を守っていくためには、ＢＳ思考になって「自社が保有する資産が有効に使われているのか？」を判断していく必要があります。ですから「防衛資産を築いていく」という観点からはＲＯＸは重要な指標なのです。

しかし、攻めの思考が強くてＰＬ思考が強くなってしまいがちな経営者は、経常利益率や営業利益率などＰＬ上の指標に関しては理解していることは多いですが、投資や資産に対する効率性の指標を意識している経営者は少ないです。

あなたの会社のROA

$$\text{ROA（総資産利益率）} = \frac{\text{Return（税引後利益）}}{\text{Asset（総資産）}}$$

売上高に対する利益率や経費率といったＰＬ上の効率性が「会社が成功しているのか？」の判断材料だった経営者は多いと思いますが、それに加えて「資産の効率性」も判断材料に加えていきましょう。

「あなたの会社の資産効率は？」と金融機関やステイクホルダーから聞かれたときに、ＰＬ上の営業利益率と同じくらいのスピードで即答できるようになるのがベストです。

実際に、自社の資産効率を見ていくときに良い指標の一つがＲＯＡです。上の計算式で算出できるので、自社のＲＯＡを計算してみてください。

資料を見ずにパッと計算できる人は少ない

と思います。それだけ資産効率というのは重要視されていないということです。

では、次に「どれくらいのROAを目指していけば良いのか?」ということです。ROAというのは「自社が持っている資産を使って、どれだけの利益を生むことができたのか?」を問う指標ですから、経営者としての力量が問われます。

中小企業の場合は会社の所有者である株主と株主から経営を任された経営者(取締役)が同じ人であることが多いです。そうすると自分が出資した資本金が総資産のベースになりますから、本来なら自分の出したお金の有効性や効率性には関心が強いはずです。しかし、実際は逆のことが多く、他者に出してもらったお金ではなく、自分が出したお金なので、資産効率が悪くても「まあ、いいか」となりがちなのです。その結果、中小企業の資産効率は低いままです。

そもそも「資産効率の適性がどのあたりが良いのか?」というのも簡単な課題ではないので、左の図を参考にしてみてください。

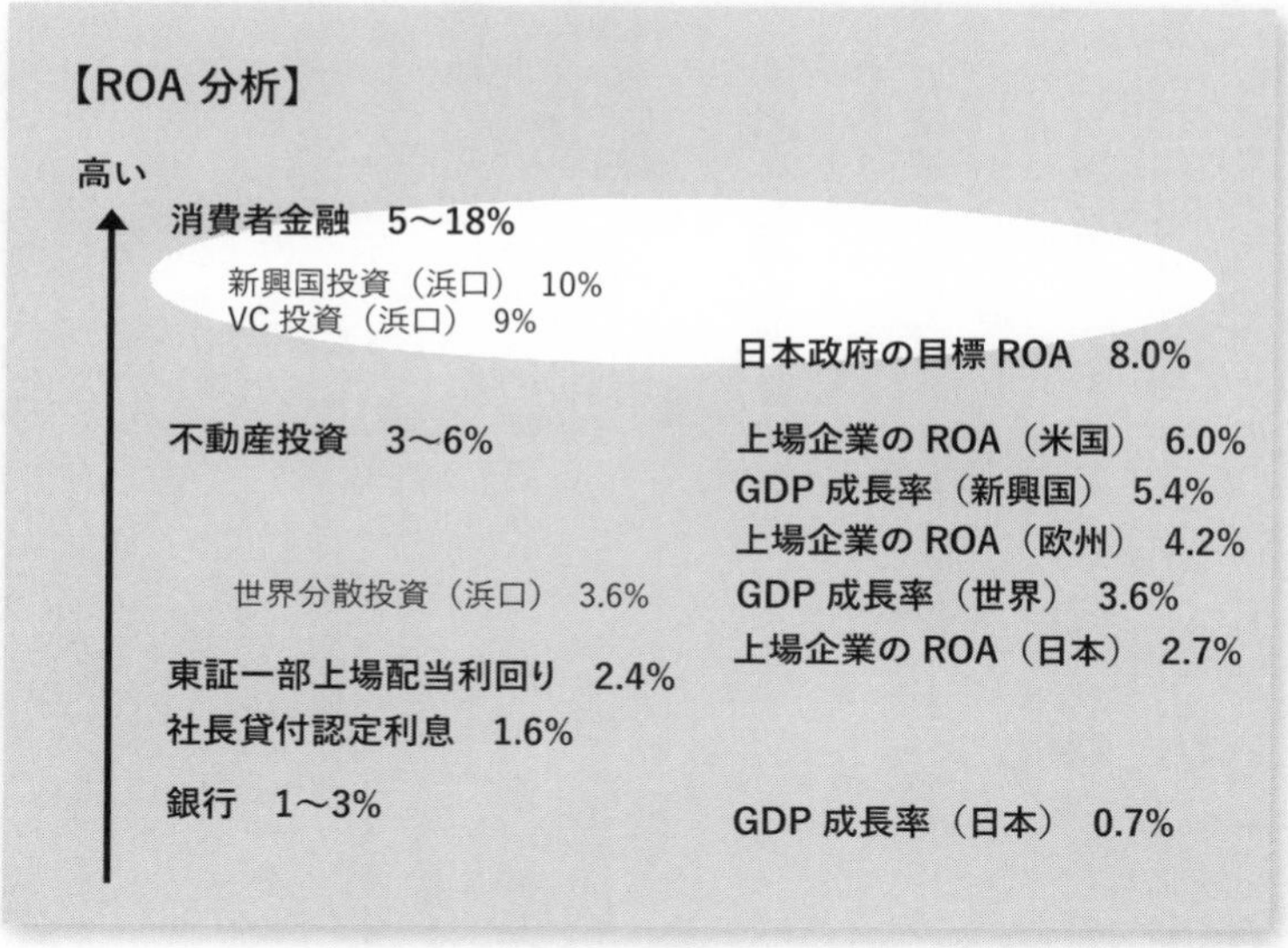

自分がお金を投資したときに「どのくらいの運用利益を期待するか？」というイメージで考えていくとわかりやすくなると思います。１０００万円投資したときに、どのくらいの利益が返ってくれば満足でしょうか？

そのように会社が持っている全資産を自分が投資した場合に「どのくらいのリターンを期待するのか？」を考えていくと、自社が目指すべきＲＯＡを理解しやすくなります。上の図に様々な投資収益率を出しておきましたので、どの辺りが納得できるのかを、一度、考えてみてください。

そう考えていくと「リスクに見合う

リターン」が必要だということが実感できます。

では、中小企業のリスクを考えてみましょう。自分が自社以外の中小企業に投資するとして、その運用利益が毎年どれくらいあると納得できるでしょうか？　上場している株式や不動産の投資とは違って、中小企業に投資するのはリスクがあると考えざるをえません。東証一部に上場している会社に投資をした場合の配当利回りの平均は2・4％です。中小企業への投資リスクは、東証一部企業より、かなり大きいと考えないといけないので、投資に対するリターンは2・4％以上でないといけないことがわかります。

自社に余裕のあるお金が1000万円あって、それを知人の経営者に貸したら、どのくらいの利息をもらうべきでしょうか？　銀行の場合は1～3％が多いでしょうし、消費者金融であれば5～18％です。社長貸付の認定利息は1・6％です。

総資産を全て不動産に換えて家賃収入などの収益にしたとすると、不動産投資の利回りの平均は3～6％が多いので、これ以下になるのも良くないと感じます。

仮に世界中の全ての会社に分散投資ができたとすると、GDP成長率がリターンに近いと言っても良いでしょう。そうすると世界のGDP成長率の平均は3・6％ですから、それ以上は目指したいところです。

日本の上場企業のROAは2・7％ですが、これは世界的に見ると低いです。日本企業全体が資産効率に関しては悪いのです。これは日本の競争力を維持する上で課題になっているので、日本政府は8・0％にするという目標を掲げています。

このように見ていくと、中小企業が出すべき資産効率は「10％」は目指したほうが良いと考えています。資産を多く必要としない業態の場合は20％以上を目指したほうが良いでしょう。

中小企業の適正ROAを10％としたとすると、総資産が1億円の会社が目標とする税引後利益は1000万円になります。この1000万が資産に積み上がりますから、次年度の総資産は1・1億円になります。なので、次年度の目標税引後利益は1100万円になります。

本来、資産が増えれば増えるほど、自分が使える資産が増えるわけですから、それに比例して利益額も増えないといけないのです。**しかし、多くの会社では「資産効率」と**

いう観点から利益を考えていないので、見込まれる売上高に経常利益率をかけて目標利益額を決めています。

しかし、保有する資産の効率性ということから見ていくと、目指すべき利益額が明確にわかります。何となく掲げた売上目標に、何となく感じた経常利益率をかけて税金を引いて算出した税引後利益額ではなく、より根拠のある利益目標を立てることができるようになります。

ROAの指標を明確にしているメリットの一つは、このように目指すべき「利益の絶対額」がはっきりわかるということです。年度末に来年の目標を考えるときに、BS上の総資産は見込みでわかっていることが多いですから、その総資産にROAをかけてあげれば、次年度に目標とすべき利益額が計算できます。

その利益額から目標とする営業利益率10～15％を使って逆算すれば、自分たちが保有する資産からは「これくらいの売上を目指すべきだ」という根拠のある売上目標を知ることができます。

このようにBS思考の経営者はBSという自社の確定的な数値から逆算してPLの計

画を立てています。

守りの3大分野Ⅱ：〈分散させる〉

「分散」の定義と重要性

守りの3大分野の「備・散・流」の中で、多くの会社が最もできていないのは「分散」です。

「多くの会社ができていない」と聞くと「難しいのでは？」と感じてしまうかもしれませんが、意外と簡単にできる可能性もあります。なぜなら、分散ができていないのは「やっていないだけ」の場合がほとんどだからです。しかしながら、守備の予防的な観点からは特に「分散」は強力な力を発揮しますので、ぜひ取り組んでみてもらいたい分野です。

経営における「分散」は反対の意味の「集中」と対比して考えるとわかりやすいです。
「集中」は少ない領域に保有する全てのリソースを投下しているような状態です。反対に「分散」は保有するリソースをバラバラの領域に分けて投下することです。

分散の意義は「すべての卵を一つのカゴに盛るな」という表現で想像してもらうとわかりやすいと思います。すべての卵を一つのカゴに入れて持っていたら、その一つのカゴを落としてしまうとすべての卵が割れてしまう可能性があります。

ですから、一つにまとまっていて楽な面もありますが、一度にすべてを失うリスクもあるということです。逆に、2つ以上のカゴに分けていた場合は、一つのカゴを落としてしまっても、他のカゴの卵は無事です。2つに分けて持たないといけないという面倒はありますが、すべての卵を一気に失うというリスクを回避できます。

このように厳然と存在するリスクを想定して、そのリスクを回避しようとすると「分散」は避けて通れない手段です。ですから、分散はリスクヘッジの基本中の基本と言えます。

多くの会社では分散ができていない

経営者が会社の「守り」を考えたときには「分散」を考えるべきです。

しかし、私たちが最も頻繁に聞く経営セオリーは「集中」ではないでしょうか？「選択と集中」という経営戦略です。もちろん、集中する戦略にも理はありますし、重要ではあります。特に起業時などの力が弱い状態のときに、ゼロから軌道に乗って安定する状態まで立ち上げていかないといけないときなどは、自分たちが持っている限られた資源を集中させて狭い領域に注ぎ込んだほうが、パワーが出て成功する確率が高まります。

しかし、上昇し続けないといけないような時期が終わっている段階の会社は、安定軌道を継続していくために「集中」よりも「分散」を考えていくべきです。「選択と集中」

は良い戦略でもありますが、集中した領域に何かが起こってしまったら「全てが終わってしまう」というリスクがある玉砕覚悟の戦略とも言えるからです。

第1章の「最も重要な前提条件」のところで理解していただいたように、経営を取り巻く環境は「変化することが常態」です。そんな変化の激しい環境の中で、特定の一点に集中して事業を行っていたら、その一点に何かが起こってしまったら、それで一気に廃業に追い込まれる可能性があります。

集中すると、そのメリットを享受すると同時に、リスクも高くなっているものなのです。このような「選択と集中」の負の部分を、もっと考えるべきです。ですから、実際に実行するかは別としても、一度、「分散」を真剣に考えてみてください。

分散ができていない会社は、ピンチに弱い

分散の重要性を確認しましたが、それでは、なぜ多くの会社ではリスクヘッジのための「分散」ができていないのでしょうか？

分散すると効率が少し下がってマイナスにも働きますから、成長している時期などは集中したほうが効率的です。ですから、集中戦略を取り続けてしまうことが多いです。そのようにして、気づかないうちに「ピンチに弱い体質」のまま経営を続けてしまいます。

このように最も大きな障害は「必要性を理解していない」ということです。**世の中で広く流布されている「フォーカスする」という戦略が過大に評価されてしまっています。ですから、多くの経営者は集中することに意識が向きがちで、分散への転換ができなくなっています。**

分散は全方位的ですから、集中戦略よりわかりにくくて面倒です。また、分散を進め

て安全性を高めるために、今の利益を削らないといけない部分があります。分散を進める領域によって程度は違いますが、効率は少し下がることが多いです。一つのことに集中したほうが効率的なのは当然です。それを2つ以上にすれば、効率が落ちるのも当然です。

このような「わかりにくさ」「面倒」「効率の低下」などがあるので「分散を進める」という先憂後楽ができなくなるのです。

会社が社会という外部環境に存在していて、外部環境の変化をコントロールできない限り、社会の変化がプラスにもなればマイナスになることもあります。会社を守っていくためには、マイナスのときに耐えられる体制にしていかないといけません。

集中は上げに強いが下げに弱いです。
分散は効率に劣るが下げに強いです。

下げの局面でも強い会社を作るために「分散」を経営に取り入れていきましょう。

4つの「分散」を考える

分散をすることで会社の守備力を高められる分野は様々ありますが、最初のアクションとしては、下の図の「4つの分野」の分散を検討していきましょう。

【4つの分散】

① 顧客分散
② 事業分散
③ 取引先分散
④ 役割分散

これらの領域で分散がなされていいな

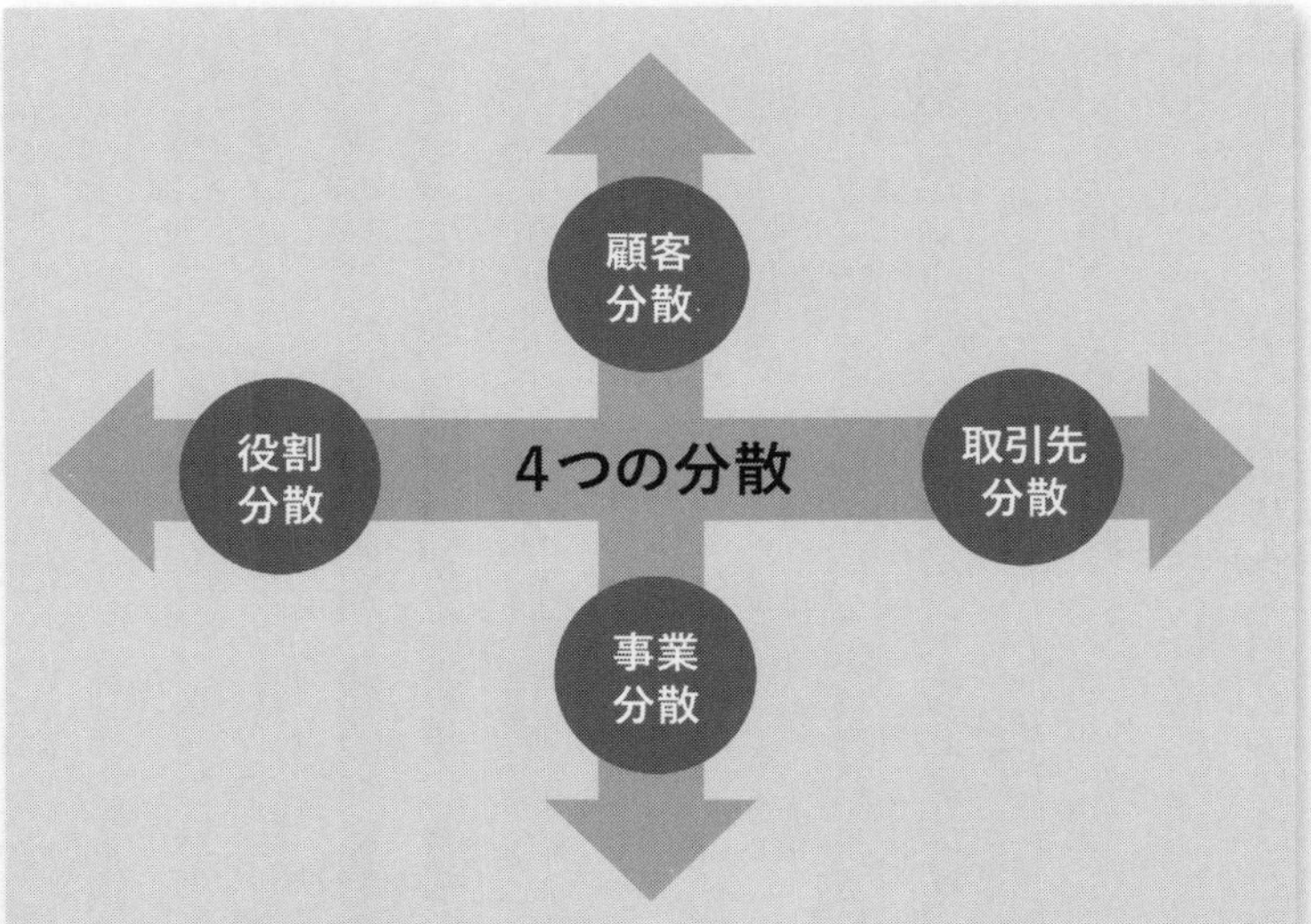

いと、大きなリスクを抱えながら経営をすることになります。

〈4つの分散〉①：顧客分散

BtoBの業態において顧客が1社しかない場合は、その1社が不調になって戦略や方針が変わると致命的な影響を受けてしまいます。4つの分散で最初に実行すべきことです。次項で詳しく解説します。

〈4つの分散〉②：事業分散

一つの事業しか持っていなければ、その事業がダメになったら会社全体が終わってしまいます。ここが最もできていない分散でもあるので、後に詳しく解説していきます。

〈4つの分散〉③：取引先分散

仕入れをしている先の「工場が火事になる」など何らかの理由で操業がストップした

ら、仕入れができなくなります。災害のような偶発的に起こることでなくとも、1社だけから供給を受けていると、そこに「供給しません」と言われたら終わりです。ですから、注意しておく必要があります。ここは第5章「7つの脅威【4】：取引先」で詳しく解説します。

〈4つの分散〉④：役割分散

会社の中で特定の人に重要な仕事が集中し過ぎていると、その人が急に辞めたら困ります。たとえ辞めなかったとしても、その人にパワーが生まれてしまうので、厄介な存在になる事例も多いです。バイヤーとか営業とか経理などで、そういった現象になることが多いです。

仕事の役割が、ある程度は分散されていないと、その人が病気などで動けなくなると仕事全体が滞ってしまう可能性もあります。その役割が特に全体のボトルネックになるようなものだと、全体を止めてしまいます。このような結果を招かないように、役割の分散を意識したほうが良いです。

重要な役割に関しては完全に分散せずともメインとサブの2人以上が理解するようにしておいて、たとえメインの社員が動けなくなってしまっても、サブが担えるような体制にしておけると安心です。

これらの「4つの分散」を意識しながら経営するようにしてみてください。意識すれば「分散されていないリスクの存在に気づく」ので問題意識が生まれます。「気づいていないことが最大の脅威」ですから、問題意識さえ持つことができれば、大きな前進になります。

最初に取り組むべきは〈顧客分散〉

分散によって会社を守るための最初の第一歩は「顧客分散」が良いでしょう。

これまで分散することを意識すらしていなかった会社にとっては、簡単にできるというわけではないですが、労力に対する効果の大きさを考えると最初に取り組む分野として効率的です。

あなたの会社の顧客1社に対する「依存度」は、どれくらいでしょうか？ 1億円の売上があって、それらが1社の顧客から成り立っていたとしたら依存度は100％です。10社であれば10％です。もちろん、これは平均値なので、10社の顧客があっても、そのうちの1社から5000万の仕事をいただいていたとしたら、その1社への依存度は50％になります。

顧客に対する依存度は低いほうが安全です。依存度が高くて集中度が高いほど、何もなければ効率的ではあります。ですからPL思考で経常利益率などのPL上の収益性を重視し過ぎてしまうと、顧客への依存度がどんどん高くなってしまう傾向があります。

しかし、依存度が高くなればなるほどリスクは高くなっています。依存度の高い1社からの仕事が何らかの事情でなくなってしまったときのインパクトが大きいからです。たとえば、先ほどの例の依存度50％の顧客を何らかの理由で失ってしまったとしたら？　売上の50％が失われます。50％の売上がなくなってしまったら、たいていの会社は倒産や廃業の危機に陥ります。

購入する選択権は常に顧客にあります。ですから急になくなる可能性は常にあるのです。多くの会社では、そのリスクを真剣に考えていません。まるで、そのリスクがないかのように1社との高い依存度を経営にとって良いことのように振る舞っています。こうなってしまう大義名分がPL上の効率性なのですが「楽をしたい」という感情も見逃せません。顧客との関係性を良い状態で維持していくのは簡単ではありません。ですから、その数を減らして簡略化しようとするインセンティブが働くのは理解できます。

しかしながら、会社を守っていくためには、その誘惑に負けてはいけません。

【Work《ワーク》】

「突然、何%の売上が喪失すると困るか?」と考えてみてください。

会社が顧客の突然の喪失による売上減少に耐えられるのは、25%が限界です。

もちろん業種業態によって粗利率が違いますから、正確に言うと粗利額の喪失が問題ですが、わかりやすいので売上で考えています。粗利率が50%の会社であれば、売上25%の喪失は12・5%の粗利額の喪失になります。そうなると、営業利益率が10%あっても赤字に転落します。

依存度が26%以上もある顧客が存在すると、その1つの顧客からの仕事がなくなった時点で「存続の危機」にさらされるということです。実際、リーマン・ショックが起こったときには、大企業から研修やコンサルティングの仕事を受けていた小さいけれど優良企業だと思われていた会社の多くが廃業していきました。顧客数が少なく1社への依存度が高かったからです。

ですから、小さい会社であっても、最低でも顧客は4社以上に分散させて1社への依存度を25%以下にすべきです。「お客さんは1社だけ」というような状態にしてはいけません。運命共同体と言うと聞こえは良いですが、会社を守るという観点からは、そう

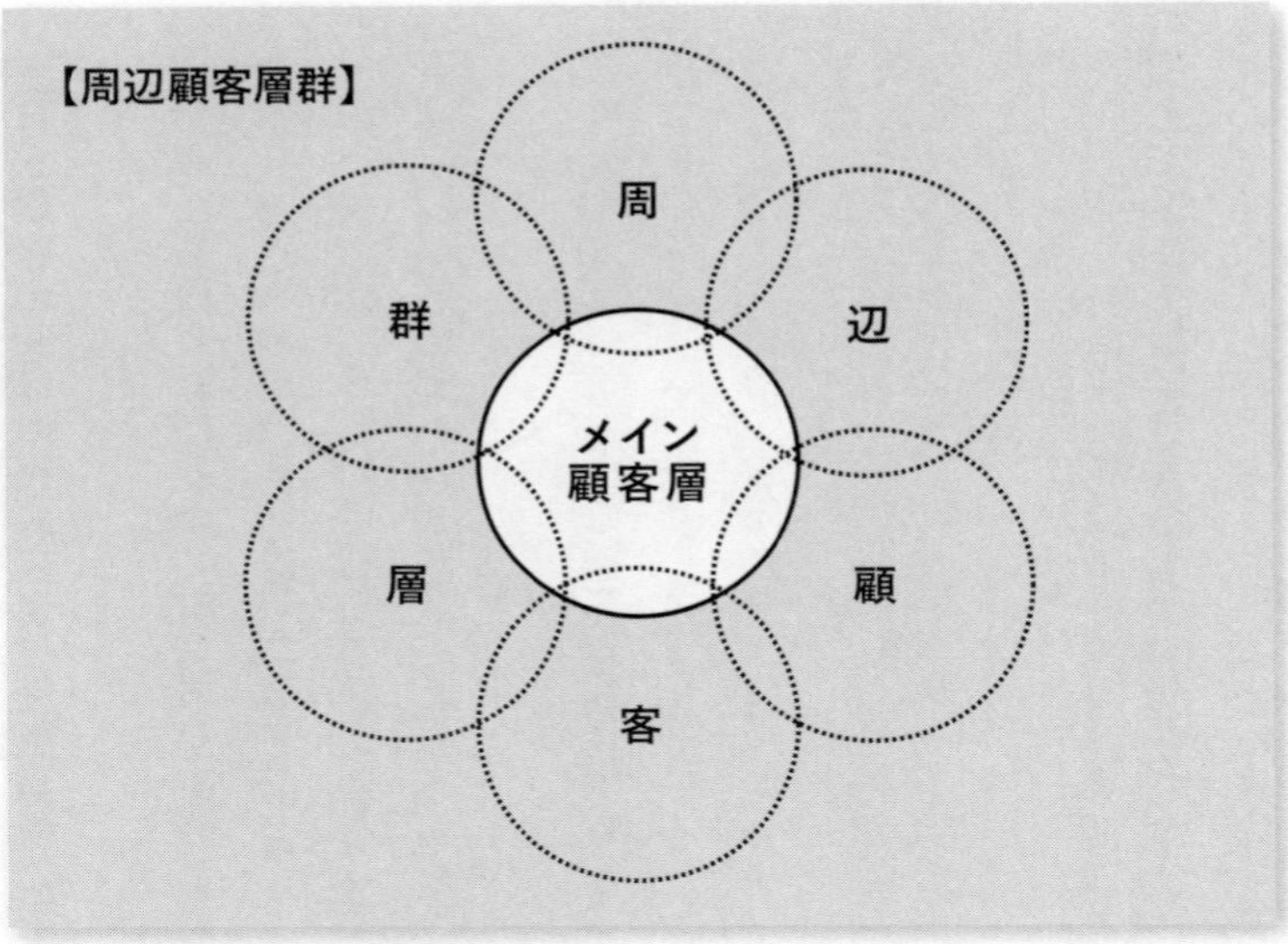

なってはいけません。

では、具体的に、どうやって分散していけばいいのでしょうか？

メインの顧客層が上の図のように中心にあったとすると、その周辺には必ず「周辺顧客層」という顧客の層が存在します。

メインとしている顧客の近くに「似たような顧客」が存在します。最初は少しずつでも良いので、そちらの顧客層を開拓して分散させていくことを薦めています。

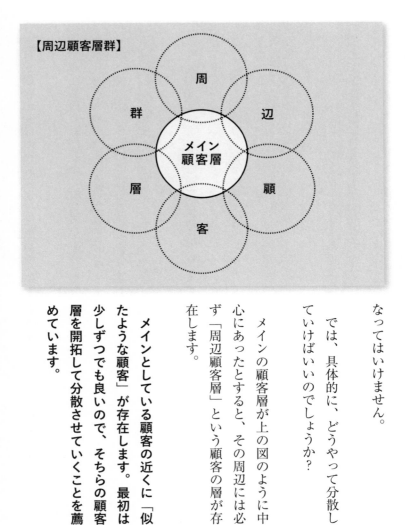

メイン顧客層から遠い顧客層に無闇にトライする必要はありません。もちろん、それが成立すれば、リスクヘッジの観点からは、より安全性は高まるのですが、顧客層が違うと提供する価値そのものの変更を余儀なくされる可能性が高まるので、メリットとデメリットを考えるとデメリットのほうが大きいです。

ですから、まずは「周辺顧客」に広げていくことです。そして、少しずつ特定の顧客に依存している状態を分散していってください。

最も効果的だが、最もできていない「分散」

次に「事業分散」を考えてみましょう。中小企業にとっては、これが分散の中では最も難しいですが、守備力という観点からは検討すべきことです。また効果も大きいです。

投資の世界では「すべての卵を一つのカゴに盛るな」という黄金律があります。一つのカゴに全てを盛ってしまうと、そのカゴを落としてしまったら、全てを失うことにな

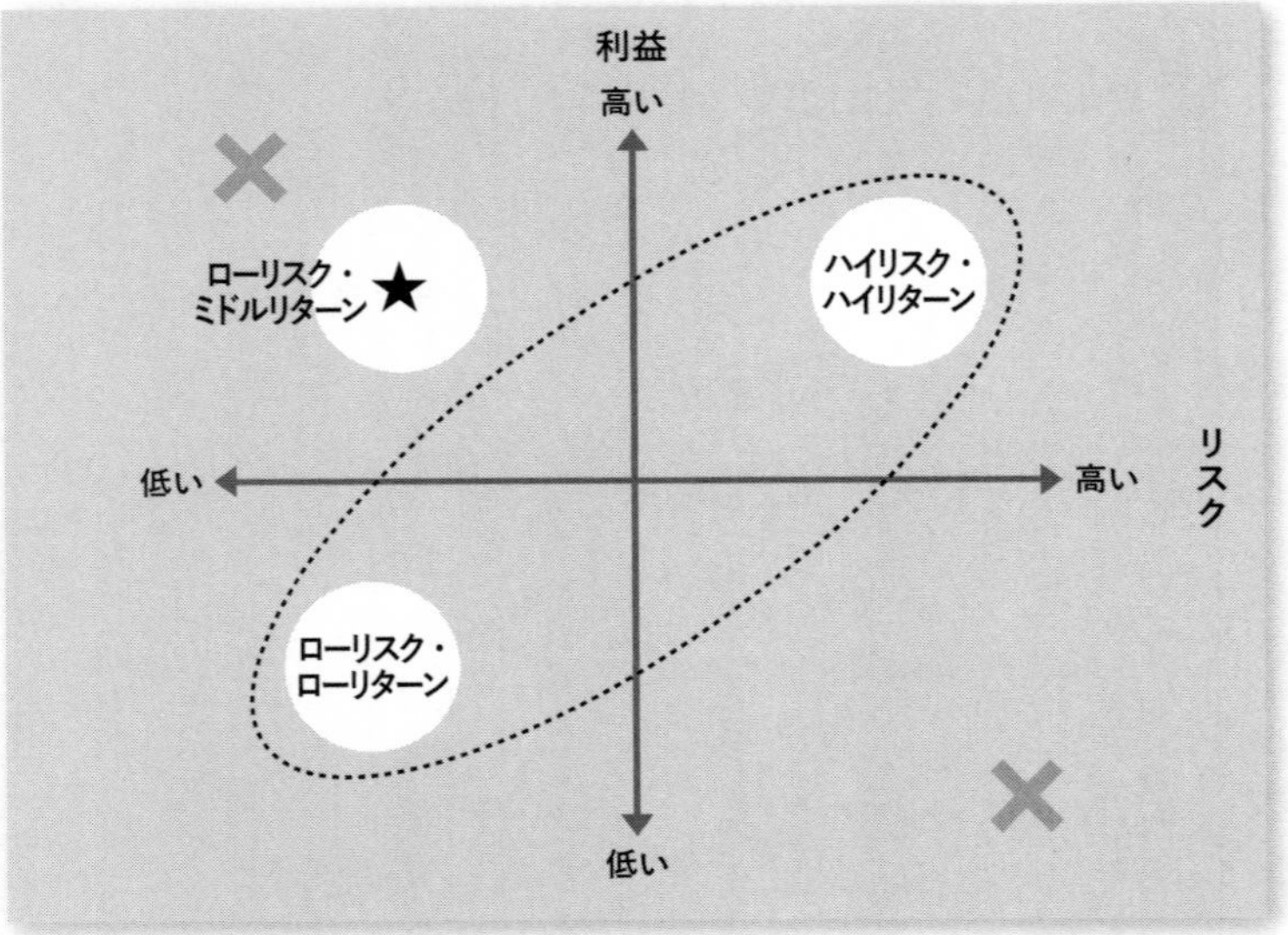

りますから、分散したほうが良いという意味です。この発想は投資の世界だけではなく、経営の世界でも必要だと考えています。

投資の世界で考えるとわかりやすいので、もう少したとえて説明させてもらうと、上の図のようにハイリスク・ローリターンの投資先や投資方法がNGなのは明白です。またローリスク・ハイリターンは存在すれば嬉しいですが、そんな都合の良い状態は滅多にありません。あったとしても、すぐに参加者が増えてしまい、ローリターンになっていきます。ですから、ハイリスク・ハイリターンやローリスク・ローリ

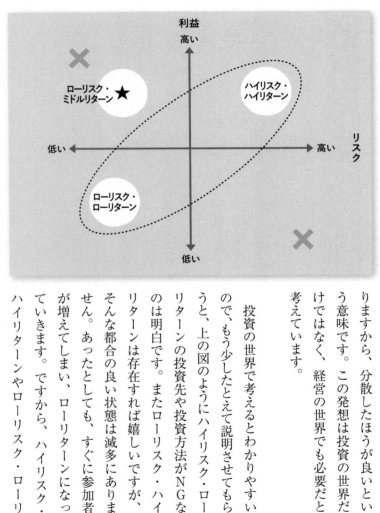

ターンが投資をするときの当たり前になります。望むリターンによってリスクは変わるということです。

投資でも事業でもリスクに見合ったリターンが当然の結果と言えるので、できれば右の図の★部分のようなローリスク・ミドルリターンとなるような方法を目指していくのがベターだと考えています。

一つの事業に集中するのは、ハイリスク・ハイリターンという方法です。リターンも高いけれど、リスクも高いという方法です。一方で、中小企業がコングロマリットのように事業を分散し過ぎてしまうと、リスクは低くなっていきますが、分散するコストのほうが大きくなってしまうので、ローリスク・ローリターンになってしまいます。ですから、これらの間くらいを狙っていくことを考えておいてください。

最後に、分散の重要性を、今一度、深く理解するために、こんなことを考えてみてください。

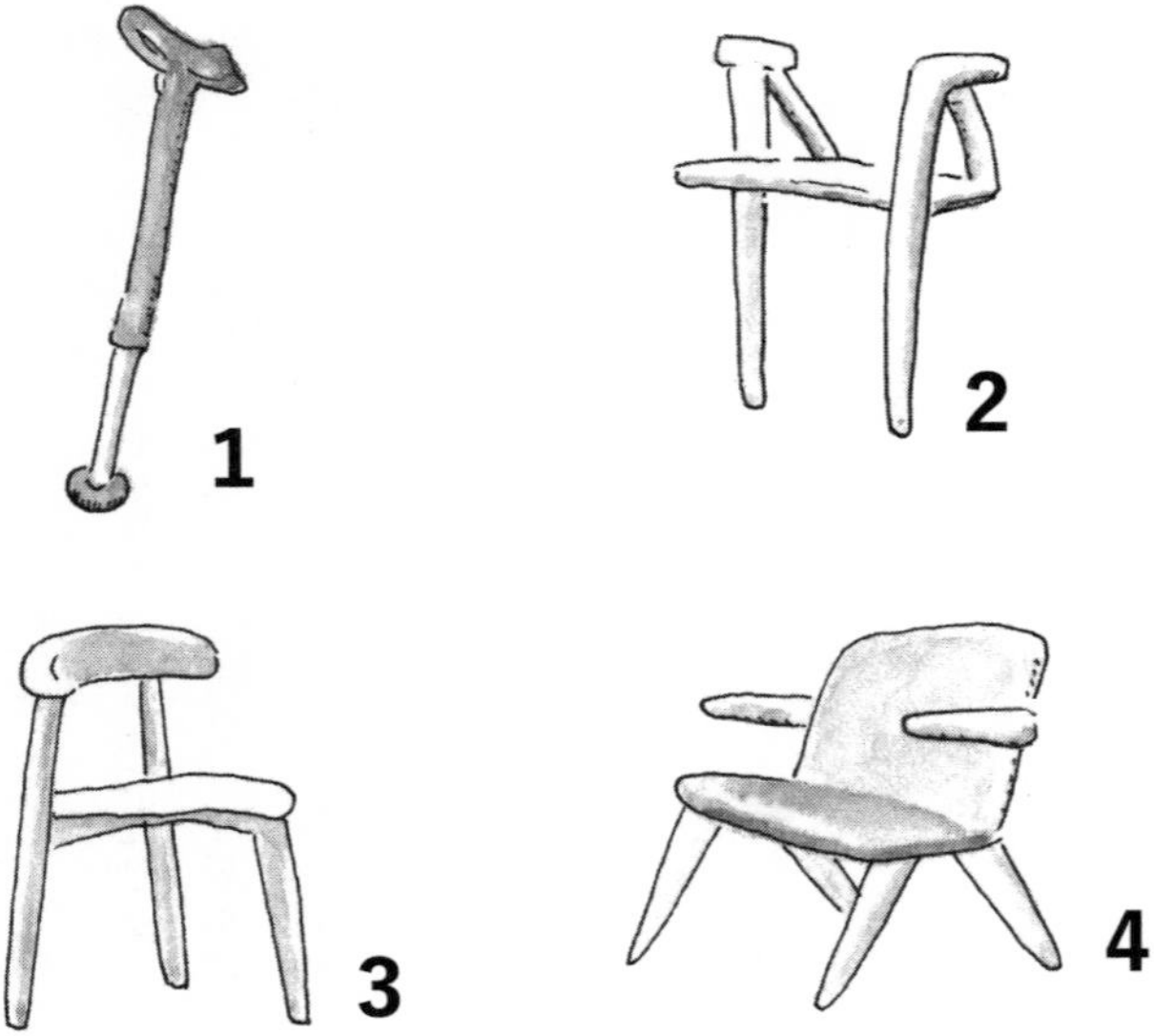

「どの椅子に座りたいですか？」

椅子だと考えたら3か4に座りたいはずです。しかし、これが経営だと1や2の危険な状態を続けてしまっています。これは危険な状態が明確に可視化されていないからです。ですから、自分たちが危険な椅子に座っていることに気づかないのです。

経営の場合は1に座っていることが多いということです。それほど不安定なことはありません。3か4の状態を目指していきましょう。

失敗しない事業分散の方法

事業分散の重要性と現状を見てきました。次に必要なのは、実際にアクションしていくことです。

「では、何から変えていくべきか？」と言うと、現在の事業と全く違うことを始めるのは薦めていません。むしろ、それはやらないほうが良いです。たとえば、コンサルティング会社が飲食店を始めたり、製造業の会社がマッサージ店を始めたりするようなことです。

なぜなら、そのような全く違う事業への分散はリスクヘッジ効果のほうは高いのですが、全く異なる事業をゼロから始めるリスクのほうが圧倒的に大きくなってしまうからです。そもそも分散された新事業を確立できないままに終わってしまうので、分散するメリットがなくなってしまうことが多いです。また、何とか軌道にのせることができたとしても、2つの全く違うビジネスを維持するコスト（マイナス）は大きく、分散によ

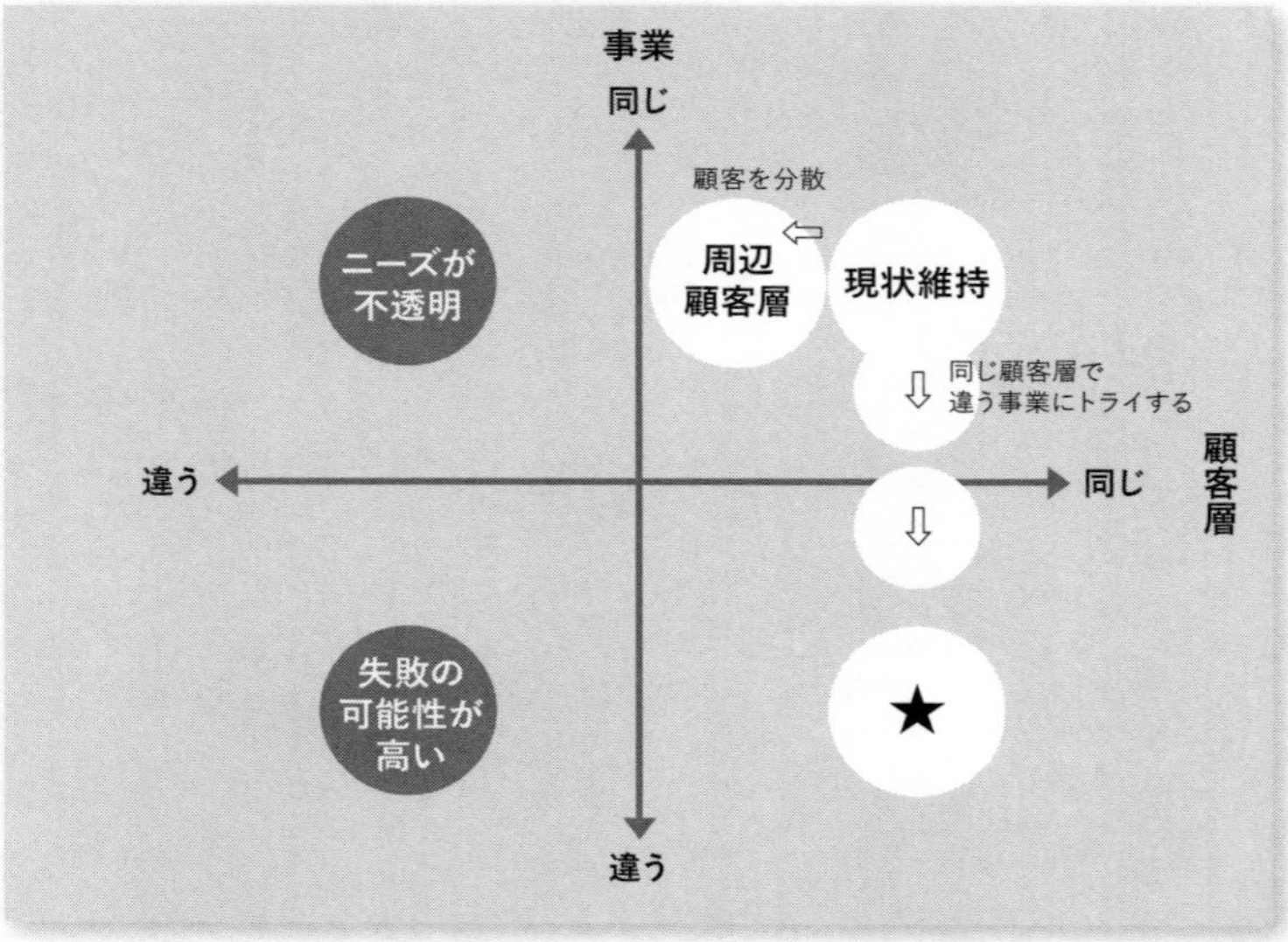

るメリット（プラス）を帳消しにしてしまいます。

もちろん、成功する可能性はゼロではありませんから余裕があれば挑戦しても良いとは思います。なぜなら、失敗しても経営者としての経験値は増えるからです。そういうプラスの面もありますが、マイナスのほうが圧倒的に大きくなる可能性が高いので、オススメはできません。

事業分散を考えるべき会社にアドバイスしている、より良い方法を解説していきます。

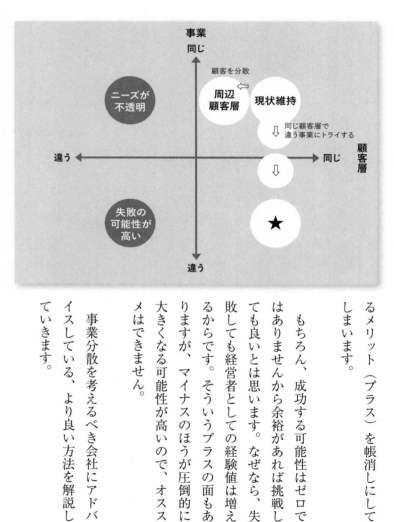

右の図のような「顧客層」と「事業」というマトリックスで可視化するとわかりやすいので見ていきましょう。右上は同じ顧客層で同じ事業なので〈現状維持〉です。

左下が〈違う顧客層で違う事業〉という失敗する可能性が高い方法です。次に左上の〈事業が同じで顧客層が違う〉のもお薦めはできません。なぜなら、顧客層が大きく変わるとニーズが変わってしまうことがほとんどだからです。つまり、現状で提供している事業そのものだと顧客から全く受けない商品・サービスになってしまうので、商品・サービスそのものを変えないと難しいからです。ですから、この領域は存在するのが難しいです。

ちなみに162ページでオススメした「周辺顧客層」へ顧客を分散するというのは、現状維持を少し左にズラしたポジションを取ることです。同じ事業で少しだけ違う顧客への分散なので成功しやすいです。

事業分散でトライしてもらいたいのは〈同じ顧客層で違う事業〉の領域です。★のポジションです。

「全く異なる事業をゼロから始めるのはリスクが高い」と言っていたのに「なぜ？」と思うかもしれませんが理由があります。異なる事業を新しく始めることのリスクが高いのは、左記の２つの理由からです。

①顧客のことがわかっていない
②顧客をゼロからつくっていかないといけない

しかし、事業分散として★のポジションにトライする場合は事情が全く違います。なぜなら、左記の２つのメリットがあるからです。

❶顧客のことをよく知っている
❷顧客を開拓する必要がない

同じ顧客層ですから、顧客のことはよく知っているはずです。そしてすでに顧客を確保できています。事業を成功させるために肝になる2つのことがクリアできているので、性質の異なる事業を立ち上げてもうまくできる可能性が高いのです。

コンビニエンスストアが毎月のように新商品を出しても売れるのは、これら2つのメリットを持っているからです。

事業ではなく「事業帯」を作る

また、最初から全く違う業態に挑戦するのではなく、少しだけ違う業態から始めるようにするのがベターです。右の上から始まって★に向かって2〜3個の事業を追加していければ「分散によるデメリットを最低限に」しながらメリットを享受することができます。

下の図のように「同じ顧客層 ＋ 別の

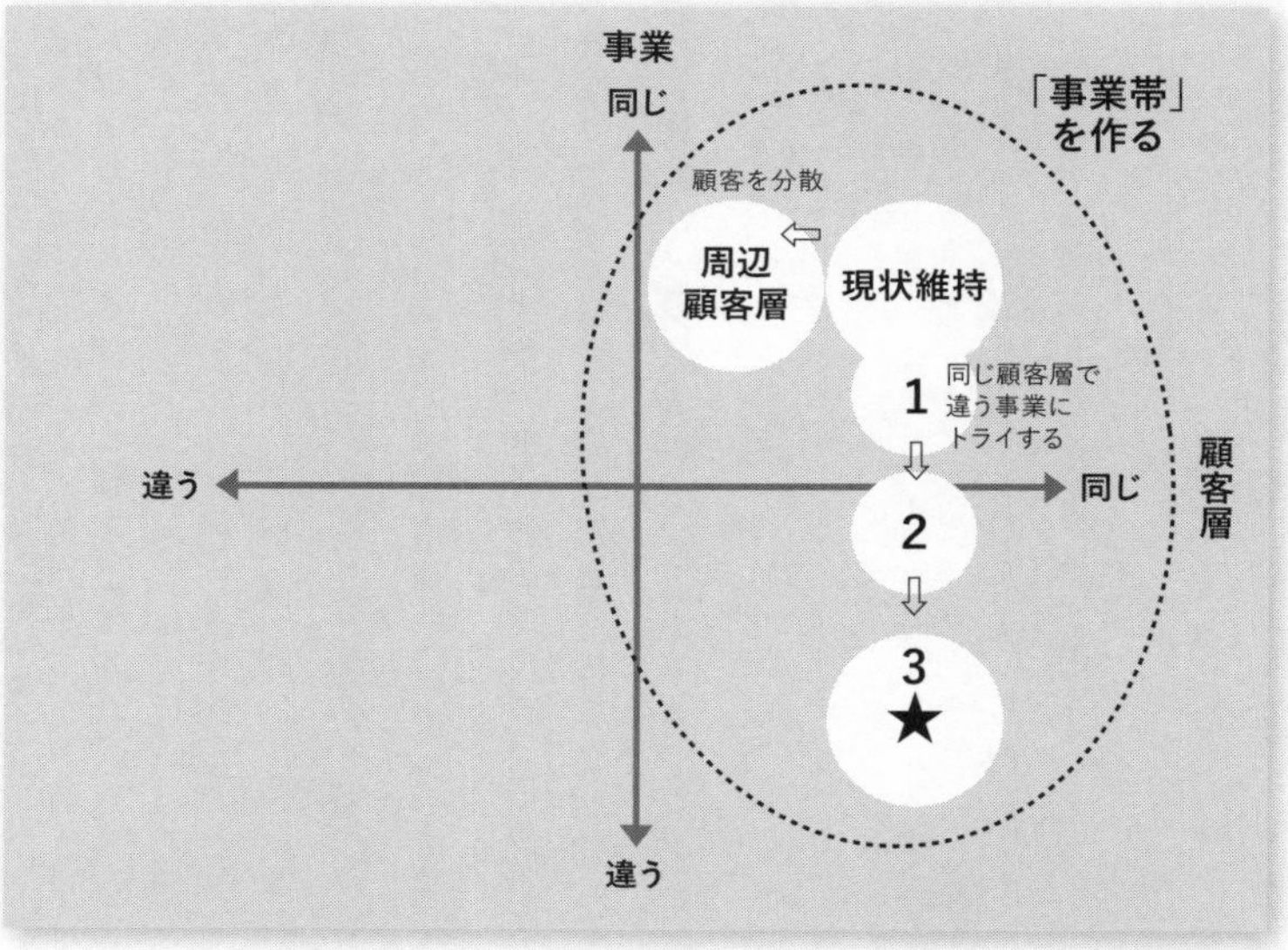

事業」を縦につながる帯のようにしていって、「事業帯」をつくっていきましょう。
現在の事業に加えて2つの事業を追加できればトリプルインカムになります。

事業分散とビジネスポートフォリオ

「ポートフォリオ」という言葉があります。デザイナーが自分の能力を理解してもらうために持っている作品集や教育分野では教育評価ツールとして生徒が残した様々な活動の記録を一つのファイルに収めていくことを言いますが、経営者にとって最も身近なのは投資家が保有している金融商品の一覧や、その組み合わせの内容のポートフォリオだと思います。

投資家はポートフォリオをつくって、分散投資している状況を可視化して、全体のバランスを把握しています。このビジネス版が「ビジネスポートフォリオ」です。

ビジネスポートフォリオは自社が展開している複数のビジネス（商品・サービスでも

構いません）を一覧にして可視化したものです。投資家が行うように、それによって全体のバランスを把握して「リスクを最小限にしながらリターンを最大化する組み合わせ」を探っていきます。

実際にやるかやらないかの実行判断は、また別でやればいいので、まずは一度、検討してみることが重要です。検討してみると、今まで気づけそうで気づけなかったことや、面白いアイデアなども出てくることも多いですから考えてみてください。

事業ポートフォリオを考えていくときに事業帯を意識することに加えて、分散の方向性としてお薦めしているのが、左記の2つを意識するということです。

【事業分散の方向性】

①販売単価と頻度を違うほうへ

②購買（需要）タイミングを違うほうへ

①の「販売単価」と「頻度」や②の「購買タイミング」が分散されたほうが、より

分散による効果が大きいです。今がAだったらB、BだったらAを実現できるような事業をポートフォリオに加えていくということです。

①販売単価と頻度を違うほうへ

たとえば、今の商品が1週間に1回売れるとしたら、3か月に1回で良いので、極端なことを言うと10倍くらい高い商品をラインナップに入れておくことを考えてみましょう。たまに売れるくらいの感覚でも、そういう商品やビジネスを持っておくと、意外と売れて利益に貢献してくれます。

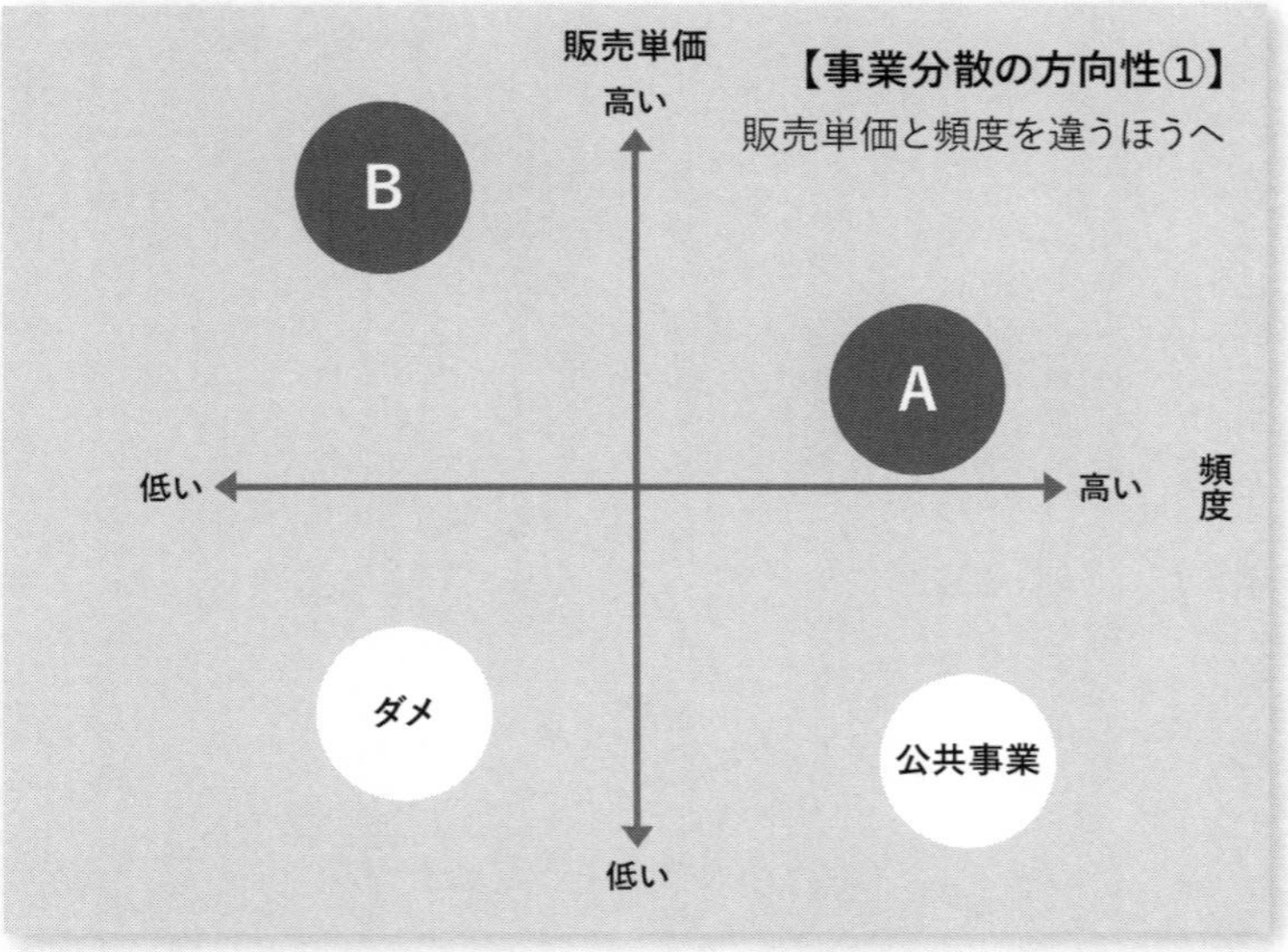

逆の場合もあります。成果の出る頻度は高くないが1回あたりの売上が大きいというビジネスの場合は日々の収入がないわけですから、資金繰りで苦労することが多いです。1年に1回しか売上が立たないけれど、その1回が大きいので継続できるような形態の会社です。その場合は、低い金額の売上でも良いので、頻度が高い商品やビジネスを組み合わせると安定します。日銭を稼ぐということです。

このように販売単価と頻度を組み合わせた事業帯にすることで、一つの事業体としての守りが強くなります。

② 購買（需要）タイミングを違うほうへ

需要のタイミングが違うのを組み合わせるのも効果が大きいです。たとえば、スキーを教えるという事業を行っていたとすると、冬に雪が降らなかったら、かなり追い込まれてしまいます。そういう会社は、夏にできる事業を組み合わせていくことを考えるべきです。同じ山の傾斜（ゲレンデ）を使って登山の基本を教えるとか、パラグライダーを教えるようにするなどが考えられます。

Aの需要が減るときに需要が増えるBという領域を持つのがベストです。

完全に、そのような関係性になるのは難しいかもしれませんが、そういう方向性で常に考えていかないと守りは固められません。実際、考えてみると、これまで気づかなかったことに気づくこともあるので「既存事業の需要が減るときに、需要が増える領域」ということを考えてみましょう。

下の図のように、これらが同じ顧客層に提供できたらベストです。最も効率的に分散を実現できて、会社の安全性を高めることができます。

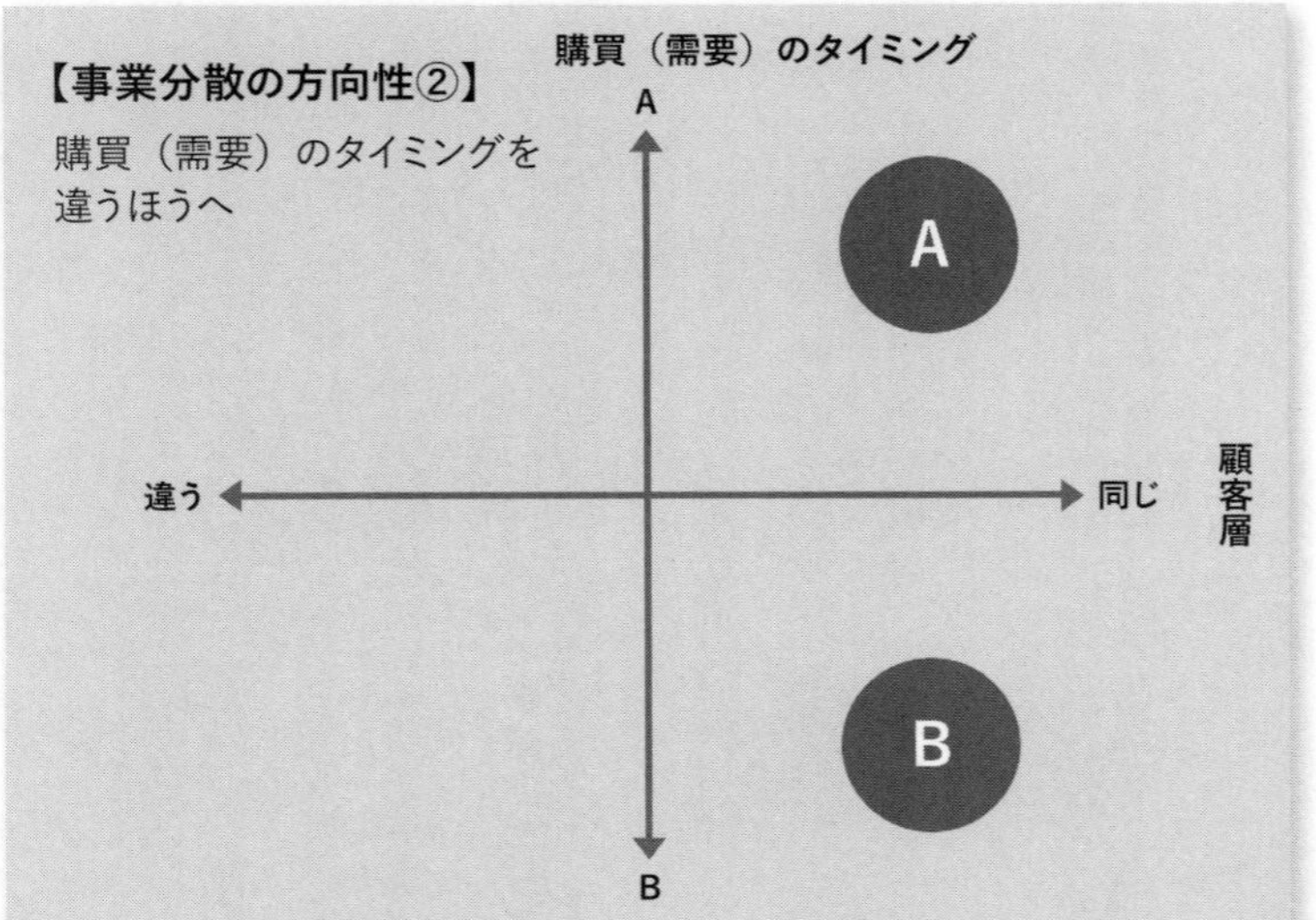

会社の発展段階と事業ポートフォリオ

実際、私たち自身も、この考えで経営をしてきました。起業を支援するという、全ての先輩経営者に反対された成立し難い領域で１９９７年から事業を継続することができているのは、事業分散によって安全性を確保し続けていたことが大きいと感じています。

創業時は「シェアオフィス」を事業の中心にして始めたのですが、初期投資が必要な事業でもありましたし、シェアオフィスのパイオニアとして新しい市場を開拓しないといけなかったので、最初の3年間は厳しい状態が続きました。ですから、不足する資金を補うために前職でやっていたコンサルティングの仕事も同時にやっていました。

ベンチャー企業の世界で言う「死の谷」を超えて、成長軌道に乗ってくると、安定した家賃収入が入ってくるようになったので、シェアオフィスの拠点数を増やすような拡大再投資をすると同時に、目の前にいる自分たちの創業期と同じようにお金に困っている会社を支援したいという想いもあって、小さな会社の創業期に投資をするＶＣ（ベンチャーキャピタル）事業も始めました。

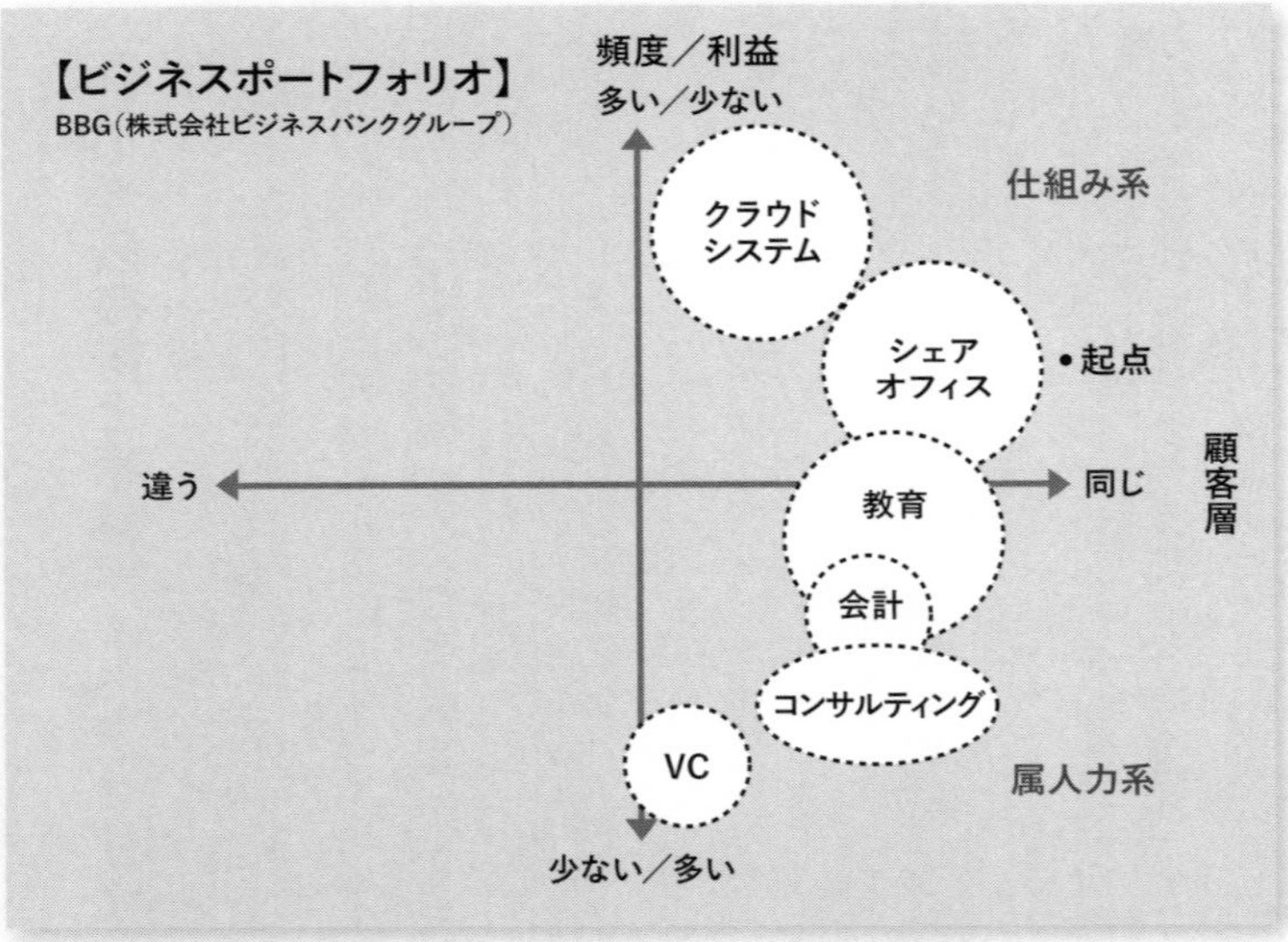

シェアオフィス事業は毎月の定額制ですから購入頻度は高いですが中程度の収益性です。そこに成果が出る頻度は低くて10年に1回くらいだけれども収益性は高くなる可能性のあるVCを組み合わせたわけです。両者とも顧客層は、ほとんど同じですから、顧客への理解も深いですし、新規に顧客を開拓する必要がありませんでした。

同じような流れで、教育業、会計代行業、経営支援クラウドシステム業へと広げていきました。もちろん、全てが大当たりというわけではないです。ただ、大きな金額ではなくとも安定的

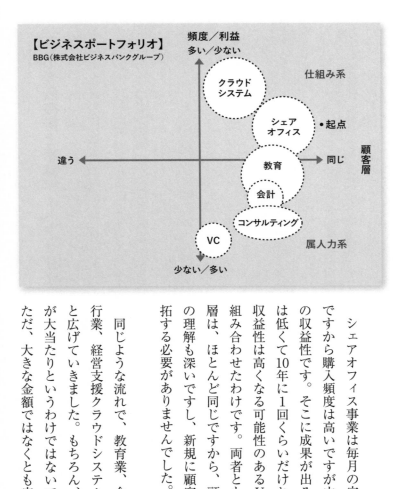

な収益が複数から入ることは安心材料にもなりますし、コア事業がピンチのときに助けてくれたりしています。

また、このように分散していくときに気をつけるべきことは、右上のビジネスであればあるほど、仕組み化をしないといけない事業であり、右下のビジネスであればあるほど属人的なスタイルになるということです。仕組み系のビジネスと属人力系のビジネスでは、メリットとデメリットが正反対だったりするので、組み合わせることで、より安全なポートフォリオになります。

起業してからの道のりで考えると、最初は多くの会社が属人力系からスタートします。自らが動いて売上をつくっていくスタイルです。しかし、それだと経営者自身がボトルネックになってしまい、自分が動けなくなってしまうと売上が作れない構造になってしまいます。経営者が健康で無尽蔵の体力があれば良いのですが、それは現実的には難しいです。一時的には可能でも、全く休むことなく永久に動き続けるのは不可能です。

成功し続けている社長は、その危険性に気づいていて、属人的に行っていた事業を仕組み化したり、そこで培ったノウハウを元に仕組み系のビジネスを構築していきます。それらによって会社全体が圧倒的に安定し始めます。

仕組み系のビジネスが安定してくると、さらに安定力を高めるために、属人的なビジネスを組み合わせます。仕組み系のビジネスでは「痒いところに手が届かない」ケースが出てくることが多いので、そういった部分を新サービスや新しいビジネスとして組み合わせていくのです。そうすると事業の分散をしながら相乗効果を出していくことができます。

このように事業を分散させることは、中小企業の経営戦略として良くないように語られることも多いのですが、安心して座れる椅子をつくるように「長期に安定して生き残っていく」という観点で考えると、必要な戦略なのではないかと考えています。

そのためには「事業ではなく、事業帯を作る」という発想が必要です。

ビジネスポートフォリオで見てきたような縦に伸びる帯をつくっていくことを考えて

いきましょう。３つくらいの事業がうまく組み合わさってくると、かなりディフェンス力は上がります。

最低預金残高をクリアするまでは集中戦略でも良いです。しかし、それをクリアしたら、利益率を少し下げてでも分散をするべきです。そのほうが中長期的には会社を守れることになります。

守りの3大分野Ⅲ：〈流動性を高める〉

「流動性」の定義と重要性

「流動性」という言葉はＰＬやＢＳの説明を税理士さんなどから受けるときに聞いたことがあるかもしれません。普段はあまり使わない少し難しい言葉ですが、経営においては頻繁に使われる言葉の一つです。

流動性は「可変性」だと考えるとわかりやすいでしょう。
さらに平易な言葉にするなら「変えられやすさ」です。

資産における流動資産とか負債において流動負債というような使われ方で聞いたことがあると思います。これらは「変えられやすさ」によって分類されていて、流動資産は固定資産より変えられやすいので「流動」という名称になっています。

BSに関しては132ページの「BS思考への第一歩」のところで解説しましたが、BS左側の資産などの並びを見ると流動性を理解しやすくなると思います。資産は流動性の高い（他の資産に交換しやすい）ものから上から順番に並んでいますので、自社のBSを思い返して確認してみてください。

資産などは固定資産のように固定化された流動性の低い資産のほうが安定していて良いようなイメージを持っている人も多いのですが、変化の激しい時代や会社自体が変化しやすいことに価値があるような中小企業においては、固定化された資産はリスクが高いです。他の資産に交換するのに時間がかかってしまうからです。

つまり「流動性が低い＝リスクが高い」と言えます。

3つの流動性を高める

「資産の流動性」がわかりやすいので先例に説明しましたが、会社が守備力を高めていくために考えるべき流動性には、左記の3つがあります。

〈3つの流動性〉
① 資産の流動性
② 費用の流動性
③ 行動の流動性

それぞれを詳しく考えていきましょう。

〈3つの流動性〉① 資産の流動性

最も安全な資産

資産の流動性は「守りの3大分野Ⅰ：〈備蓄する〉」の「生存ライン預金残高」でも解説した通りです。変化の激しい時代において重要なことは、資産は固定化されているよりも、他の資産に最も交換しやすい資産である現預金を多く持つべきだということです。

ですから、固定資産より流動資産を多くしていったほうがいいです。1990年代にバブル崩壊がありましたが、それ以前は「土地を持つことは良いこと」でした。土地の価格が上がり続けていたことに加えて、市場が活発で売りやすかったこともあり流動性も高かったからです。

現代の状況は大きく違います。土地を持てば価格が下がる可能性のほうが高く、売りたくなっても一部のプレミアエリア以外は買い手を探すのに苦労するでしょう。ですから、いざというときに利用したい防衛資産としてはリスクが高いです。

このように土地や建物はわかりやすいですが、少し注意が必要なのは「無形固定資産」です。無形固定資産は土地／建物や車／機械設備などのように物質的に形のあるものではなく、文字通り無形の「形のない固定資産」のことです。

のれん代／特許権／ソフトウエア／開発費などの無形固定資産は、固定資産ではありますが、税法であらかじめ決められた期間で償却して費用化していかないといけませんから、会計上は資産に分類されていますが、会社を守ってくれる防衛資産としては適切ではありません。

また流動資産の中にも注意すべき資産があります。売掛金や商品在庫などです。これらは会計上は資産に入れられていますが、売掛金は顧客から支払ってもらえなければお金が入ってきませんし、商品在庫も売れなければ意味がありません。困ったときに頼りにできない可能性があるということです。

ですから、このあたりを防衛資産としては注意して見ておくべきです。自社が保有する防衛資産という観点からはできるだけ除外して考えていくべきです。

このように考えていくと、やはり「現預金残高」が防衛資産として最も信頼できます。ですから、ＢＳ上のあらゆる資産は、なるべく現預金に換えていくことを常に検討していってください。

現預金のマイナス点

現預金にもマイナス点はあります。1つ目は流動性が高過ぎるがために「消費に使われやすい」ということです。メリットがデメリットにもなるということですが、そこを注意しないといけません。

対策としては、少し流動性を低くした定期預金にするとか、比較的安全な有価証券などにしておくのも選択肢としてあります。流動性が低くて短期間で他の資産に交換することができない固定資産でも、生存ライン預金残高が確保できていれば、無駄に消費してしまうよりは長期的な余裕資産として保有し続けるという選択肢もありです。

現預金の2つ目のデメリットは「変動する」ということです。全ての資産は一時的に現預金化されることが多いので、現預金の残高は日々変動していってしまいます。

防衛資産としてベストなのは「安定していること」でもありますから、大きく変動して状態を把握しにくいのはデメリットです。現預金残高は日々変動していくので、状況がつかみにくいのです。残高が十分にあると思っていても「実は足りなかった」というのは、よくある話です。残高を正確に把握していなかったことが原因で資金がショートして取引先に迷惑をかけると信用問題になります。ビジネスにおいて支払い期日を守ることは基本中の基本であり、死守しないといけないことです。しかし、残念ながら、この点を軽く考えている経営者は多いです。

現預金残高の把握を間違えて信頼を落とすことのないように、対応策としてお薦めしているのが「月中の最低預金残高」を自社の預金残高として認識しておくことです。

現預金残高は支払い期日や売上入金日などの関係から日々増減していますが、月中で最も低くなる日があるはずです。

たとえば、給料日や支払いの多い日、売上入金予定日の前日などが考えられます。そういった最も低くなる期日と残高を把握するようにしていってください。**現預金残高が最も多いときが自社の実力ではありません。最も低いときが実力値ということです。**

〈3つの流動性〉② 費用の流動性

「費用の流動性」は「資産の流動性」よりも言葉としては馴染みがないですが、BSと違ってPLを見ない経営者は少ないので感覚的にはすでにやっていることです。

費用においても流動性は高いほうが有利です。費用における流動性は「支払いが固定的か変動的か」を考えるとわかりやすいです。

たとえば飲食店において、毎日のように仕入れている食材は「変動的」ですが、家賃などは毎月定額を支払うことが約束されているので「固定的」です。食材などの変動的に支払っている費用が〈変動費〉、家賃などの固定的に支払っている費用が〈固定費〉です。

買うかどうかを短期で決められる費用を変動費で、買うかどうかを短期では決められなくて中長期的に決まってしまっている費用が固定費なので、固定費のほうがリスクが高いと言えます。

会社の状況が苦しくなったら、変動費は止めたり、購入する量を減らしたりしてある程度はコントロールできます。しかし、固定費は会社の状況が苦しくなっても、すぐに変更することはできません。つまり、コントロールし難い費用ですからリスクが高いのです。

費用の流動化

このように考えた場合、会社の守備としてすべきことは「固定費を減らしていく」ということです。固定費は少なければ少ないほどリスクが低いと言えますから、固定費の絶対額を下げていくことも大切です。しかし、ここでは固定費を「変動費化できないか？」という視点で考えてみてください。全ての固定費を「変動費化できないか？」と考えて可能性を探っていきましょう。当たり前に毎月支払っていた費用も十分に検討してみると〈変動費化〉できることもあります。

アメリカ企業は中長期的に見ると何十年もずっと強いです。ダメになったかなあと思っても、数年すると必ず復活しています。**その大きな理由の一つであり、原動力になっ**

ているのは、会社が社員に「You are fired !」（お前はクビだ！）と言えることだと考えています。

いわゆる「雇用調整」を実施しやすいのです。人件費は最大の固定費ですから、それらを流動化できると、企業はリスクを分散することができます。つまり、雇用の流動性の高いことが企業のレジリエンス（回復力）になっているということです。

人件費の流動性を高められることは、会社にとっては大きな力になります。社会が発展してきて産業のサービス化が進んでいます。その結果として会社の固定費の中で最も大きい費用が人件費になっているからです。人件費という最大の固定費を「どうやって流動化するか？」は、人に関することですからデリケートな課題ですが、経営者としては検討すべきです。

詳細は第5章【1】の4項で解説しますが、日本は特に雇用の流動性が低いので、経営者は苦労しています。これは社会的にも早急に解決していかないといけない課題だと考えています。

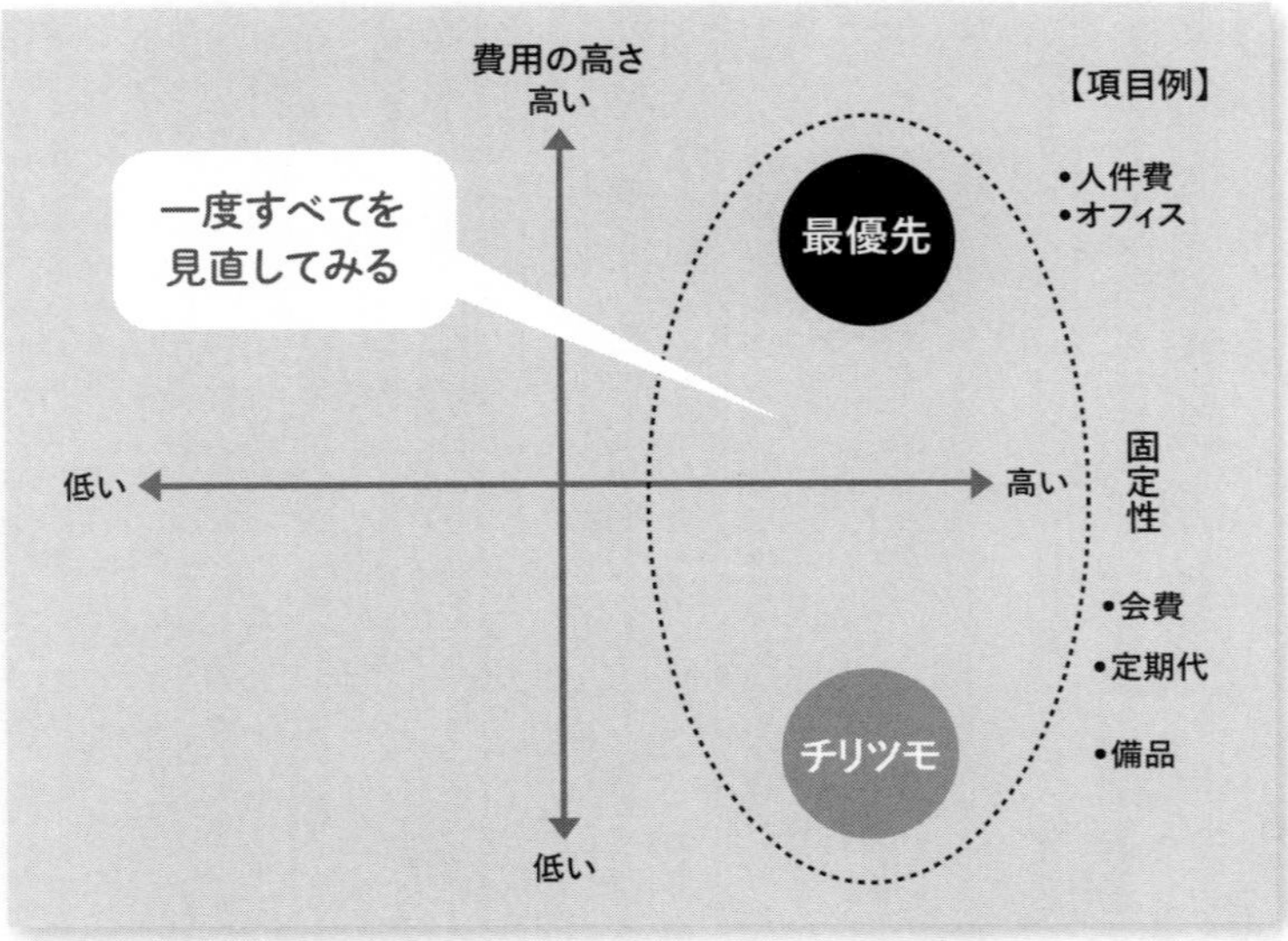

費用を可視化する

自社にかかっている費用を上の図のように「種類分け」してみてください。こうやって可視化すると、今まで気づかなかったリスクに気づくことがあります。

最優先で考えたいのは「固定性が高く」て「金額も高い」という費用です。代表的なのは人件費やオフィスなどです。製造業であれば機械設備の償却費やリース料などが大きいかもしれません。この領域を変動費化することができたら、大きなインパクトがあるので、ぜひ考えてみましょう。

固定費削減のコツはできるだけ「先入観なし」に考えていくことです。経営を行う様々な場面で言えることですが「こうじゃないといけない」という先入観によって、間違った認識を持ってしまい「実は損している」ということは少なくないからです。

次に検討したいのは、右ページの図の右下の「固定性が高く」て「金額が低い費用」です。これは一つひとつのインパクトは小さいですが「塵も積もれば山」となります。実際、右上の大きな金額の固定費を変更するには時間もかかるので、同時に進行させていきましょう。代表的な費用は会費や定期代や備品などです。

変動費の多くは基本的には売上が上がったときには上がって、下がったときには下がる種類の費用です。固定費は売上が上がろうが下がろうが関係なく支払わないといけない費用です。ですから、できるだけ変動費化できたほうがリスクが低いわけです。

全ての固定費を見直すという対策は、困ってから慌てて行うと無駄も大きくなるので、できれば平時に事前に行っておくのが良いです。平時に行っていると、困ること自体も少なくなります。

【Work《ワーク》】

変動費化リストを作成してみましょう。

経済が発展していくと役割が細分化されていくので、多くの部分が外注できるようになっていきます。20年前と比較すると、今は圧倒的に変動費化がしやすくなっています。ですから、過去の常識に囚われず、一度、全てを見直してみてください。

「無理だろう」と思っていたような費用も意外と多くが変動費化できたりしますので、極端に「全ての費用を変動費化する」というプランだけは考えていても良いと思います。実行するかどうかは別として、そういうPlanB（代替案）の存在があると、何かあったときに素早く対応できます。

〈3つの流動性〉③行動の流動性

「スピード」の再定義

経営に関して勉強されている方々でなくとも、どこかで「経営はスピードが大事」という話を聞いたことがあると思います。

時間は有限な資源であり、誰にとっても平等な資源と言えますから「単位時間における進捗」という意味でのスピードが、経営を進めるにあたって重要な要素の一つであることに異論はありません。

しかし、中小企業におけるスピードと言うのは少し違う意味だと理解しておくべきだと考えています。「スピードが大事」と言われていますが、私たち中小企業にとって重要なスピードとはなんでしょうか？　実際「どういったスピードが大事なのか？」ということです。

このスピードの定義を間違ってしまうと「目指すべき方向」が変わってしまいます。ただでさえ言葉は独り歩きしやすいですから、チームで経営をやっている場合には、その意味が勘違いして伝わってしまって、社員が違うバラバラの方向に進んでしまう危険性があります。

ですから、まずは「スピード」という意味を明確にしておきましょう。

Ａの写真は、２０１９年に市販車として史上初めて時速３００マイルを突破したブガッティ・シロンという車の写真です。Ｂのイラストは、映画のトランスフォーマーのイラストです。

トランスフォーマーという物体（映画の中では宇宙人であり、機械生命体ということになっています）がとても俊敏に車になったり、人型のロボットになったりします。映画やＴＶなどで、そのリアルなＶＦＸ映像を見たことがある人は多いと思います。中小

A　世界最速の車

B　トランスフォーマー

企業にとって必要なスピードというのはBのイメージです。俊敏に変化するスピードです。このように、**そのときの状況に応じて「最も適した形に変化していく」スピードこそが重要です。**

Aのスピードは、変化のない一定の条件下という安定した環境の中で、車がスタートから400メートルの間に「最高時速何キロメートル出すことができるのか？」というスピードです。こちらは大企業的なスピードと言えるかもしれません。

Bのように素早く、俊敏に、様々な方向へ変化していくスピードのことを「アジリティー」と言います。中小企業ではAのスピードではなくアジリティーが重要です。

中小企業に必要なのは「スピード」ではなく「アジリティー」

同じスピードという言葉でも、2つの意味があります。

また「速い」のと「早い」のも違います。スピードとアジリティーを対比

【スピードとアジリティーの対比】

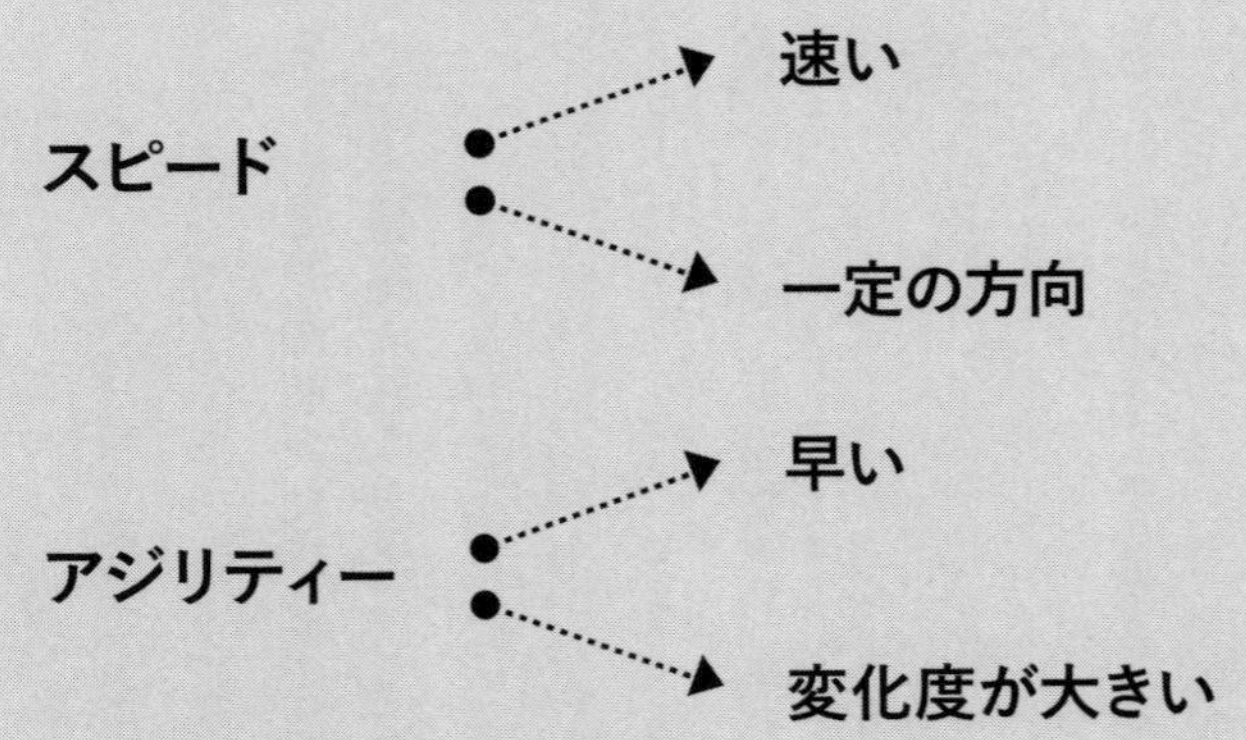

するとわかりやすいので、198ページの図を参考にしてみてください。

スピードは「一定の方向で、速い」ことです。

アジリティーは「変化度が大きくて、早い」ことです。

下の図において、左下の特徴を持っているのは大企業です。一定のスピードだと速い、しかし大きいがゆえに、急には変われません。また、大きな変化を遂げるにも時間がかかり早いとは言えません。行動の流動性が低いということです。

一方で、右上の特徴を持っているの

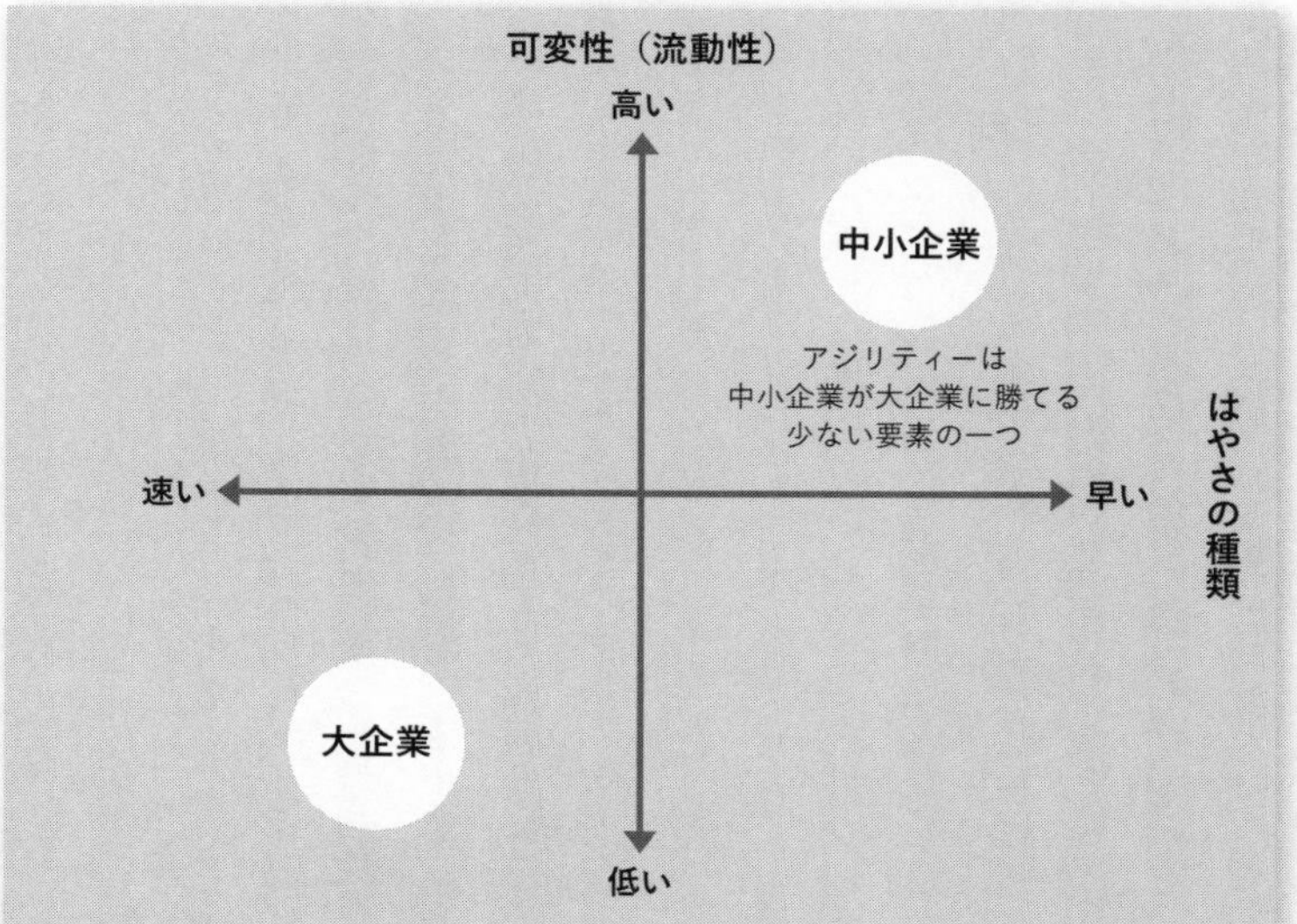

が中小企業です。早くも動けるし、その可変性も高いです。完全に姿を変えることすら可能です。

最近、短期間にすごく変化して面白い会社だと感じたのはベルフェイスという会社です。この会社は、創業時は「携帯コンテンツの制作」会社でした。それから映像制作を始めて「社長のインタビュー動画」を作成して配信する事業を各地で展開していました。しかし、あるとき、遠隔地でも営業ができるように電話とネットを融合した営業ツールシステムを開発してヒットしました。テレビCMもやっていたので知っている人も多いと思います。

世の中の変化に合わせてトランスフォーマーのように「携帯コンテンツ→社長のインタビュー動画→遠隔営業ツール」へと、素早く、大きく、姿を変えて大成功したわけです。

変化する可変性の高さと、クイックな早さというのは、会社経営において強い武器になるということです。アジリティーは中小企業が大企業に勝てる少ない要素の一つでもあります。ですから、この要素は「守り」としても重要ですし、「攻め」としても重要なことです。

大企業にアジリティーを求めるのは、とても難しいです。船を想像してもらえるとわかりやすいですが、大きな船は簡単には方向転換できません。大型タンカーなどであれば15分もかかることはザラです。しかし、数人で乗っているようなモーターボートやヨットであれば、方向転換は一瞬のうちにできてしまいます。

同じ方向で、どれくらい速いかということであれば、大企業には絶対に勝てないです。しかし、行動するのを早く、大胆に大きく変化するという点では、中小企業のほうが有利です。ですから、社会の変化によって新しく生まれた市場を、大企業がもたもたしている間に中小企業が獲得できる可能性は高いのです。

大企業は「速い」です。そのスピードでは勝負できません。
中小企業は「早さ」と「大胆さ」で勝負することです。
アジリティーを大切な行動原則の一つとして持ってもらえたらと思います。

成功し続けている社長の特徴

何千人もの社長と接してきてわかった「成功し続ける社長の特徴」をまとめているのですが、その特徴の一つの話です。

私の身近な経営者でも、とっくに引退してもいいような年齢になっても、成長し続けている人がいます。何年か前も急に70歳を超えている経営者から連絡があって「浜ちゃん、Facebookのやり方を教えて」と教えを乞われました。Facebookが日本で流行り始めた頃でした。30年近いお付き合いがありますが、そういう年齢になっても新しいことに挑戦する人たちというのは、やはり成長し続けています。近況を聞くと、全く新しい事業にも挑戦していて、業績も順調に拡大されていました。

そのような「成長し続けている人たち」の特徴はいくつかありますが、最も大切だなと思わされている特徴を挙げると、それは「第一歩が早い」ということです。

行動が、とにかく早い、第一歩目が早いです。成長し続けている人たちは、とにかく、早く動きます。「すぐやる」のです。

本書を読んでくださっている中にもいらっしゃるかもしれませんが、残念ながら、私は即時行動が苦手でした。「すぐに行動する」ということが、得意ではありませんでした。しかし、多くの成功し続けている社長を見てきて、成功している人たちは本当にすぐやる人が多かったですし、第一歩を早く踏み出している人が多かったです。

72時間ルール

「成功し続けている社長」が〈即時行動〉する姿を目の当たりにしたので「このままだとダメだ」と思って、即時行動ができない自分に「72時間ルール」というルールをつくりました。

「72時間ルール」は「自分がやらないといけない」とか「やりたい」と思ったことは「72時間以内に第一歩を踏み出す」というルールです。

たとえば「富士山に登りたい」と思ったとします。72時間以内に富士山に登らないといけないというわけではありません。登らなくてもいいですが、72時間以内に「地図を買う」とか「登った人の話を聞く」などの具体的なアクションを起こしていくということです。私がよくやるのは「登山靴を買ってしまう」というようなアクションです。

トライアスロンに挑戦してみようと思ったときは、誘われたその場でスイムのゴーグルを買いました。そして72時間以内に自転車を買いました。そうしたらもう、やらざるを得なくなります。即時行動が苦手な人は、それくらいやったほうがいいと考えています。

私の例のように無理矢理「やらざるを得ないような状況」まで追い込まなくてもいいですが、第一歩を踏み出しておくと、二歩目や三歩目は簡単に踏み出しやすくなります。そうすると「やりたいこと」や「やるべきだと思ったこと」の多くを実現していけるようになります。

当たり前の話ですが「何もしないで成功することはない」ですから、行動量はとても大事です。特に起業時のようなゼロから何かを始めるときや、社長が自社の経営に変革をもたらせようと挑戦するようなときには明確な方法論がないわけですから、仮説を立てた上で実行と検証を繰り返していく必要があります。

経営者という実践者は、初動を早くしてアクションを積み重ねることが必要です。ですから、特に私のように即時行動が苦手な人は「72時間ルール」を試してみてください。このルールは、実際に多くの人から喜んでいただいています。

早さという価値

成功し続けている社長が即時行動によって大きな価値を得ているのは明らかです。早さには価値があり、パワーがあるということです。

これまで3日かかっていたことを、2日でやれば喜んでもらえます。通販では早く配達してもらおうとするとエクスプレス料金がかかります。「早さ」は価値になり、値段がつくのです。

アマゾンの「配達の早さ」というのは、楽天から大きく顧客を奪っていった大きな要因の一つです。「24時間以内に配送します」や「今日、頼んだものが、今日来る」というのは驚愕のサービスでした。多くの人を引きつけるパワーを持っていました。

「早さ」というのは、それくらいパワーのある価値なのです。

ですから、会社の商品やサービスの中で「早くできることはないか？」「早くして喜ばれることはないか？」と考えて実行するのも会社の価値を上げることに貢献する可能性が高いです。30分かかったのを20分でやるとか、1日かかっていたのを半日でやるとかです。

「早さというのは武器である」という前提が頭の中にあると、意外と実行できるものです。しかし、多くの会社は、そういった前提よりも、過去の前例のほうを重要視して「そんなことはできない」と感じているので、実際に考えようともしません。それは、とても勿体ないことです。

「早さ」という武器を、ぜひ取り入れてみましょう。

変化するものが生き残る

変化の早さにパワーや価値があることを見てきましたが、もう一つの変化である「大胆さ」にも深い価値があります。

中小企業はトランスフォーマーじゃないといけません。

長きにわたって続いてきたような老舗企業は、実は最初にやっていた事業ではなく、時代によって事業を変えてきた会社が多いです。現在はコングロマリット化している三菱や三井のようなグループも、それぞれ最初は、油の商社であったり、質屋や酒屋だったりしています。そこから様々な業種業態に変換(トランスフォーム)していったのです。

ここ10年くらいの短い期間であっても、先ほど例に挙げたベルフェイスのように大胆に変わっていった会社もあります。こういった先例を発見する度に、次の有名な言葉を思い出します。

生き残る種とは、
最も強いものではない。
最も知的なものでもない。
それは、変化に最もよく適応したものである。

ダーウィン

生物的には弱い存在だった人類が生き残ってこられたのは「変化し続けられたから」です。地球の環境が激変していく中で、それに適応して変化してきたからこそ、生き残り発展してきたのです。

人類は最も知的だったかもしれませんが、最も強かったわけではありません。ですから、経営知識や世の中の変化を学び続けるという知性を働かせて、適応変化することができれば、会社の規模に関係なく力強く生き残ることができるということです。

第一歩は大きくなくていいです。まずは、小さな一歩を考えてみてください。しかし、その一歩は早くないといけません。

72時間以内にしましょう!

時間は、刻々と過ぎていきます。時間を味方につけるか、敵にするかは、そして、あなたの会社を守るのは、あなたの「第一歩の早さ」にかかっています。

ピンチという強制力を生かす

「変化する」ということを強制的に考えてもらいましたが、こういった強制力は「変化を促すため」に重要です。なぜなら、第1章でも解説したように、人は変わることを嫌う生き物でもあるからです。恒常性が働いて「今と同じでいい」と考えがちです。さらに正常性バイアスが働いて「変わらなくても自分だけは大丈夫」と考えてしまいます。

人の「変わりたくない」という性質を打ち破るのは簡単ではありません。この性質を超えて、人が変わり続けてこられたのは〈生命の危機〉があったからです。そういう意味では、危機やピンチは変わるチャンスとも言えます。

会社においても同じことが言えます。順調で平和なときは、なかなか変われません。しかし「会社が倒産するかもしれない」というようなピンチのときには変わらざるをえなくなります。それは短期的には厳しいことですが、中長期的には良いことです。

人も会社も強制されないと動けなかったりします。ですから、コロナ禍のような、ある種の外圧のような変化がないと、なかなか動けなかったりします。ですから、こういったピンチのときは「変われるチャンスだ」と考えて危機感を利用すれば良いのではないでしょうか。

流動化してはいけないこと

流動化してはいけないこともあります。

それは売上です。売上は固定化できたほうが良いのは明白です。飲食店の弱点は、明日の売上がわからないことです。ですから、水商売と言われるわけです。

売上の流動性を低くするために「売上のストック化」を目指すべきです。業種によっては難しいですが、なるべく挑戦すべきです（売上の固定化に関しての詳細は『起業の技術』（かんき出版）の〈ＣＬＶマネジメント〉を参考にしてください）。

小売の分野でもサブスクリプション的な売り方は可能です。トヨタのキントなどに代表されるように、サブスクリプション化されている商品は本当に増えました。飲食店や小売店などでも回数券を販売することや会員制にするなど工夫次第で売上をセミストック化することは可能です。直近のニュースでは、ＪＲ東日本が駅中のコーヒーや駅そばなどのサービスをサブスク化して話題になっています。

サブスクリプションとまでは言えないですが、Appleなどの製品はパソコンや携帯電話を一つ買うと、その周辺の製品も買いたくなるようなラインナップを組んでいます。Apple Musicなどはサブスクリプションです。

「売上は固定に」「費用は変動に」この2つの方向を常に考えていきましょう。

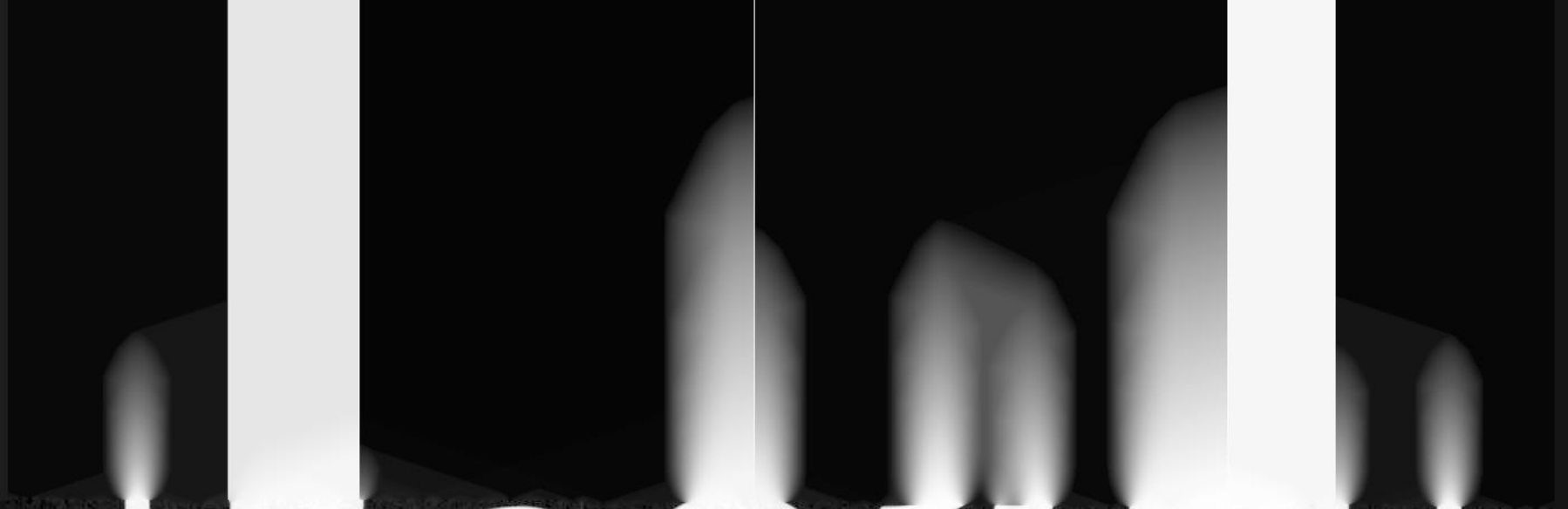

「7つの脅威」から会社を守る

本章では、会社を守るために「脅威」となる対象を具体的に想定していきます。

これまでは脅威として意識していなかったことも出てくると思いますが、それらによる脅威は厳然として存在します。ですから、まずは脅威の対象として認識し、それらの対応策を検討しましょう。

会社が持つ〈7つの関わり〉

経営は人の活動ですから、人や人が形成する集団との「関わり」が重要です。会社における関わりには、左ページの図のように「7つの関わり」があります。図でわかるように、自分自身から見て遠い①から⑦の順番に並んでいます。

【会社の7つの関わり】

① 社会
② 競合

③　顧客
④　取引先
⑤　社員
⑥　家族や友人
⑦　自分自身

経営活動は「関係性の構築」でもあり、人や集団との関わりをうまく築けるかで成否が決まる面があります。ですから、これらとの関係性を常にモニタリングしていく必要があります。

ここに挙げた「7つの関わり」は一見すると「味方じゃないの？」と感じる人が多いと思いますし、

【会社が持つ〈7つの関わり〉】

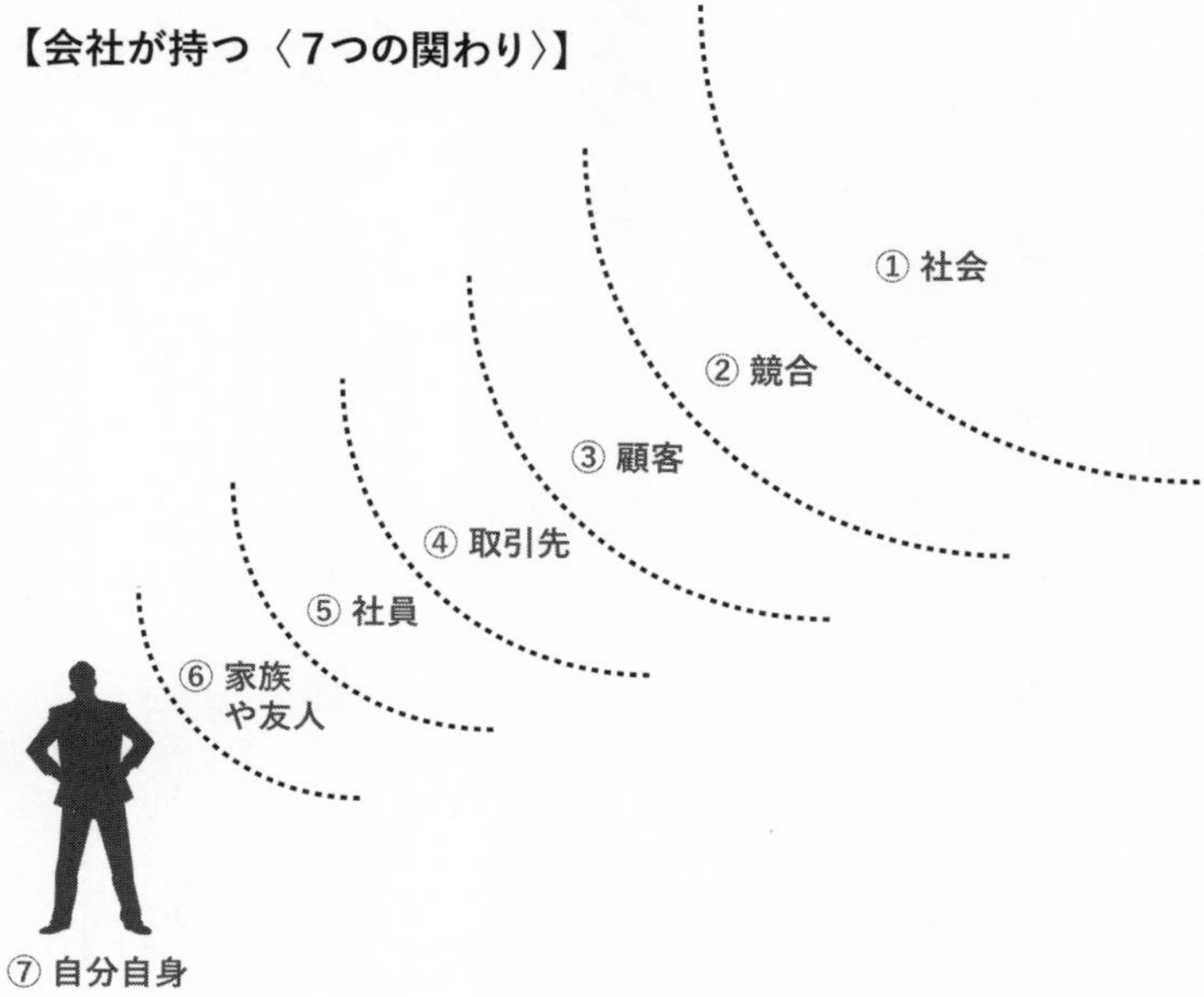

その感覚が関係性を構築するという土台であって良いです。

しかし、一般的な人間関係と同じように「関わり」はプラスにもなりますが、マイナスにもなります。会社にとっての「脅威」にもなりえます。ですから本章では、その可能性を想定してアクションを起こす第一歩にしていきましょう。

【1】『社会』から、会社を守る

社会という見えない脅威

会社経営において、自分自身から見たときに最も遠い関わりは「社会」です。社会は「人の集合体」です。国や民族や地域などによって考え方や常識が違いますし、実体が明確なわけではないですから、掴みどころがないような存在でもあります。

しかしながら、会社も社会という土台の上に成り立っているので、経営者自身や会社は社会から影響を受けています。怖いのは、それが無意識の間に影響を受けることが多いことです。社会は会社にとって直接的な脅威ではないことが多いですが、間接的にはジワジワと会社を劣化させていく可能性は十分に持っています。

会社を長く守っていくためには、そういった社会からの影響を冷静に感じながら、社会との関わりを良好に保っていかないといけません。

世論という圧力

社会から受ける影響において、脅威だと捉えておいたほうが良いのは「世論という同調圧力」だと考えています。

「世論が悪い」とか「間違っているから気をつけよう」と言っているわけではありませ

ん。世論と私たち経営者の考え方は違う面も多いということです。

本来、一般的な社会全体の考え方と経営者の集団での考え方は、国や地域や宗教による社会の違いが認められているのと同じように、違いが認められて良いはずです。しかし、経営者という集団の考え方は、一般的な社会からは「異端」となってしまうことが多く、知らない間に影響を受けています。

世論は「世の中の大勢が正しい」と感じている考え方です。常識と同じで、その時代の「多くの人が正しい」と考えていることであって「実際に正しい」とは限りません。

しかし、世論は同調圧力を生みます。世論と同じ方向に動くことを、社会に属する個人全体に求めます。この力は、どんどん大きくなってきていて「脅威だ」と感じることが多くなりました。同じように感じる人は多いのではないでしょうか？　ですから、少なくとも脅威になりえると想定しておいたほうが良いです。

情報化社会の進捗が同調圧力を強化しているのは間違いありません。世論は良くも悪くも、広く社会全体の人の意見が反映されるようになってしまいました。政治でさえ、世論の動きを気にしながら動いています。

民主主義は素晴らしい社会のあり方の一つだと思いますが、欠点もあります。誤解を恐れずに言うなら、**民主主義の負の部分は「大衆迎合化していく可能性が高い」ことです。そして、大衆の意見の集合体が正しいとは限らないということです。**

私たち日本人は同調圧力に弱いです。何となく世論が正しいと感じてしまいます。いや、世論は正しいと思い込もうとすると言ったほうが正しいかもしれません。だからこそ、余計に気をつけるべきです。

世論は社員側の論理で形成されていく

経営者が最も理解しておくべきなのは、世論は社員や被雇用者側の論理で形成されていくということです。

世論は多勢が作ります。その傾向は情報化社会が加速させているのは前述した通りです。世の中には雇用者である経営者よりも、被雇用者である社員のほうが圧倒的に多いです。よって、世論は被雇用者側の論理で形成されていきます。

そうやって作られた世論は「社会的な圧力」になります。それだけでなく、最終的には条例や法律などの社会的なルールになっていきます。

それらが積み重なって、多くの経営者を苦しめています。

「資本家と労働者」という幻想

このメカニズムが生み出している最も負の存在は「資本家と労働者」という対立構造から抜け出せていないことです。

経営者と社員というのは労働市場という観点から考えると対立構造にある部分もあります。しかし本質的には経営者と従業員の目的は同じで、それぞれが得意なことを活かして生産性を高めて社会に価値を提供していくことです。

確かに、人類の長い歴史を見ても「支配する者と支配される者」、近代においても「資本家と労働者」というように「強者と弱者」や「搾取する者と搾取される者」という対立構造があったことは事実です。しかし、蟹工船に代表されるような「資本家と労働者」の世界は、もう昔の話です。現代は全く事情が異なります。それらの関係はすでに「逆転している」と言っても言い過ぎではないでしょう。

それにもかかわらず、被雇用者側が厳しかった時代の幻想が、今の世論の土台になってしまっています。この対立構造の幻想から抜け出せていないために、大きな歪みをつくってしまっています。

その代表が「雇用」のあり方です。

社長を悩ませている〈雇用神話〉

起業したばかりの新しい社長から東証一部に上場しているような大企業の経営者まで、様々な経営者と話をする機会がありますが、少し突っ込んだ話を始めると必ず出てくる悩みがあります。それはビジネスモデルのことや売上のことではありません。「人」のことです。

「人」で苦労している会社が圧倒的に多いです。

原因は何でしょうか？　一言で簡潔に表現するなら「チームビルディングが難しくなっているから」なのですが、では「なぜチームビルディングが難しくなっているのか？」ということです。

最大の原因は、社長が持っている〈雇用神話〉にあります。

「雇用神話」とは何かというと、多くの社長が持っている「雇用は死守しないといけない」という強迫観念のことです。経営者は真面目な人が多いですから「雇用は絶対に守らないといけない」と強く思っています。成功した先輩の経営者たちも、そう言っていたから「雇用は絶対に守らないといけない」と強迫観念のように感じています。

ですから、多くの犠牲を払って無理をしてでも雇用を守ろうとします。

しかし、もう一方の利害関係者である社員のほうは「会社にずっといよう」とは思ってはいません。少なくとも同じ責任感を持ってはいません。自分に合わないなと感じたり、会社がピンチだなと感じたら、あっさりと辞めて他の会社に転職する人が圧倒的に増えています。今や、そういう社員が主流です。

「雇用を守るべき」と強く信じられてきた時代と状況は大きく変わってきています。そして先に変わったのは「雇用する側」の経営者ではなく「雇用される側」の社員のほうです。

【経営者と社員の意識の違い】

《経営者》	《社員》
雇用は義務 雇用を守らないと…	辞めるのは権利 いつでも辞められる
嫌でも雇用し続ける ピンチでも雇用し続ける	嫌になったら辞める ピンチになったら辞める

上の図は経営者と社員の意識の違いを端的にまとめたものです。

これらを見てもわかりますが、とてもアンフェアな状態で「経営者にとって不利」な状況になっていることがわかります。

雇用をする経営者は難しい状況下でも雇用を守ろうと多くの犠牲を払います。しかし、雇用される社員は難しい状況になると躊躇なく転職をしていきます。経営者は雇用を守ることは「義務」だと考えていますが、社員は辞めるのは「権利」だと考えています。

このように経営者と社員の二者間

で、ものすごくアンフェアな状態になってしまっているのです。

少し難しい言葉で言うと「雇用の流動性が高まった」ということなのですが、流動性が高まったのは被雇用者側だけであり、雇用者側では流動性が高いことは許されない社会的な圧力が根強く残っています。被雇用者側が流動性を高めたので、それに呼応して雇用者側も流動性を高めていけばフェアな関係になるはずなのに、そうはなっていません。経営者がなぜか、雇用流動性の変化に抵抗しているということです。

現在の日本社会では、社員側から見ると「義理を立てて同じ会社にずっといよう」とは、さらさら思っていないです。「いつでも辞めよう」「ここはステップの一つだ」と考えている人も多いです。

昔は違いました。いわゆる団塊の世代（1947年～1949年の3年間に生まれた世代のこと）までは、一度会社に入ったら忠誠を誓って「定年するまで絶対に辞めたりしない」という人が大多数でした。実際、団塊の世代は第二次世界大戦後の第一次ベビーブームに生まれた世代とあって人口が多いこともありますが、定年退職した人が最も多い世代です。定年退職は今や「死語」に近いですが、ほんの少し前までは「常識」だったのです。

現役世代の経営者は、定年退職が常識だった時代の先輩経営者に薫陶を受けています。ですから「雇用は守らないといけない」という考え方が強く刷り込まれてしまっていいます。しかし、社員側からすると、そういう時代ではなくなっています。雇用流動性に対する感覚は強くなっていて、ステップアップのために3年に1回くらいの頻度で転職を繰り返すジョブホッパーのようなキャリアの積み方に抵抗が少なくなってきています。

広く一般的に言って、社員が「会社を辞める」と言ったら「会社に対して悪いのでは?」とは言われません。しかし会社が「社員を解雇する」と言ったら「それはひどい」ということになります。これはフェアな状態ではありません。

雇用に対する間違った思い込み

雇用関係というのは、雇用者側と被雇用者側が「労働の価値を交換する」という点において対等な関係であるべきです。社員が仕事として価値を提供して、それに見合った報酬を対価として支払うという関係が基本です。

雇用流動性が低かったときは、経営者も社員も家族的で幸せだったと思います。終身雇用が実践できたような時代の封建的な主従関係でお互いが幸せな時代も個人的には好きです。大学時代に体育会系の社会で育った私としては、そっちのほうがしっくりくることもあります。

一方で、雇用流動性が高まったのは、悪いことだけではないです。雇用流動性が高いアメリカ企業のような環境は、日本人からするとドライに見えますが、お互いにルールが共有されていてフェアですから幸せな関係と言えると思います。

つまり、雇用流動性が高くても低くても労使関係を幸せにすることはできるということです。ですから、雇用流動性の高い低いが問題なのではありません。高いほうにも利がありますし、低いほうにも利があります。

問題なのは、お互いが念頭においている雇用流動性に対する考えにアンバランスが生じている場合です。経営者と社員の雇用流動性に対する考え方の違いが問題なのです。「経営者が考えているルール」と「社員が考えているルール」が違うということです。これによって日本中の経営者が苦労しています。

確かに、昔は資本家や経営者が労働者から搾取するようなバランスの時代がありました。しかし、現代では、それらは逆転してしまっていて、わかりやすさのために大袈裟に言うと「社員が会社から搾取している」かのように思える時代になってしまっています。

このように現実が全く変わってしまっているのにもかかわらず、世の中の「経営者と社員」という関係に対する印象は昔のまま変わっていません。資本家や経営者が労働者や社員から搾取しているという印象のままです。

経営者の数と社員の数では、圧倒的に社員の数のほうが多いです。ですから、一般的な世論というのは社員側の主張が強く出てしまいます。社員は「社員には、会社を辞める権利もあるし、会社は雇用を守る義務がある」と都合の良いように感じています。よく考えてみたら「それはフェアじゃないでしょ？」と言われても仕方がないような自分にとって有利なだけの都合の良い話なのですが、それに気づいていない人は多いです。無自覚に、そうなってしまっているのが怖いところです。

経営者は、この現実に気づかないといけないと思います。現実を冷静に見たらわかるはずなのですが、多くの経営者は真面目に雇用を守ろうとします。それも多くの犠牲を払って守ろうとしてしまいます。それによって会社が疲弊していってしまいます。

日本の生産性が世界の会社と比較して著しく低下してしまった根本的な要因は、この雇用に対する考え方のズレにあると言っても過言ではありません。

これは日本が戦後の奇跡的な経済成長を果たした原動力の一つとなった終身雇用という制度の「負の遺産」とも言えます。

終身雇用が機能していた時代は、会社が人に投資をしても長期的には投資に見合うリターンが見込めました。しかし、今は人に投資しても長期的なリターンは見込めない状況です。いくらダメな社員や未熟な社員を多くの犠牲を払って育てても、社員は自分が転職できる立場になった瞬間や自分が嫌になったときに簡単に辞めてしまうからです。

赤字社員に投資をして育てても、黒字社員になった頃には辞めていなくなってしまうわけですから投資をしても無駄になってしまいます。それにもかかわらず、投資することは止められないわけですから、人件費という投資に対して生産性が下がるのは当然のことです。

これが現実で起こっていることです。雇用を守っても、それに報われることが極端に少なくなってきているのです。

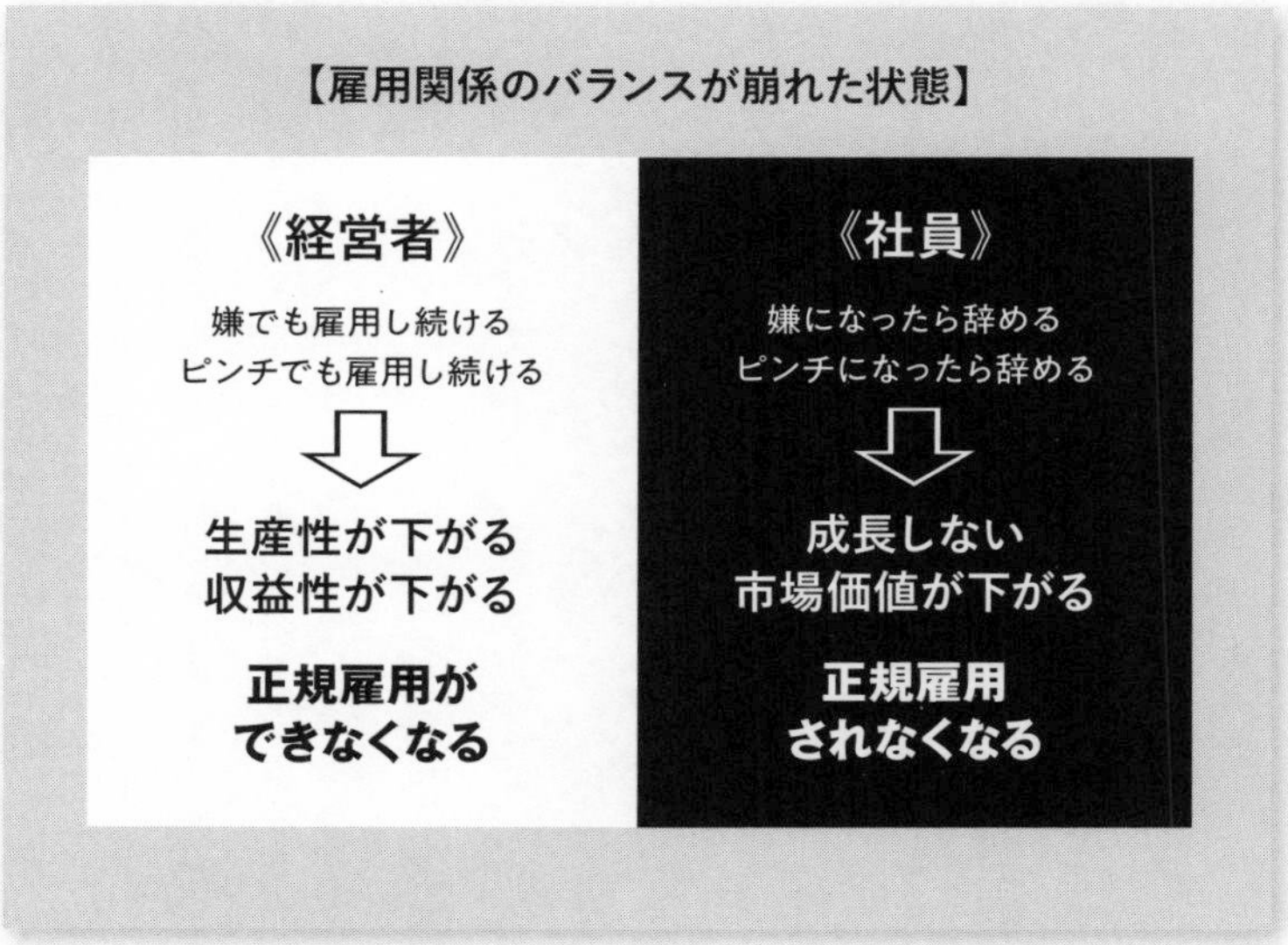
【雇用関係のバランスが崩れた状態】
《経営者》
嫌でも雇用し続ける
ピンチでも雇用し続ける
生産性が下がる
収益性が下がる
正規雇用が
できなくなる
《社員》
嫌になったら辞める
ピンチになったら辞める
成長しない
市場価値が下がる
正規雇用
されなくなる

この問題は「人」のことなので、デリケートな難しい問題になっています。「物」だったら、あっさり考え方を変えたりできると思いますが、「人」のことなので簡単には変えられません。心の底ではわかっていても、なかなか割り切れないのです。

上の図は、このバランスが崩れた状態をわかりやすく対比させたものです。この状況は、短期的に考えると社員にとってはメリットが大きいですが、中長期的に考えると、経営者にとっても、社員にとっても良くない状態になっていきます。

実際、経営者側では「基準に満たない社員でも、我慢して雇用し続ける」ことで生産性が下がってきています。それでも解雇というカードは社会的に使いにくいので、正規雇用ができなくなってきています。その結果、過去30年にわたって「非正規雇用の割合」は上昇する一方です。また、正社員と非正規社員の給与格差も大きくなってきています。

雇用は守らないといけないので、雇用とは別の枠組みで一緒に仕事をしていかざるをえなくなってしまったのです。

さらに、社員として仕事をしている中にも、実際には失業状態という「社内失業者」という存在が問題になり始めています。

終身雇用の時代は、会社と社員が家族的で長期的には互恵的な関係があったので「無用の用」という言葉に代表されるような直接的貢献には乏しい社員であっても「全体の雰囲気を良くしてくれている」などの理由で継続的に雇用されていました。その負の遺産が今も残っていて、それらは「社内失業者」と呼ばれています。

日本の会社には400万人もの「社内失業者」がいると言われています。これは日本の全正社員の1割に達する規模です。中小企業で10%の社員が社内失業していたら利益率が下がるのは当たり前です。

本来あるべき雇用の姿

会社側が「無理に雇用を守ろう」とすると社員の生産性が下がります。

なぜなら、人は基準が低いほうに流れていく可能性のほうが高いからです。たとえば「100という基準の仕事が必要だ」と強く言われていたら100を頑張ってキープしますが、その基準が曖昧で90でも誰も文句を言わないし「解雇もされない」というような状態になると、人は100ではなく90のほうに流れていってしまうのです。どんどん妥協していってしまう可能性があります。

「人は低きに流れやすい」ということです。そういう「人の弱さ」を忘れてはいけません。定めた基準以下にならないように、危機感を持つような強制力があったほうがいいのです。**ですから「雇用を切れる」というバックグラウンドが存在する上で、正当な評価をしていかないと「人的生産性」は確実に下がっていきます。**

「いかに正当な評価をしていけるか？」が重要です。正当な要求をして、正当な評価をしていくことが、人を強くするとも言えます。

たとえば高校野球やサッカーなどで頑張っている若者を見ると心を打たれますが、それは勝負という「厳しい評価」があるからこそです。参加した人の全員が勝てるのなら、誰が心を打たれるでしょうか？　感動は確実に薄れます。

またチーム内での評価が甘くて全員がレギュラーになれるチームだったとしたら、飛躍的成長を遂げられる人はいるでしょうか？　誰が選ばれるかわからないから、メンバー同士が切磋琢磨して全員が成長していくのではないでしょうか？

２０２０年はNiziUというアイドルグループのオーディション番組が日本中の話題に

なっていましたが、オーディションに参加さえすれば誰でもアイドルやアーティストに選ばれるような甘い基準だったら、それらを見ている人が感動することもないし、多くの人からの共感も得られないでしょう。

また、そんな状況であれば、アーティスト自身も大きな成長はしないはずです。「甘い基準で、誰もが、求めるものを得られたら、自分の最高を目指せるでしょうか？」人は、そんなに強くないです。

解雇という手段を前提に正当な評価をしていかないと、社員は社会に価値を提供し続けられるような人財となるために必要なスキルアップをしなくなってしまいます。それは中長期的には、社員にとっても良くないことです。

このように考えていくと、雇用神話に基づいて「雇用する基準を甘くしてしまう」ことは、結局、経営者と社員にとって、お互いに不幸を生んでしまうと考えています。

ですから「雇用は不自然に守らなくていい」のです。

そういう厳しさが、どこかにないとフェアじゃないです。

経営者側が、どれだけ投資をしても、社員は勝手に辞めます。社員は会社を切ります。そのようにして雇用の流動性を現在の高い状況にしたのは雇用者側ではありません。被雇用者側です。雇用される側である社員たちが、流動性の高さを望んだのです。経営者は、その時代の要請に応えるべきです。

「基準を満たしていない社員には、はっきり、それを伝えるべき」です。
「それでも変わらない場合は、話し合って、離れてもらうべき」です。

アメリカ企業は長年にわたって強さを維持していますが、その要因の一つは雇用流動性の高さにあると感じます。社員は自分の都合で簡単に転職します。同じように、経営者も会社の基準に満たない社員は解雇できます。この共通ルールがアメリカ企業の土台にあります。

20代や30代の社員はGoogleやAppleの良い面だけを見て「こんなことやってます」

とか「社員食堂があります」とか「昼寝ができます」と言ってきたりします。そして、さも、それが急成長した会社の強さの源泉のような幻想を抱きます。

しかし、GoogleやAppleのような強くなった会社が、そのようなことを行うから目立つだけで、アメリカ企業の全てにおいて流れている思想は「基準に満たなければ、いつでも解雇できる」という当たり前の基準です。むしろ、そういう厳しさがあるからこそ、社員にとって甘い要素があると「珍しいから」話題になってニュースになるということを知らないといけません。

雇用流動性の高い社会では、社員も自由に辞められるし、会社も基準に満たなければ解雇できるというのがフェアな関係です。それが本当の流動性の高さです。経営側からも、社員側からも、雇用流動性が同じです。これらがフェアな関係で、それぞれに甘えが生まれにくい構造になっています。

日本は正反対です。社員は割と自由に辞められますが、経営者はなかなか解雇するのが難しいです。経営者が一生懸命に雇用を守ってしまうという不均衡な状態が続いているので、社員側に「甘えが生まれやすい構造」になってしまっています。

もちろん、無闇に「解雇というカード」を使うべきではありません。しかし、そのカードを禁じ手にしてしまえば、不均衡が生まれてしまって、短期的には社員側の利益になりますが、中長期的にはお互いの不利益になっていくということです。

しかし日本では「もっと解雇しよう」とは口が裂けても言いにくい状況です。それは大企業も同じです。だからこそ、カルロス・ゴーンのようなコストカッターと呼ばれるような冷徹に雇用を切れる人が外部からやってこないと大胆な改革ができないわけです。

日本は今、もっと「解雇というカード」を出せるようにすべきです。それがフェアであるという認識を改めて持ってほしいと思います。それが経営者と社員の関係を中長期的に良くしていく方法だからです。

会社も社員も一緒に成長していけるのが、経営における理想です。しかし、会社が不自然に雇用を守っていくと、それが実現できなくなっていきます。

今、変わらないといけないのは経営者の考え方です。雇用に対する考え方を、今一度、

考え直してみてください。

【2】『競合』から、会社を守る

相対価値という脅威

2番目は最もわかりやすい脅威です。多くの経営者が想定できている脅威と言っていいでしょう。しかしながら、想定するのは簡単ですが、対応していくのは簡単ではありません。

自由主義経済の宿命でもありますが、会社は「競合」が参入することを止めることはできません。特に中小企業が行っているビジネスでは、特許などで競合の参入を防ぐことは難しいです。

厳しい現実ではありますが、どれだけ頑張って構築したビジネスでも、同じような商品・サービスを提供する会社が出てきたら、自社の「相対価値」は急激に低下します。**顧客が容易に比較できる場所に「2つの同じ商品を提供するビジネスが存在」した場合に何が起きるか？　それは「価格の下落」です。**これら2つのビジネスが供給する合計よりも大きな需要がある場合を除き、価格は下がっていきます。それは顧客に商品を選択する権利があり「同じ価値の商品であれば、なるべく安いほうが良い」と考えるからです。

価値が同じならば、提供者は価格を下げて「1円あたりの価値」を高めるしか、価値を上げる方法がなくなります。いわゆるコスパ（cost performance）で勝負するしかなくなるわけです。そうなると価格競争になっていきます。価格競争になると、粗利が下がっていきます。当然の結果として、利益は減ります。

今までと全く同じ商品・サービスを提供していたとしても、競合が参入した時点で、お客さんから見た「相対価値」という判断基準が生まれます。会社が提供する価値は、左記の式のように主には「絶対価値」と「相対価値」によって形成されます。

商品価値　＝　絶対価値　＋　相対価値

ですから、絶対価値は何も変わりなく昨日に提供した同じものを提供していたとしても、競合の参入によって相対価値が下がれば、全体の価値は減少します。**そして、顧客の一部は競合他社が提供する商品・サービスを購入するようにスイッチしていくようになります。**

リポジショニング

相対価値の劣化から会社を守るために、自社の価値を差別化し続けることが必要です。そして「差別化の方向性」をわかりやすくしてくれるのが「リポジショニング」という方法です。

リポジショニングはポジショニングMAPを使って、現在の自社の位置（ポジション）から、**どのような差別化を行って、どの位置に移動してポジションすれば「相対価値を守ることができるのか？」を可視化していくことです。**

ポジショニングMAPは地図と同じように縦軸と横軸を使って「市場の競合関係を可視化」したものです。もちろん、現実の競合関係を2次元のMAPだけで完全に表現し切るのは難しいのですが、同じ市場における複数のMAPを作ることで、かなり精度の高い分析ができます。

リポジショニングは見て慣れたほうがわかりやすいので、実際の事例を見ることにしましょう（事例はわかりやすいように強調して表現している部分もあります）。

〈Case－1〉

Case－1は「生花店」の市場をマップ化したものです。「横軸に商圏の広さ」「縦軸に提供する商品のラインナップの広さ」を取っています。

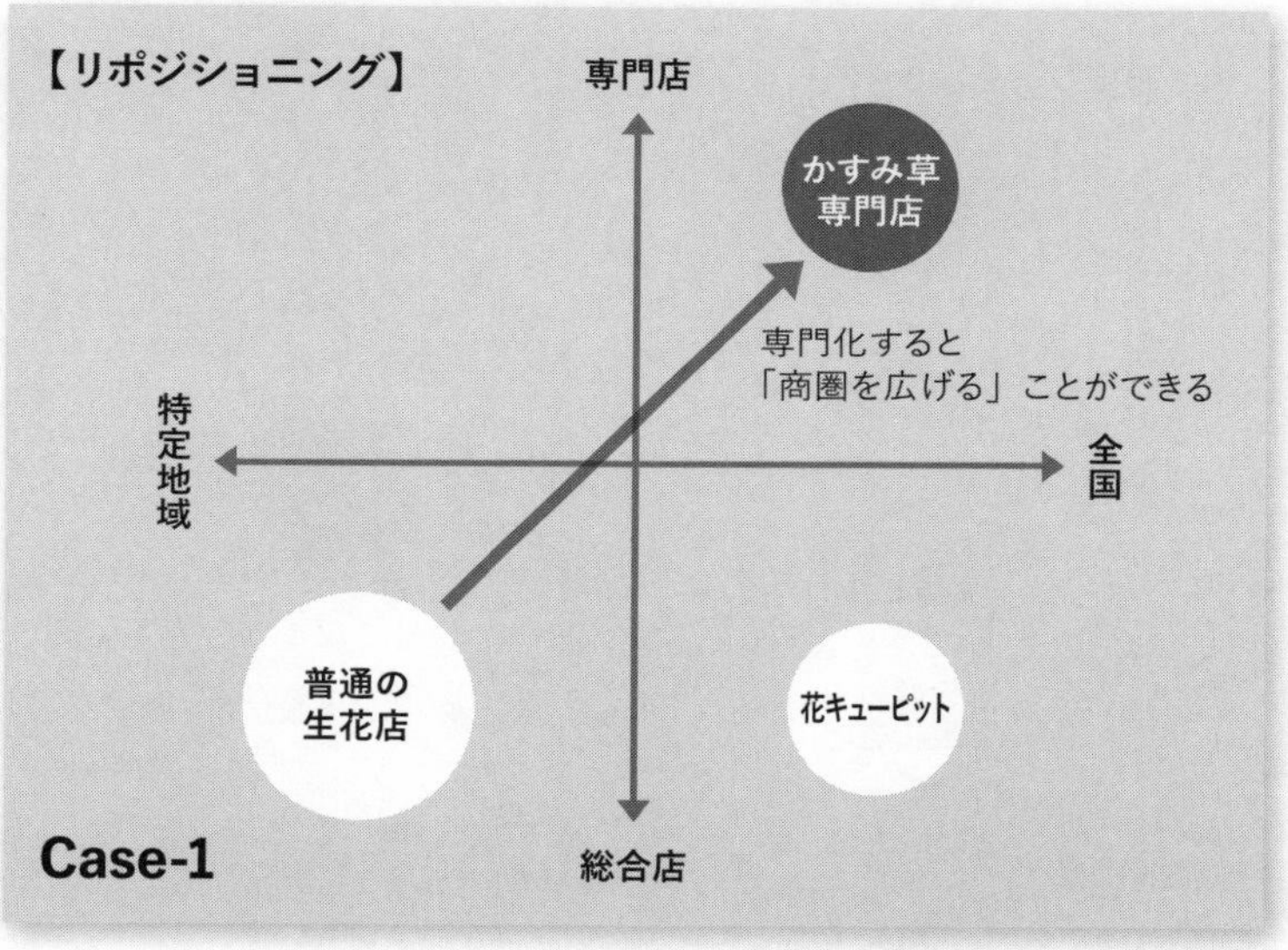

普通の生花店は特定の地域で営業をしていることが多く、総合的に色々な種類の花を提供しているので、左下の位置に存在しています。ここは最も競合が多い場所と言えます。栃木県鹿沼市にある「いわい生花」さんも、そんな生花店の一つでした。相対価値が低いので、売上が最大で70%も減少していたそうです。

そんなときに大胆なリポジショニングに踏み切りました。何をしたかと言うと、他の生花店がやっているように総合的に色々な生花を提供するスタイルを止めて**「かすみ草専門店」にしたのです。それによって地域に埋もれて**

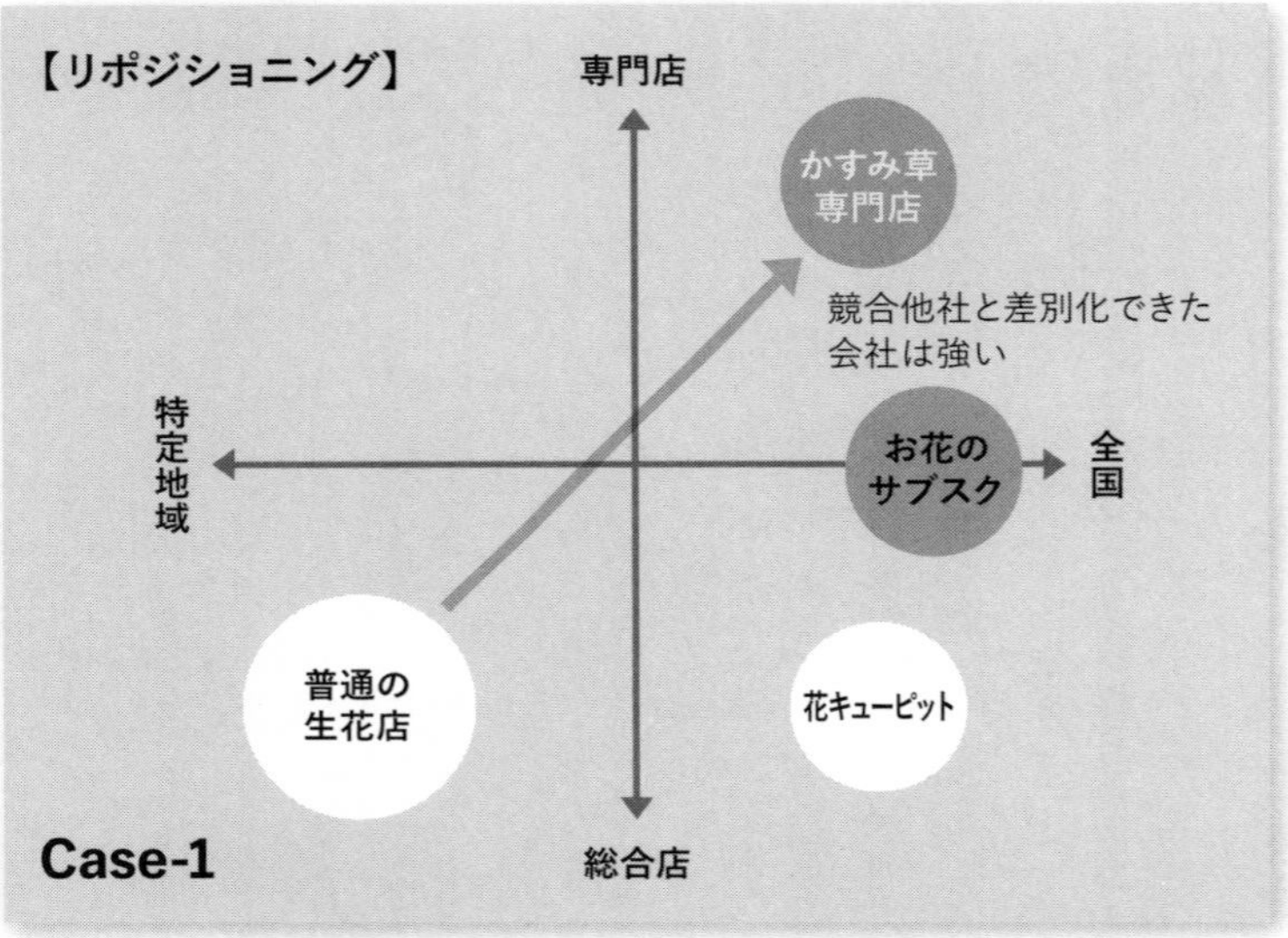

いた存在が、日本で唯一のユニーク（ここで言うユニークは「面白い」という意味ではなく「珍しい存在」「他にない存在」という意味です）な生花店となり、圧倒的な地域一番店になりました。

このように専門化すると「商圏を広げる」ことができます。ですから、ネットショップも積極的に展開して1日に最大で5000本・年間14万本もの発注を受けるまでに成長しました。ユニークなので、新聞や雑誌などのメディアにも取り上げられて大きな宣伝効果も得ています。

このようにリポジショニングを実行することで「競合の脅威」が少なくな

り、大きく業績を伸ばせる可能性があります。

また最近では、私が役員を務めているベンチャーキャピタルが投資している「bloomee」というお花をサブスクリプション形式で自宅に届けてくれるユニークなサービスも人気です。これは参入の事例ですが、新規の参入であれ、既存店からのリポジショニングであれ、競合他社と差別化できた会社は強いということです。

〈Case-2〉

次は「飲食店」のケースです。これもCase-1の生花店と同じく小さな個人商店がリポジショニングによって成功した事例です。「ヘリで行く寿司屋」と呼ばれている「鮨《すし》裕《ゆたか》禅《ぜん》」さんです。

寿司店の市場は「横軸に価格」「縦軸に商圏の広さ」を取って市場を可視化すると、次ページの図のようになります。「街の寿司店」を切り盛りしていた代表の堀さんは、もっと徹底的に「こだわった寿司」を提供したいということで、大胆なリポジショニン

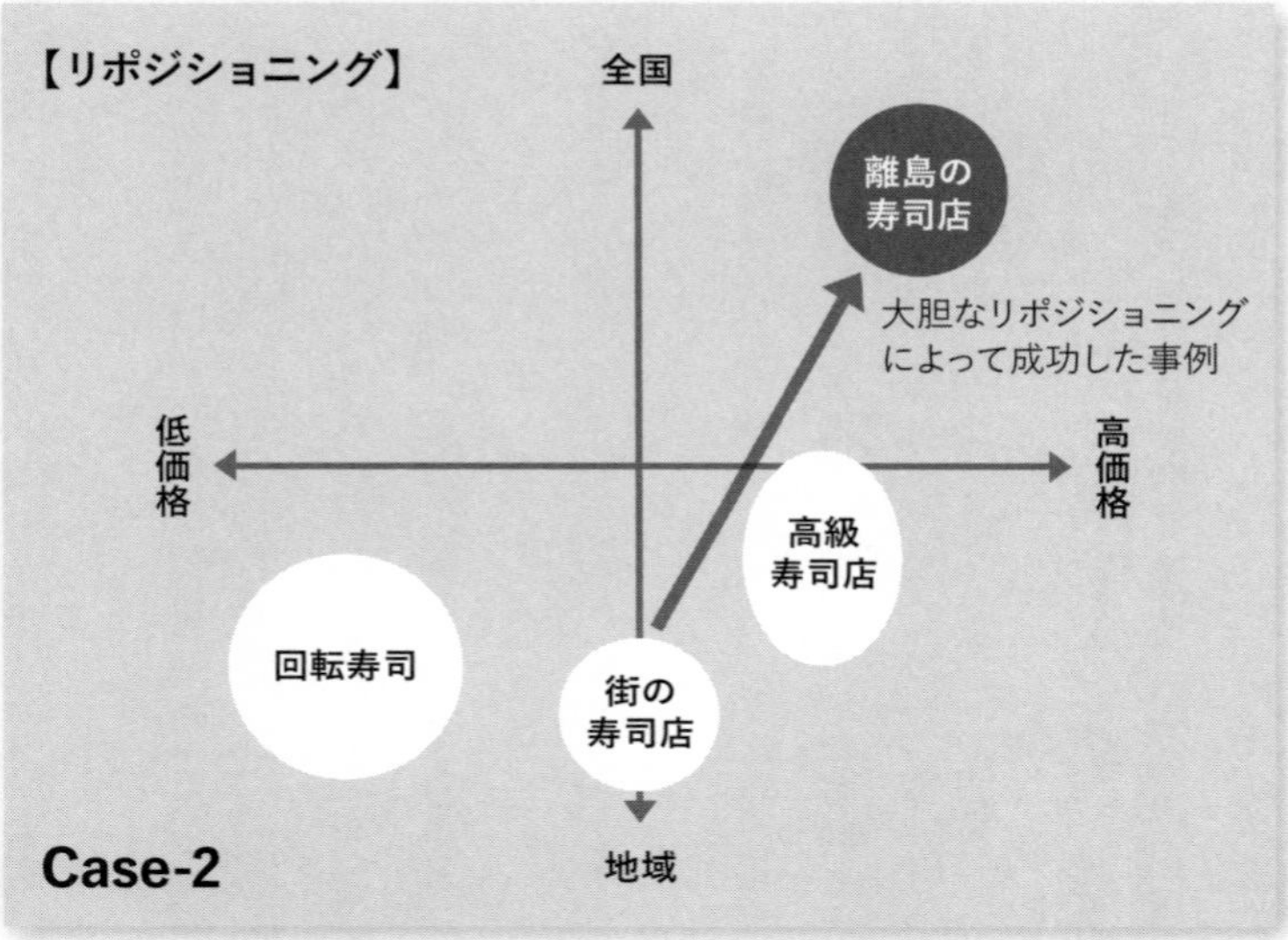

グを実行しました。

新鮮な魚介類が目の前で獲れる三重県志摩市の〈離島〉に店を移したのです。そんな離島まで「わざわざ足を運ぶ人がいるのか？」と感じますが、予約でいっぱいです。リピーターも多いそうです。

人気になった理由の一つは、提供されるお寿司が美味しいのはもちろんですが、店の横に駐車場ではなく「ヘリポート」があり、ヘリコプターで来店できることです。離島ですから「ヘリで行く」か「船で行く」しかありません。この特別感が「逆に行ってみたい」

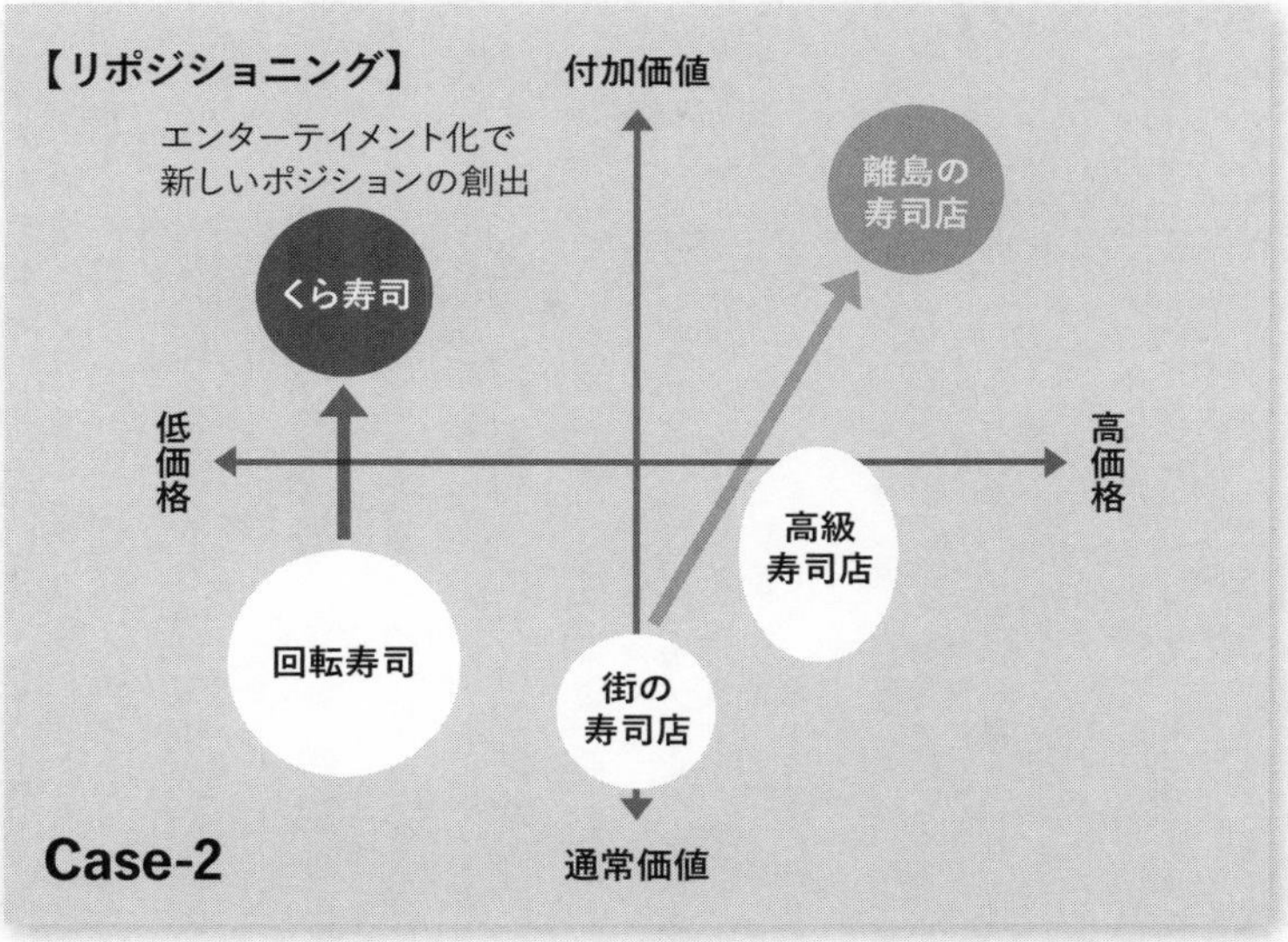

「一度は行ってみたい」と思わせるわけです。さらに1日1組限定で貸し切りなので、特別感があります。

このようにお寿司という商品のコア部分の価値にプラスアルファの付加価値が加わると競合との差別化ができて相対価値が大きくなります。ですから、上の図のように縦軸を付加価値にしてみても良いでしょう。

そうすると新しいポジションがあることに気づきます。

たとえば「くら寿司」さんは、もはや普通の回転寿司店という「安価にお寿司を食べられる」という店ではなく

〈エンターテイメント化〉してきています。回っているのは寿司だけではなくラーメンやデザートなど「お客さんに喜んでもらえるものなら何でも」というメニューになっています。これらが付加価値となって根強い人気を誇っています。

〈Case‐3〉

Case‐2の「鮨裕禅《すしゆたかぜん》」さんは、私たちが「ポジショニングの3大分野」と称している〈商品特性、顧客層、価格〉などを大胆にリポジショニングしたケースですが、そういった自社の商品を特徴づけるメインの要素を、あまり変えなくても成功した事例もあります。

それが廃棄物処理業界の「石坂産業」さんです。メディアにも多く取り上げられているので、知っている方も多いと思いますが、元々は普通の廃棄物処理業者だったわけです。「それがなぜ変わったのか?」は、若干30歳で父親に「私が会社を変える!」と直談判して社長になった石坂さんが、旧態依然としていた会社に様々な変化を起こした成果なのですが、それを一言で表現すると「知覚イメージが変わった」ということです。

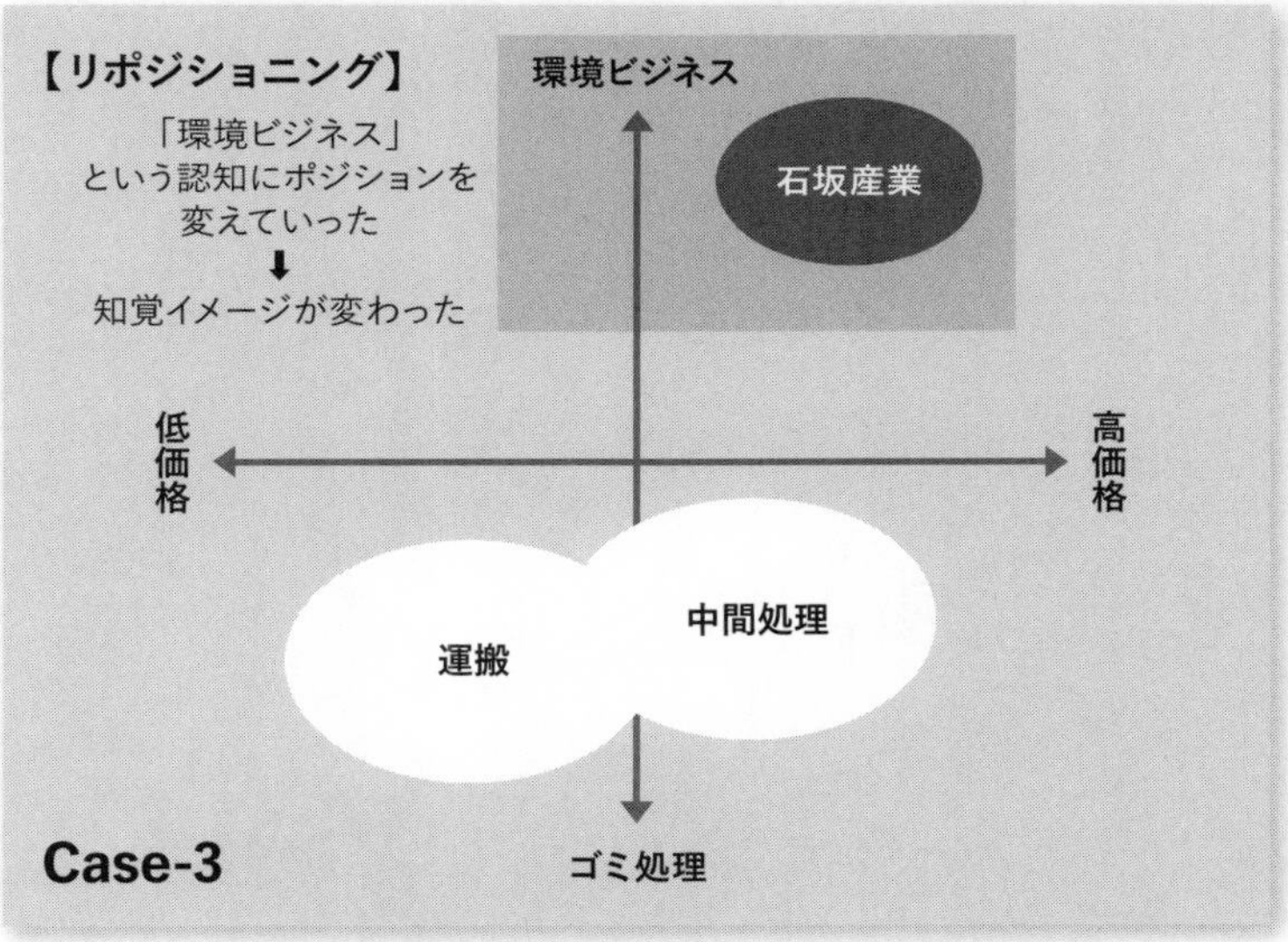

廃棄物処理というと、どうしてもネガティブなイメージが付きまといます。顧客や社会から、また社員なども、そのネガティブなイメージを持っていたでしょう。**それを「環境ビジネス」という認知にポジションを変えていったのです。**

そうやってクリーンなイメージになることによって、本来、認められるべきだった価値が認められるようになりました。それによって大躍進を遂げたのです。

顧客が感じるのは、絶対価値や相対

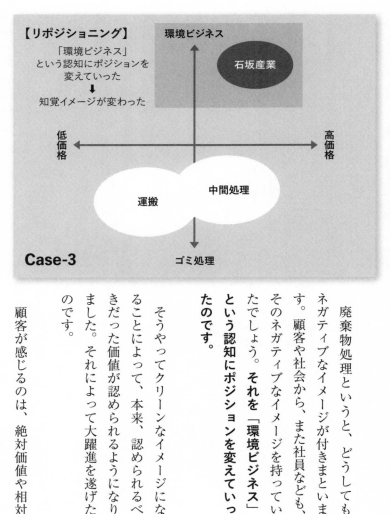

価値だけではありません。最終的に、最も重要なのは「認知価値」です。たとえ絶対価値や相対価値が大きかったとしても、顧客が「価値がない」と感じれば、価値はないのと同じなのです。この重要な認知価値を、石坂産業さんは変えたのです。

こういった認知価値の低い業態では「仕事は山ほどあるが、社員が集まらない」という状態になって困っている会社が多いです。しかし、石坂産業さんのように「自社の処理工場を見学可能にする」など会社の特徴を認知してもらうことで好転していくことがあります。

たとえば、Ｗｅｂ制作・企画・運営を行う「株式会社カヤック」さんは、今や上場企業ですが、創業期には「１００面体のサイコロで賞与が決まる」など「面白法人カヤック」と自称していたように面白い活動をしていて、それによって「ここで仕事がしたい！」とエンジニア不足の中でも人が集まってきていました。

また、創業期にオフィスが同じビルで知り合いになったレッドフォックス株式会社の別所社長は営業マンのＤＸ化などを進められるcyzenという面白いアプリを展開しているのですが、2000年頃から「喫煙者0人のエンジニアチーム」という面白い方針を明確にしてエンジニアを確保していました。

このような会社の認知価値もリポジショニングを考える上では参考になります。

〈Case-4〉

リポジショニングを考えるときに大切な要素の一つとして「価格」があります。価格のことを考えると「上げるべきか？ 下げるべきか？」と考えてしまうかもしれませんが「別の方法」もありえます。

それが「価格を明確にする」ということです。顧客が「買う直前になるまで価格がわからない」という業態は意外と多いです。それは「見積もりをしてみないと価格が決まりにくい」など業種の特性上は仕方のない部分もあります。しかし、顧客視点で考えると、価格がわからないのは不安です。それによって購入を控えている顧客も多く存在します。

「顧客の不安を取り除いていく」というのはビジネスを行う上で重要な視点であり、顧客の不安が少なくなるごとに自社の価値は上がると考えても良いです。そのように考えていくと顧客の最大の関心事であり心配事でもある「いくらなの？」を明確にすることは、とても価値があるのです。

価格を明確化して成功しているわかりやすい事例は「湘南美容クリニック」さんです。ＴＶのＣＭも多く出されているので、ご覧になった方も多いと思いますが「価格が明瞭」です。

美容クリニックは「来院して診断してみないと値段がわからない」ものでした。それによって不安だった顧客（患者）は多かったはずです。通常の医院と違って、緊急性も低いわけですから「いくらかかるのかわからない」という不安があれば、潜在的なニーズがあっても実際に来院する人は少なくなります。

しかし、価格が明確だと安心して来院できるようになります。「湘南美容クリニック」さんが急成長している要因は、代表である相川さんが医師というよりは経営者として仕

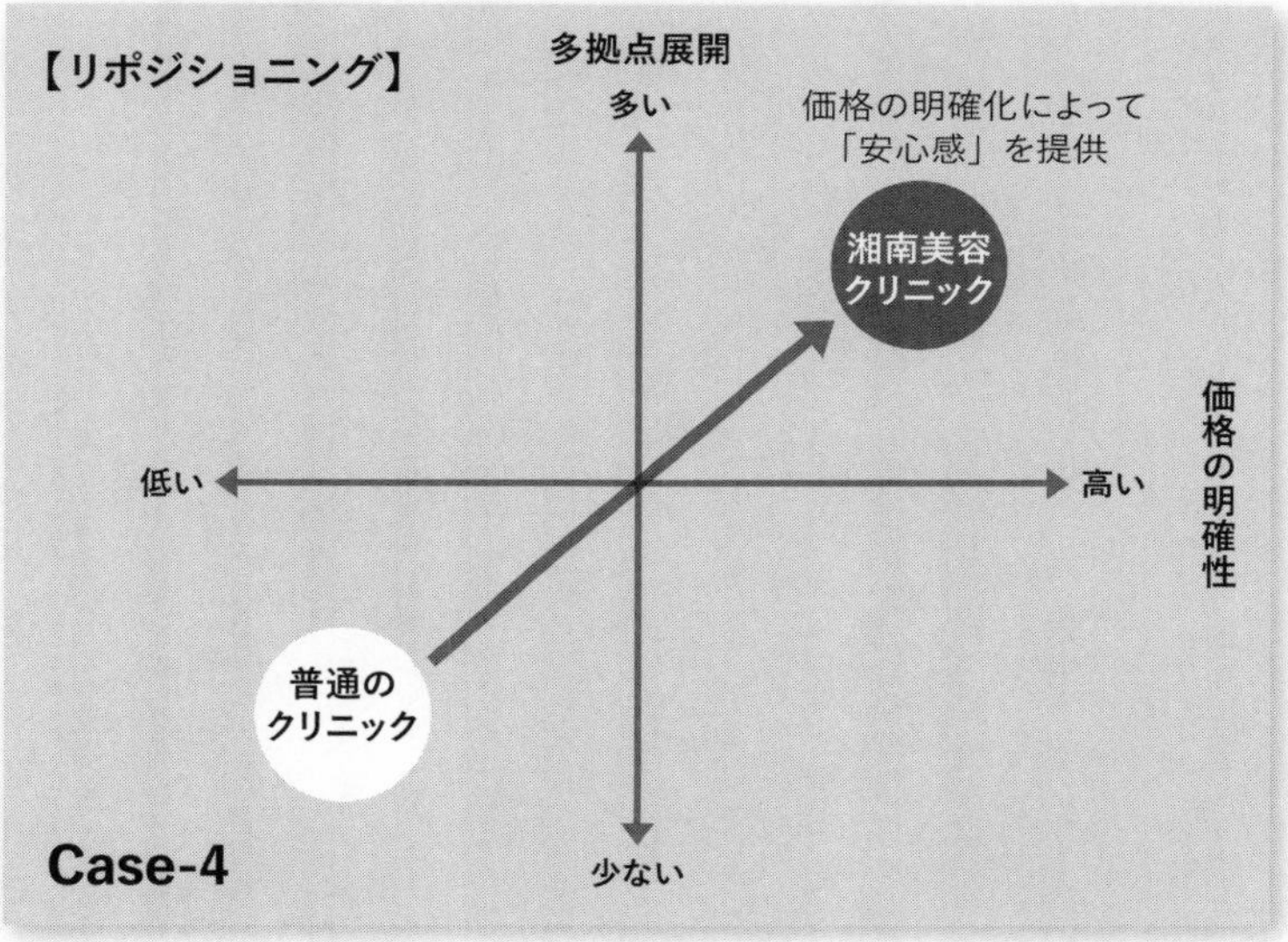

事をしていることも大きいですが、「価格の透明性」も大きな要因の一つと考えられます。

価格の明確化によって「安心感」を提供したわけです。

これらの事例で挙げさせていただいたお店や会社が、数年後にどのようになっているかはわかりません。今、うまくいっているからと言って、未来が約束されたわけではありません。しかしながら、リポジショニングを行い「競合からの脅威を最小限」にして成功したのは事実であり、大いに参考になるはずです。

参入障壁ドリル

リポジショニングを考える上で重要なのは「現在の競合状態」において「相対価値が高いポジションへ移行する」ことだけではありません。既存の競合状態が「どう変わるか？」という予測も考えるべきです。「未来の競合状態」を想定していくということです。次の2つの動きを考えておきましょう。

①既存の競合が、どちらに動いていくか？

既存の競合が「どういった要素を変えて差別化しようとするのか？」を想定していきます。競合がリポジショニングをして自社が相対価値を失ってしまってからアクションを起こすと、後手後手に回って悪循環になりかねません。ですから、ポジショニングマップの「どの方向に動く可能性が高いのか？」は想定しておくべきです。

自らが、その方向に少しずつ動いていって相対価値をつくっていくのがベストですが、

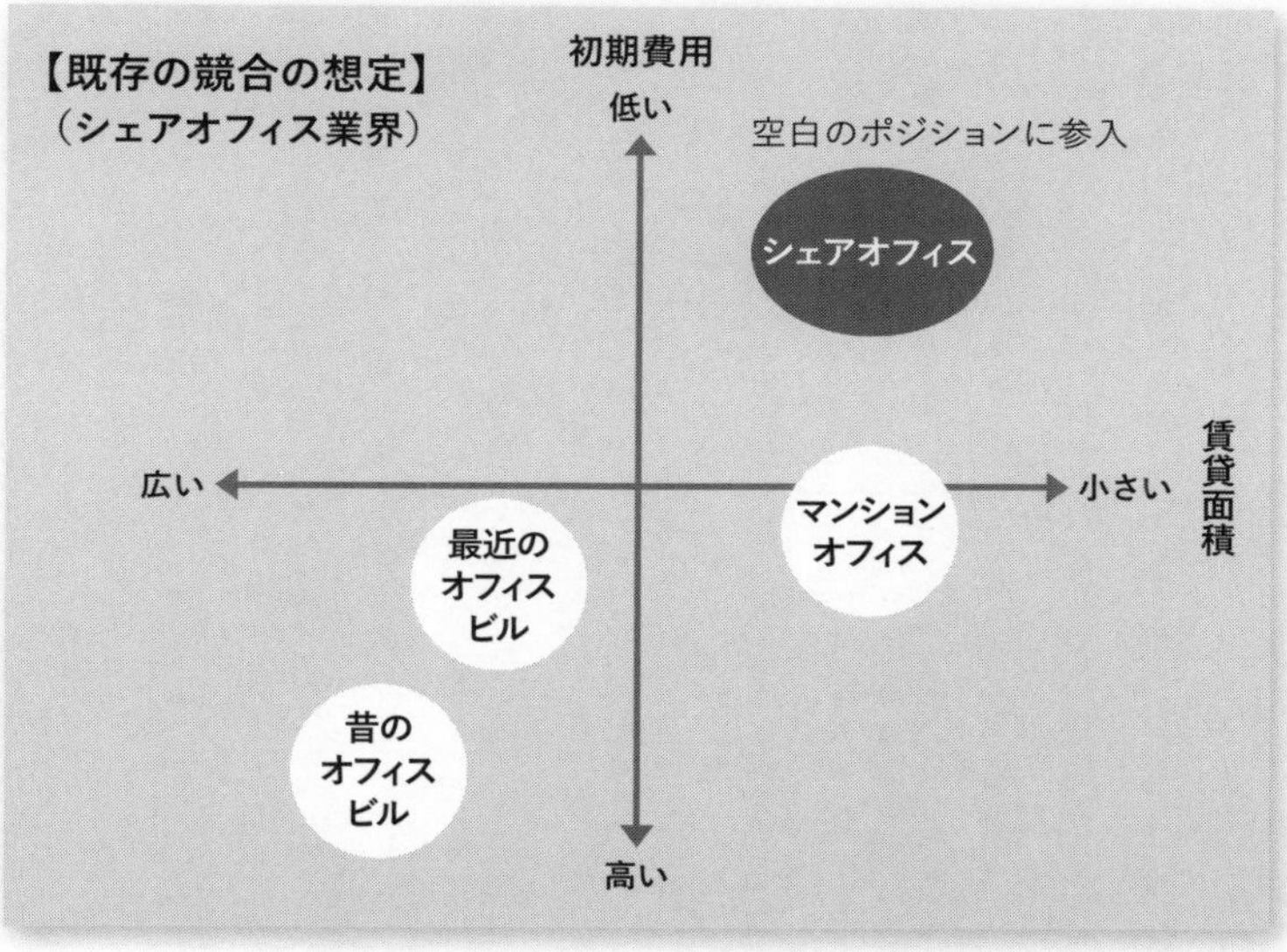

あらかじめ想定しておけば、競合が先に動いて相対価値をつくられてしまった場合でも、その要素が業界のデファクトスタンダードになりそうだと判断すれば早期に追随することもしやすくなります。

たとえば、私が１９９７年に起業してつくっていった「シェアオフィス業界」を見てみましょう。オフィス賃貸の市場を「縦軸に初期費用」を「横軸に賃貸面積」を取って分析してみると、**上の図のように「初期費用が低く、小さな面積」を借りられるオフィスがありませんでした。**

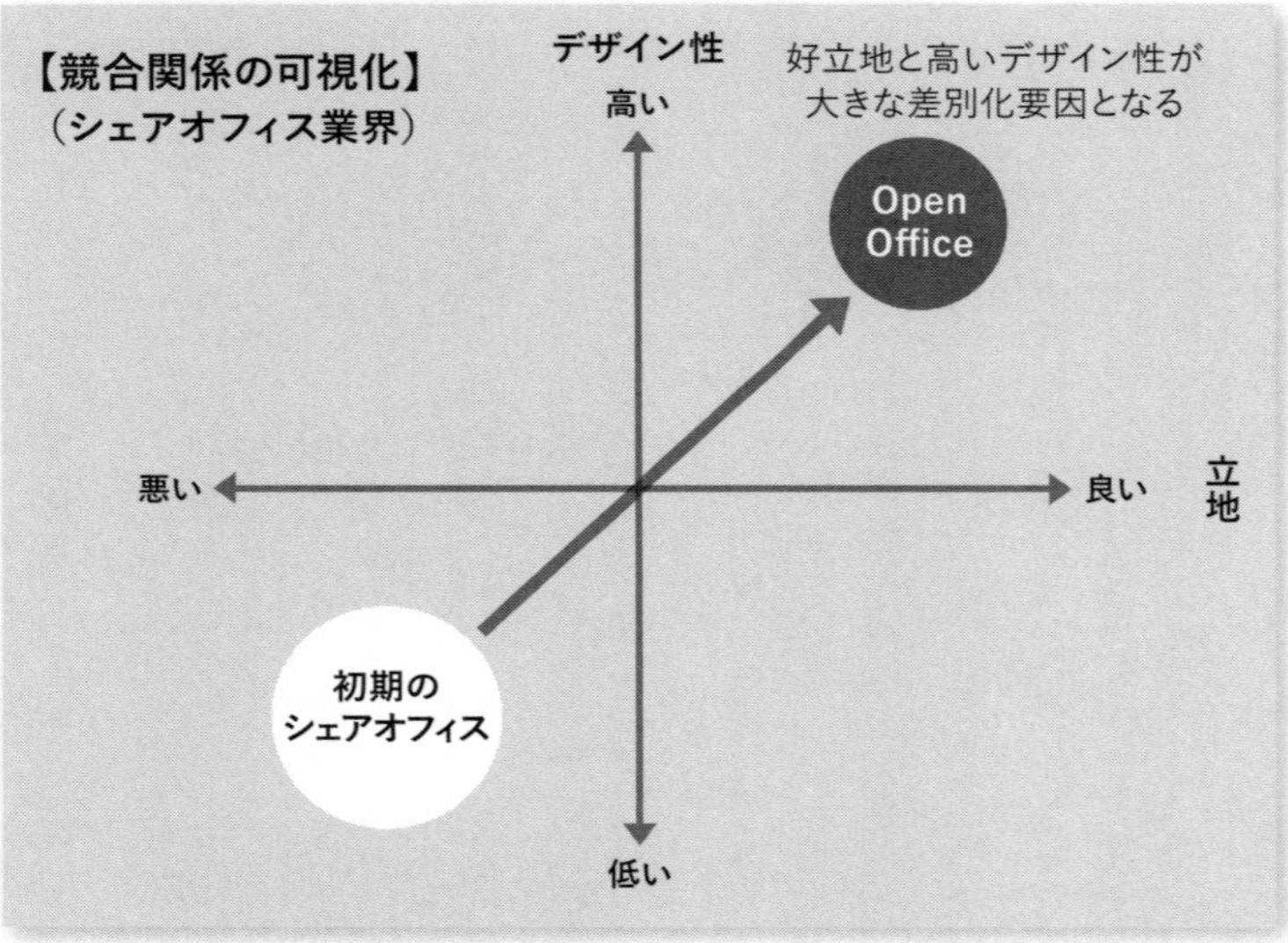

その空白のポジションに参入したわけです。新しいビジネス形態ですから認知度も低くて最初は苦労したのですが、３年目くらいから成功するための要因がわかってきて市場の支持を得て大きく成長しました。後には参入企業が増えて１つの業態となりましたが、売却する２０１２年までは競合が多い中でもリーディングカンパニーとして高収益事業でもありました。

なぜ参入企業が増えても高収益であり続けたかというと「リポジショニングを繰り返していたから」です。

上の図はシェアオフィス業態の競合

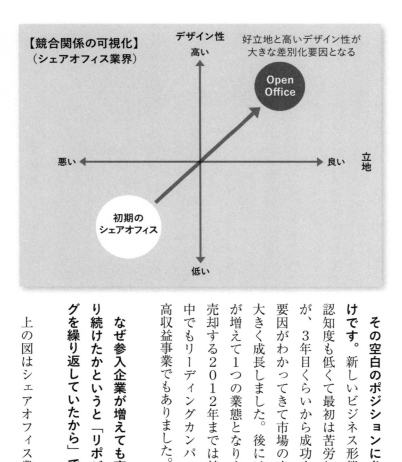

関係を可視化したポジショニングマップです。2001年頃から急激に参入が増え始めるのですが、不動産業界の中ではマイナーな存在であったシェアオフィスは、立地が悪かったりビルが古いなどの理由で人気がない「空きスペースの有効活用方法」として注目されていました。なので、左下のポジションにいたわけです。

しかしながら、私はシェアオフィスが時代の流れに合っているビジネスであり、「小規模なオフィスを低い初期費用で借りたい」と言う市場圧力からメジャーな存在になっていくはずだと考えていました。ですから、今は違うけれども、将来は人気のある「好立地」かつ「お洒落なビル」の中で展開されていくだろうと予測しました。

このようにシェアオフィスの「未来の競合」と「2つの相対価値」を想定しましたが、2つの価値を同時に成立させようとすると賃料が上がってしまい、資金に乏しい起業者やベンチャー企業が借りにくくなります。ですから、まず「好立地」というポジションに絞って展開しました。しかし、ビルのグレードは少し落としても、内装にはこだわってデザイン性の高いお洒落な内装にリノベーションしていきました。これが大きな差別化要因となり、最も選ばれるシェアオフィスになったのです。

②新規の参入者は、どこに入ってくるか？

次に考えるべきなのは、既存の企業ではなく「新規の参入者」が「どのポジションに入ってくるのか？」です。

重要なのは「最も入ってこられたら困る」というポジションはどこかを明確にしておくことです。それは本来、自社が目指したいポジションでもあるはずなので、未開拓になっているには理由があるはずです。それは資金的な課題や技術の課題かもしれませんし、業界のタブーなので既存の会社にはやりにくいというだけかもしれません。いずれの理由にせよ、そのポジションは「有望だけれど、誰も参入できていない」というポジションを潜在的な脅威として想定しておくことです。

再度、シェアオフィスの事例で考えてみます。私たちが展開していたシェアオフィスが最も急成長していた頃に「参入者が入ってきて最も困るポジションは？」と考えて出した結論は「大手が参入してきて、好立地と高いグレードのビルでリーズナブルな価格を実現してしまう」ことでした。

このように想定した競合の脅威を防ぐために、私たちが実行したリポジショニングは2つです。

1つ目は、ビルオーナーとの共同事業にして、比較的グレードの高いビルでも同じ価格帯で提供できるようにしたこと。2つ目は、当初から計画していた「起業家を支援するサービス」を強化していったことです。

このように市場における最悪の状態を想定してリポジショニングをすることで、これらの脅威から距離をおくことができました。実際、私たちのシェアオフィスは、そういったポジションが高く評価されて、世界中でシェアオフィスを展開している世界No.1のイギリス上場企業からのオファーを受けて売却することになりました。

2021年現在は想定した通りに市場は動いていて、大手の参入も普通になりましたし、We Workなどのシェアオフィス業界のメガベンチャーも台頭してきました。競争は激しくなっていますので、当時のような高収益体制を維持するのは難しいでしょう。ただ、業態としては、まだまだ進化していくと考えています。

左記の２つの自問をすることで、未来の競合関係に対する脅威を想定してみました。

①既存の競合が、どちらに動いていくか？

②新規の参入者は、どこに入ってくるか？

これら２つの競合の動きを想定していくときに役に立つのが「参入者になって考えてみる」ということです。

【Work《ワーク》】

左記の２つの質問を考えてください。

①あなたが新規の参入者だったとしたら、どういう特徴を持って参入するでしょうか？　どの位置に参入すれば相対価値を高く保って成功できるでしょうか？

②新規参入者に参入されたら最も困るのは、どのポジションですか？

これらを考えることで、リポジショニングすべき方向が明確になることが多いので、ぜひ、やってみてください。

「価格決定権」という灯台

ビジネスにおける最大の脅威の一つは「価格決定権」にあります。

なぜなら「価格決定権」を失うと高収益なビジネスを展開することは難しいからです。ですから価格決定権を常に持てるように考えて動いていかないといけません。価格決定権は、自社が正しい方向に動いているのを確認するために常に見る存在ですから経営者にとっては「灯台」のような存在です。

常に「価格決定権はあるか?」「どれくらい価格決定権があるか?」を自問しながら経営していきましょう。

そうすれば「一生懸命に頑張っているのに、利益がほとんど残らない」というような状態に陥る可能性を減らせます。相対価値という海で遭難しないためにも「価格決定権」を注視し続けていきましょう。

【3】『顧客』から、会社を守る

会社は顧客がいなければ存続できません。ですから、経営という活動を最もシンプルに考えていくと「顧客創造」であり「顧客との関係づくり」と言うことができます。顧客と良い関係をつくることができれば経営のパフォーマンスは上がりますし、顧客との関係が悪ければ会社を継続させていくことは難しくなるでしょう。

会社を維持していくために最も重要な存在が顧客です。しかしながら、重要な存在であるからこそ大きな脅威にもなります。顧客の存在は、普段は経営に与えるポジティブな側面しか語られることがないですが、顧客が会社にもたらす脅威も考えてみましょう。

顧客が持っている〈2つの脅威〉

会社を経営していて「厳しいな」と感じる現実の一つとして、顧客が持っている2つの特徴が挙げられます。この2つの特徴は多かれ少なかれ全ての顧客が持っている特徴でもあります。シンプルですが影響力は大きいので、深く理解しておくべきです。

【顧客が持っている2つの特徴】

① 乗り換える

② 飽きる

2つの特徴を、それぞれ見ていきましょう。

①乗り換える

顧客は、自社が提供している商品・サービスから他社商品へ「乗り換える」ことができます。残念ながら、それを強制的に止めることはできません。

ですから、競合他社が存在すれば、常に顧客が乗り換えてしまう可能性があります。常に顧客を失う可能性があるということです。自分たちが、どれだけ頑張っていても、同業他社が提供する価値のほうが高ければ、たいていの顧客は乗り換えを検討します。

「7つの脅威【2】：競合」でも解説しましたが、競合の存在が脅威であるのは、顧客の「乗り換えられる」という特徴にあります。当たり前のことなのですが、日々、懸命に努力している提供者からすると厳しい現実です。

競合が提供している価値が優れている場合は、まだ納得できます。しかし、全ての顧客が正確に商品の価値を理解して、比較して、その結果として乗り換えていくわけではありません。

たとえば、競合の商品価値が自社の提供しているものよりも低かったとしても、顧客は単純に「自分が経験したことのない商品」のほうに魅力を感じて、そちらに乗り換えたりします。BtoBビジネスだと顧客が法人なので、まだ少ないですが、BtoCビジネスの場合は、この乗り換えの脅威は大きいです。

顧客の感情は移り気です。そして消費者行動学や消費者心理学などの研究から「人は感情によって購入の意思決定をする」ことが多いとわかっています。ですから、商品価値の高い低いではなく「その日の気分」で簡単に乗り換えてしまうことがあるのです。

②飽きる

「顧客は簡単に乗り換える」という厳しい現実は、相対価値は劣化しやすいという事実ですが、残念ながら「絶対的な価値」のほうも時間の経過とともに失われていくことが多いです。なぜなら、顧客は「飽きてしまう」からです。

私たちが、これまでと同じように100という価値を提供し続けていたとしても、顧客は最初に感じた新鮮な100という価値を感じなくなっていきます。その価値に慣れてしまうのです。

この現象も、提供する側としては、とても残念なことですが、逆の立場になってみると、よく理解できると思います。たとえば、車とか家とか高価な物を買ったときのことを思い出してみてください。使い始めたときは、とても大事にしましたよね？　でも、半年くらい経ったら、泥が少しついたりしても気にならなくなってしまいます。また、食べ物などでも同じです。自分が好きな料理でも、それを毎日食べ続けたら、たいていの人は飽きてくるものです。

顧客は、私たちが提供するものに変化がなかったり価値が増えないと、飽きていってしまうということです。ですから、そこでも価値が劣化していきます。

厳しい話ばかりのように聞こえてしまうかもしれません。私自身も経営の実践者ですから残念なのですが、それが現実なのです。

モンスターカスタマー

「顧客が持つ2つの特徴」から言える脅威をまとめると「選択権は、顧客が持っている」ということです。それは仕方のないことですが、それに起因して顧客がモンスター化してしまうことがあります。

本来、提供者と顧客は対等な関係にあるはずです。提供者が顧客に価値のあるものを提供して、顧客は提供された価値に相当する対価を支払うという関係です。「提供される価値」と「支払う対価」が等価ですから、同じものを交換しているに過ぎません。

たとえば、提供者が対価よりも大きな価値を常に提供していたり、逆に顧客が提供された価値より大きな対価を支払っていたのなら、対等ではなくパワーバランスは変わって当然です。

実際には、提供される価値が対価（価格）より「高く感じる」か「安く感じる」か「同等と感じる」かは、ロジカルというよりは感覚的に決まることが多いので、常に対等だと感じているわけではありません。しかし、提供される価値と対価は同等であるというのは、経済の大原則でもあります。

この「価値の等価交換」という原則から考えると、提供者と顧客は対等の関係であることがわかります。提供者は買っていただいて「ありがたい」という感情がありますが、顧客も提供してもらって「ありがたい」という感情があるはずです。

しかしながら「お客様は神様」とか「顧客は常に正しい」という言葉に代表されるように「提供者より顧客が優位である」という常識が根強く残っています。ですから、提供者と顧客のパワーバランスは、左記のように提供者が弱く、顧客が強くなりがちです。

顧　客
＜
提供者

これが「顧客がモンスター化」してしまう根源的な原因です。

モンスターカスタマー対策の〈3つの基本〉

「モンスターカスタマー」とは、提供者に度を越えた要求をしてくる顧客のことです。

モンスターカスタマーが存在すると、それに対応する社員とチームは疲弊していきます。顧客は大切な存在ですが、モンスターカスタマーは顧客であると同時に脅威でもあります。ですから、会社を守るためにモンスターカスタマーへの対応方法を考えていかないといけません。

モンスターカスタマーに対応していくには様々な方法が考えられますが「3つの基本的な対策」があります。

【モンスターカスタマー対策の〈3つの基本〉】

① 思い込みをリフレーミング（再定義する）
② 商品価値を磨き続ける

③ 顧客を切る

モンスターカスタマーで疲弊している会社には、この3つの対策を実行してもらっています。

基本①：思い込みをリフレーミング（再定義する）

「モンスターカスタマー対策」と言うと「顧客が悪い」ように聞こえます。実際、多くの経営者から話を聞きますが、本当に常識外れなひどい顧客も存在します。しかし、そういう顧客を生んでしまうのは、提供者である私たちの考え方や態度も要因の一つです。

顧客は大切な存在ですが、あくまで「他者」です。他者はコントロールできません。ですから、最初にやるべきことは「自分たちを変える」ことです。

対策というと「モンスター化した顧客を、どうやって変えるか？」という発想になってしまいがちですが「他者を変える」ことが容易ではないのは、経営をやっていると痛感している経営者が多いはずです。ですから、最初にすべきことは「自分たちを変える」ことなのです。

自分たちの考え方や態度で最初に変えるべきは「顧客は神様」という考え方です。前述したように、提供者である私たちと顧客は対等の関係であるべきです。しかしながら、多くの会社では「顧客のほうが偉い」「顧客の言いなりにならないといけない」という考えを多かれ少なかれ持ち続けています。

その考えや態度が顧客を増長させてしまう要因の一つであることは間違いありません。顧客のほうも間違った考えを持っていることが多く「顧客のほうが偉い」と考えています。それに呼応するように提供者側が同じように「お客様は神様です」というような考えを示すような態度をしていたら、ますます「顧客のほうが偉い」という考えを強化していきます。そして「提供者は顧客の言うことは何でも聞き入れるべきだ」という考えに陥ってしまいます。

そのように「役割」を与えられると、その役割通りの人格になって行動も変わってしまうという人の傾向は、心理学の実験でも証明されています。「囚人と看守」の有名な実験は、多くの人が聞いたことがあると思います。

1971年に米国スタンフォード大学で行われた心理学実験「スタンフォード監獄実験」は普通の人々を集めて監獄というシチュエーションと被験者に「看守役」と「囚人役」の2つの役割を与えました。そうすると普通の人だったはずの看守役はすぐに囚人役に対して虐待を行うようになってしまったという実験です。人は置かれた状況や役割によって、誰しもが凶悪な行動を取ってしまう可能性があるという証明になっています。

モンスターカスタマーは、顧客だけが問題なのではありません。モンスターを作り出しているのは、提供者である会社でもあるのです。ですから、まずは「顧客は神様」であるという思い込みを捨てましょう。

そして「提供者と顧客は価値の交換という活動において対等である」という考えにリフレーミング（再定義）してあげてください。

顧客との素晴らしい関係は、まず、この考え方に変えることから始まります。

基本②：商品価値を磨き続ける

顧客との関係性に対する考え方をリフレーミングすることができたら、次にすべきことは「自分たちの商品力を高め続ける」ことです。商品力を高め続けることは、経営を継続するために必須な活動ですが、顧客をモンスター化させないためにも重要です。

自分たちの商品の価値が高ければ、顧客に「購入できるのはありがたい」ことだと感じてもらいやすくなります。提供者側も商品力の高さを持ちつつ、増長せずに「買っていただいてありがたい」という気持ちを持てば、お互いに対等で良い関係が築けます。

しかし商品力が弱ければ、顧客が「競合他社のどこでも買えるけど、おたくで買ってやっているのだ」というような考えを持ってしまいがちです。それはモンスターカスタマーの入り口です。

ですから、商品力を高め続ける努力は止めてはいけないのです。

商品力を高める努力をし続けることは、経営を継続する限りやり続けないといけないことだと覚悟すべきです。大変なことのようにも聞こえますが、商品は人を喜ばせるものです。それを作り続けることは幸せなことでもあります。今の価値に飽きることなく、さらに喜んでもらえるものを目指し続けていきましょう。

基本③：顧客を切る

「提供者と顧客は対等である」という基本概念をベースに顧客と接して（基本①）、常に商品力を上げる努力（基本②）を続けたのなら、モンスターカスタマーや嫌な顧客というのは、かなり減ります。

しかし、それらの対策を実行している優秀な会社でも、モンスターカスタマーは出てくることがあります。この場合は会社側に否があるわけではなく、顧客側に問題があることが多いです。

モンスター化した顧客自身は気づいていませんが、モンスターとなっている自分の言動や態度は正しいと思っているので、それを変えることは難しいです。こうなってしまう原因を強化しているのが216ページの「7つの脅威【1】」でも解説した「世論」です。

世論における「提供者と顧客の関係」は「お客様は神様」に近いです。メディアなどでは「資本家と労働者」という対立構造を根強く持っていることが多いので「会社は強者、顧客は弱者」という描き方をする場合もありますが、一般的な社会では「お客様は神様」という考えが強いです。

「お客様は神様」という世論を〈追い風〉にして、提供者に無理難題を突きつけたり、ちょっとしたことでクレームの嵐にして、顧客はモンスター化していってしまいます。そのようなモンスターカスタマーが増えたら、会社は潰れてしまいます。

そんなときに経営者ができることは「顧客にNOと言う」ことであり、モンスター化した「顧客を切る」ことです。提供者だから何でも受け入れないといけないわけではありません。顧客が提供者を選ぶ権利があるのと同時に、提供者が顧客を選ぶ権利もあるのです。

しかし、気に入らない顧客を切っていくことがエスカレートしてしまうのは、本末転倒なので工夫が必要です。

私がアドバイスして喜ばれている方法の一つは「最も切りたい顧客は誰か?」「最も切るべき顧客は誰か?」という質問をして、社員たちと一緒に話し合ってもらうことです。

そして、その顧客の影響度(たいてい売上の何%なのか?)を明確にして、それに近い「新規顧客を営業して獲得する」ことと「現状」では「どちらが良いか?」を考えてもらって、「新規顧客を営業する」という選択を社員がすれば、その顧客との取引をやめてもらいます。

もちろんBtoCのビジネスであれば直接的に実施しにくいのですが、本質的には同じことです。モンスター化した顧客がいれば勇気をもって「もう来ないでください」と伝えれば良いのです。

今まで散々苦労をさせられた顧客がいなくなることで、疲弊していたチームは生き返ります。結果として、今までよりパフォーマンスが上がります。それによって新規の営業にも力が回って、結局、売上は落ちないどころか、上がるケースがほとんどです。少なくとも収益性は上がります。モンスターカスタマーは、それだけ多大なコストを会社にかけているのです。

モンスターカスタマーを抱えながら経営をすることは、重い石が入ったリュックを担ぎながらマラソンを走るようなものです。その状況で良いパフォーマンスを出そうとするのは無理があります。ですから、重い石を下ろせば良いのです。

しかし、③の顧客を切るは最終手段でもありますから、まずは基本①と基本②が大事です。しかし、それでもダメな場合は勇気をもって、毅然と③を断行しましょう。それがモンスターカスタマーから会社を守ってくれます。

【4】『取引先』から、会社を守る

取引先から会社を守るって「どういうこと？」と不思議に感じる人もいるかもしれません。取引先や協力会社さんというのは、とても重要な存在です。自社にとって味方であり、とても近い存在と言えます。しかし、近いからこそ、難しい関係になってしまうこともあります。

そうやって難しい関係になってしまったら、会社の脅威になってしまいます。そうならないために「取引先の脅威」を想定して準備をしておきましょう。

取引先の定義

会社は商品やサービスという価値を提供して、その対価として代金（お金）をもらって成り立っていきます。それらの商品やサービスを作っていくときに、全ての工程を完全に自社だけでできる会社は少ないでしょう。

たとえば、図のように最終商品がダイヤモンドだったとすると、原石が埋まっている可能性のある「土地を探して」「土を掘って」「発見して」「検査して」「運搬して」「測って」「カットして」「デザインして」「他の部品と組

【取引先の定義】

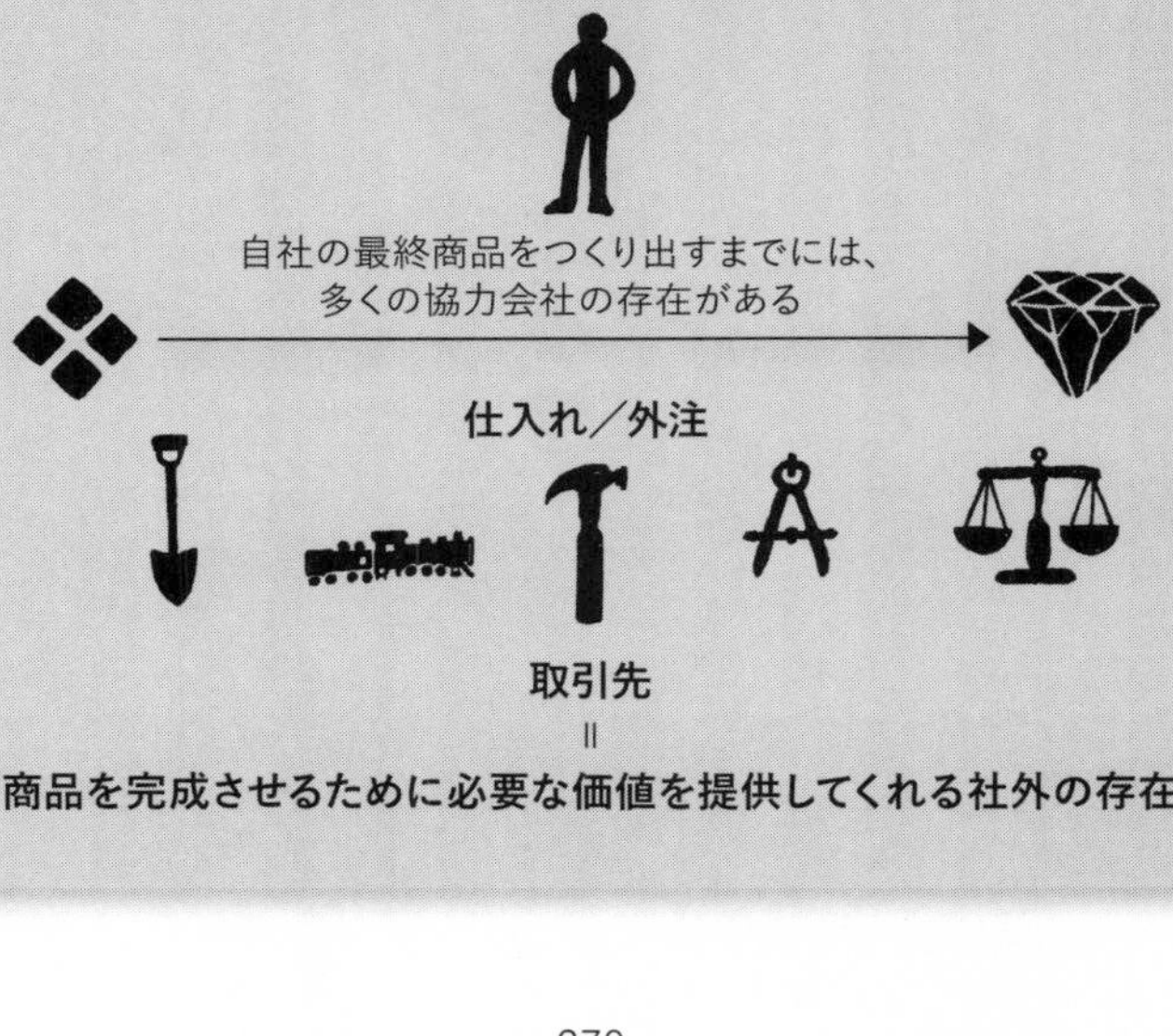
自社の最終商品をつくり出すまでには、
多くの協力会社の存在がある
仕入れ／外注
取引先
＝
「商品を完成させるために必要な価値を提供してくれる社外の存在」

いです。

み合わせて」など様々な工程が存在します。それらを全て一社で行うのは非常に難しいです。

経済が発展すればするほど加工度は高くなっていくので、最終的に顧客に提供する商品やサービスまで価値をつくっていく過程を全て単独で行うのは、さらに難しくなっていく傾向にあります。

ですから、たいていの会社には自社の最終商品をつくり出すまでに、多くの協力してくれる会社が関わっています。「仕入れ」をしたり「外注」したりすることになります。それらをまとめて「取引先」と呼ぶことにします。

まとめて定義しておくと、取引先は「商品を完成させるために必要な価値を提供してくれる社外の存在」としておきましょう。

生命線を他者に握られるリスク

最終商品を作るために欠かせない工程を依存するわけですから、取引先とは密接な関係にあります。お互いがお互いを必要としている関係なので、普段は不離一体の関係であり、win-winの関係であり、良好な関係でいることが求められます。

そういった関係ですから、取引先は会社の外部ではありますが「パートナー」と言える存在です。ですから、対等な関係で気持ち良く仕事を進めていけるのが理想です。

しかし、そのバランスが崩れてしまうと、取引先は脅威になる可能性があります。

特に「自社＜取引先」のように、取引先のほうにパワーがあるようになってしまった場合には注意が必要です。取引先のほうにパワーがある場合に起こることとして、まず考えられるのは「原価が上がり続ける可能性が高い」ということです。仕入れをしているほうが特定の材料を絶対に必要で、かつ、仕入先となっている会社が顧客に困らないくらいに順調だった場合、その仕入れ値は上がっていく可能性のほうが高いです。

いわゆる「売り手市場」という相手のほうにパワーがある状態です。「その会社からじゃないと仕入れできない」とか「その会社に頼まないとできない」というような場合です。取引先と言ってもお互いに取引をしているわけですから、需要と供給のバランスによって価格が上下してしまうのは当然のことです。

原価が上がるということは、利益率が下がるということです。そうすると備蓄する利益を創出することもできなくなるわけですから、中長期的には大きな脅威になり得ます。

さらに怖いのは、パワーのある取引先が突然一方的に関係を切ってしまうことです。相手は納品先や仕事の量に全く困っていませんから「切りたいときに切れる」という状態です。いつ、あなたの会社が切られるかわからない状態で経営を続けるのは、とてもストレスですし、大きなリスクを抱えながら経営をしていることになります。

このように生命線を握られているような状況は、なるべく回避しないといけません。「生命線を他者に握られるリスク」から会社を守るという意味で「取引先から会社を守る」ということを考えていきましょう。

取引先から会社を守るためにすべき3つのこと

「取引先から会社を守るために何をすべきか?」には3つの方向性があると考えています。

【取引先から会社を守るためにすべき3つのこと】

① 取引先分散
② 内製化
③ PlanB

右記の3つを、それぞれ考えていきましょう。

① 取引先分散

最初に考えるべきことは「守りの3大分野」の一つである【分散】です。

第4章の「守りの3大分野 Ⅱ：〈分散させる〉」で詳しく説明しましたが、分散を考えないほうが楽です。取引先との関係性が常にイコールでうまくいっている順境のときは、集中的に同じ相手と付き合うほうが効率的です。

しかし、私たちが会社を守るときに考えるべきなのは「リスクを想定する」ことです。順境のときのことだけを考えてやっていれば良いというわけではありません。遅かれ早かれ、大なり小なりの逆境はやってきます。ですから「関係性が崩れてしまったら?」「取引先に生命線を握られるようになってしまったら?」と想定して、実行しないまでも、少なくとも対策案を持っておかないといけません。

取引を「1社（もしくは一人）とだけではなく2社とできないか?」と考えてみましょ

う。少なくとも「今の取引先がなくなった場合に誰と組むか?」は検討しておいたほうがいいです。特に取引先がチームとしてやっている会社ではなく、個人である場合は注意が必要です。

何らかの仕事を外注してやってもらっている場合、チームでやっているのであれば、その担当者が病気になったりしても、チームの他の誰かがやってくれます。しかし、個人に依頼している場合、その人が病気になって仕事ができなくなると、それが理由で納期が遅れたり、納品してもらえなくなる可能性が出てきます。それによって自社が最終商品を作れなくなったら困ります。まして、それが期日までに納品しないといけないような商品だったとしたら信用をなくしてしまいます。ですから、常にリスクを想定して取引先のことを考えておかないといけません。

できれば、最初の一歩として左記の3ステップをやってみましょう。

①取引先の選択肢候補をリストにしておく

↓

②これまでとは違う数社の取引先候補に見積もりを出してもらう

③②のうちの1社と小ロットで初回取引をする
↓

もちろん、仕入先や外注先が「そこしかない」という会社もあるかもしれませんが、そう思い込んでいるだけかもしれません。徹底的に調べてみると意外と他にもできる会社はあるものです。

特に最近は、驚くほど多くの領域が外注できるようになっています。ぜひ、実際に探してリスト化しておきましょう。

② 内製化

内製化は、これまで取引先にやってもらっていたことを「自分たちでできないか？」と考えて実行していくことです。もちろん、自社にできないこともありますが、検討してみると意外と自分たちでもできるようなことはあります。

時代の流れとしては、産業全体における役割分担が細分化されてきていますから、自社でやるべきことは最も得意なことや最も重要で価値のあることのコアの部分に集中して、その他は外部のパートナーに任せていくという方法が主流でしょう。このようにアウトソーシング（外部リソースを使うこと）は経営を効率的に行うために重要ではあります。

しかしながら、ある部分に集中し過ぎることは、これまで見てきたようにリスクでもあります。特に、今は外部に任せているが「自社が最終商品を作るために絶対に必要な部分」があったとすると、そこはリスクになりえます。**そういった「外に任せているのは、ちょっと怖いな」という部分で、かつ、自社でもできる可能性がある部分は「内製化」を検討すべきです。**

内製化したほうが、総コストが低くなる場合もあります。外部に任せているということは、完全にはコントロールできないわけですから、任せている部分にはリスクが存在します。そのコントロール不能の部分をなくすことができて、かつ、コストも低くできるのであれば、内製化するメリットは大きいです。

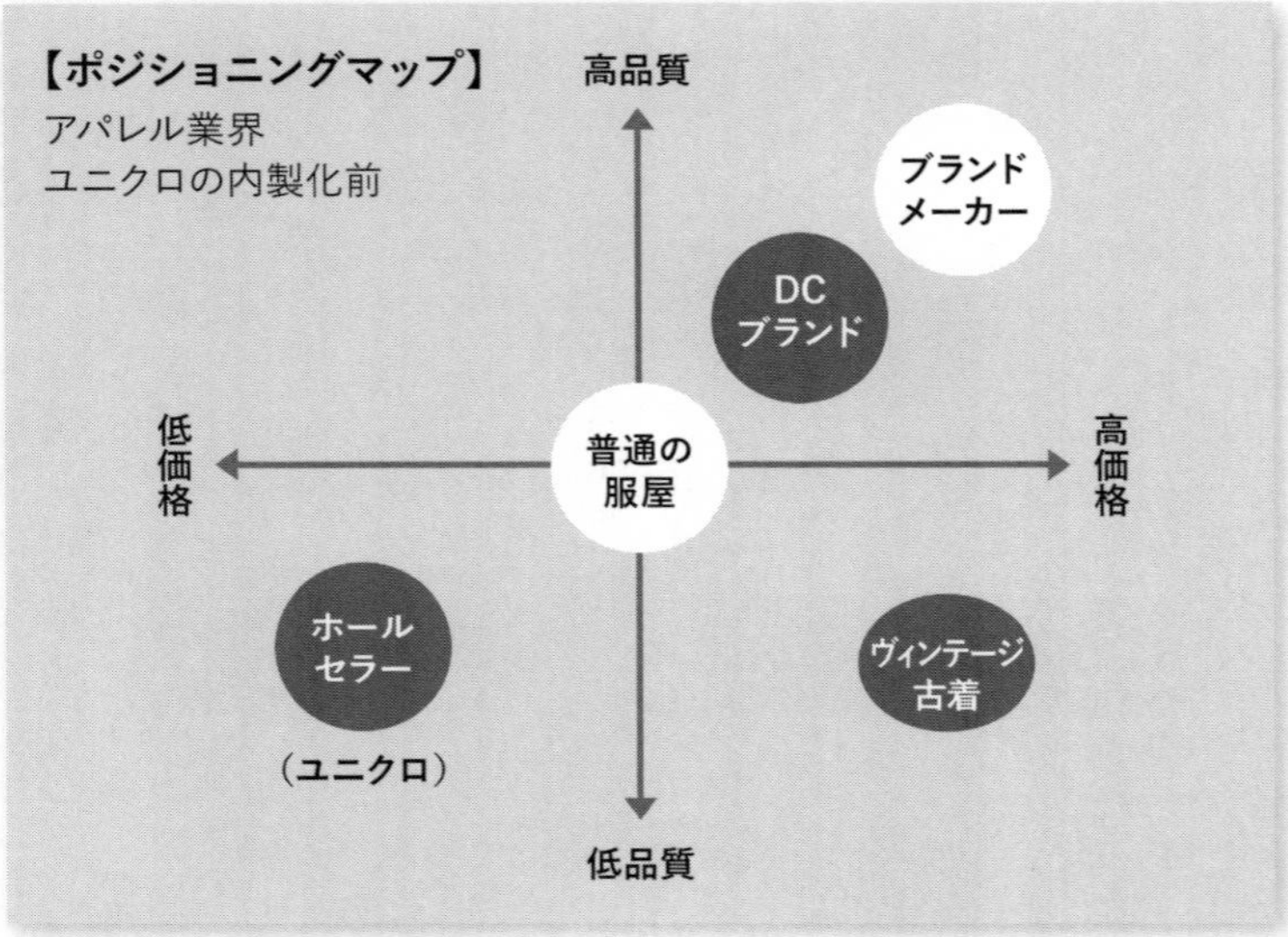

また、内製化によって「価値が一気に高くなる」ケースもあります。内製化したことが原動力になって成功した会社の事例を見てみましょう。

わかりやすいところでいうと、アパレル業界における「ユニクロ」などがそうです。上の図のポジショニングマップ（市場における自社の存在位置を可視化する方法）を見てください。

ユニクロが最初に展開していたのは「ホールセラー」という業態でした。

アパレルの小売店というのは、普通は顧客が商品を見る展示スペースと商品をストックするバックヤード（倉庫）

は分かれていました。ホールセラーは商品を見るスペースとバックヤードを一緒にして、流行りに大きく左右されないようなラインのカジュアルウエアを大量に仕入れて安く販売するというスタイルです。自社で服を作ることはせず、外部に任せていたわけです。

この業態自体もユニクロが始めた時点では新しい業態ではありませんでした。しかし、安さ以外の価値がなく、また資本力があれば簡単にマネできるビジネスモデルでもありました。ですから、ユニクロがホールセラーのままであれば、今のユニクロの繁栄はなかったでしょう。

ユニクロが爆発的に成長したのは、服を仕入れるのをやめて「服を作る」ことにしたからです。**つまり「内製化」したことによって大きな付加価値を生むようになったのです。ポジションがマップの左上になりました**（290ページ図）。

このようにデザイン企画や製造から販売まで一貫して行う業態はSPA（Specialty store retailer of Private label Apparel の略）と呼ばれています。GAP《ギャップ》やZARA《ザラ》などと同じビジネスモデルで、ユニクロもグローバルカンパニーにまで成長しました。

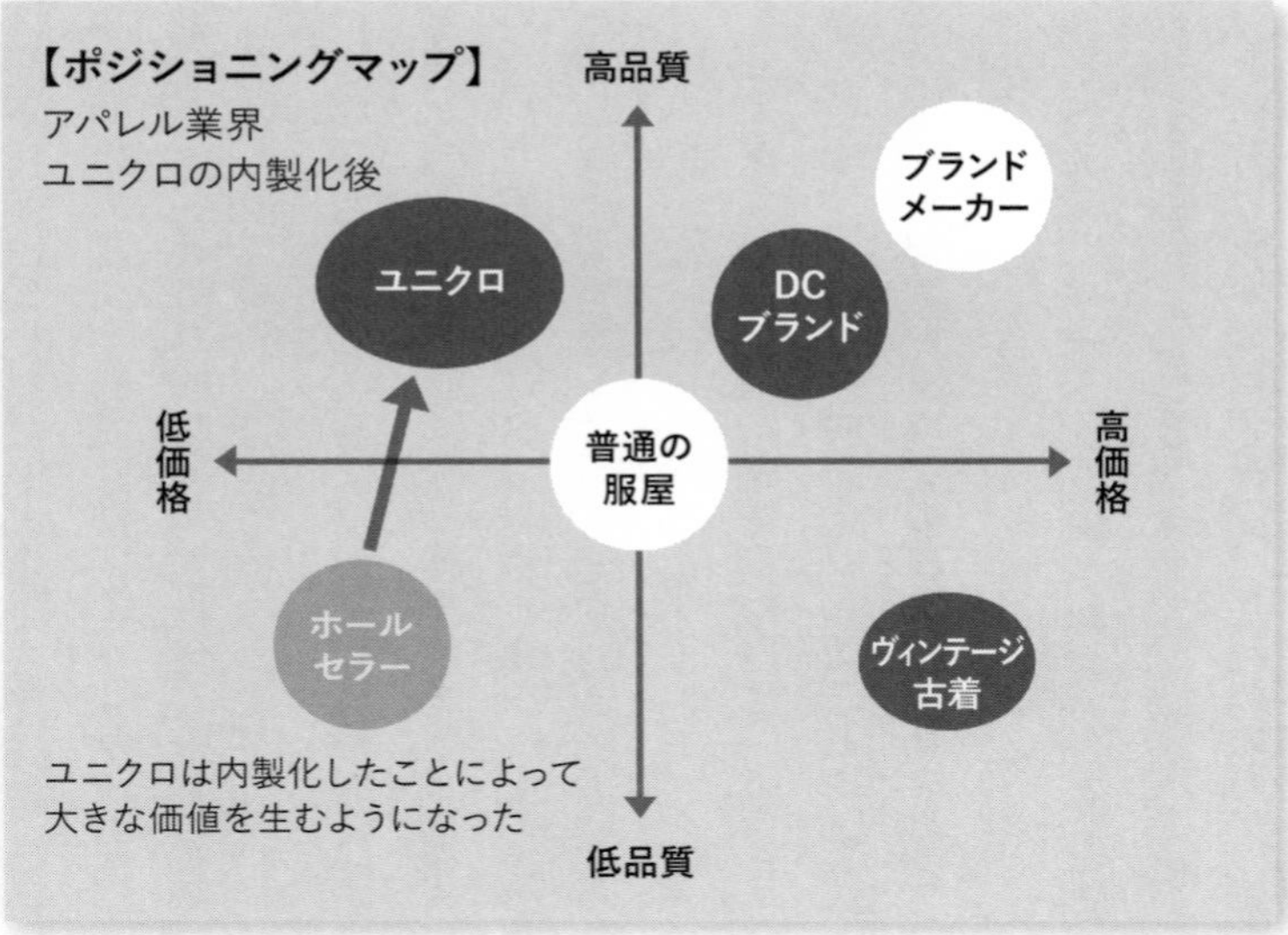

このように内製化をして成功した会社は、実は、たくさんあって、多くの人の目に触れているケースをもう一つ挙げると、コンビニエンスストアなども内製化を進めている会社の一つです。

コンビニも最初は外部から仕入れている商品が多かったわけですが、今では自社で作ったプライベート商品が増えています。セブン-イレブンの金のパッケージ（セブンプレミアム）やファミリーマートの「お母さん食堂」という商品を見たことがある人も多いのではないでしょうか。これらはPB（プライベートブランド）商品と言われていて、どんどん商品点数が増えています。

完全なプライベートブランドでなくとも、専門店でユニークな店や人気の店とコラボレーションをして商品化するセミプライベート商品とでも称したくなるような方法も行っています。私が役員を務めているVCが投資して所有しているスープの会社もファミリーマートと提携してレシピを提供しており「お母さん食堂」のラインナップの一つとしてスープを提供しています。

次に内製化として面白いのは「ウォルマート」のケースです。世界でも最大の売上を誇る小売業としても知られるウォルマートが「何を内製化して成功しているのか?」というと**「IT部門の内製化」**です。

ウォルマートは小売業なので、一見するとIT部門はコアの価値ではありません。ですから、外注しても良さそうなものです。実際、多くの会社ではIT部門をアウトソーシングしています。しかし、ウォルマートにはIT部門の社員だけで5万人以上の技術者がいると言われています。「IT企業なのか?」と感じるほどです。

「何が売れているのか？」は小売業にとって重要です。そういった売れ筋を分析して、いち早く把握して現場にフィードバックしていく領域は、ＩＴ系のシステム化なくしてはスピードも上がりませんし効率化もできません。**ですから、ウォルマートは、この部分を小売業のコア価値の一つと位置づけたのです。それによってＥＣ部門も大きく成長して、Amazon に対抗できる唯一の小売業になっています。**

このように「内製化」は自社の強みを強化してくれる可能性があります。

内製化するのは、最初は大変です。しかし、それが唯一無二の価値と自社の強みの源泉となり、会社を守ってくれる可能性は十分にあります。ですから、内製化は会社の守りと攻めをバランス良く持った戦略の選択肢の一つとして検討する価値があります。

自分たちの価値を増幅させてくれる可能性が高いような領域は、特に「内製化」を考えてみてください。

③ PlanB

「分散」と「内製化」を検討して実行するだけでも守備力の大きな強化になりますが、3番目の手として「PlanB」ということを考えてみましょう。

「PlanB」というのは、今やっている方法（PlanA）の代替案を検討することです。「分散」でもなく「内製化」でもなく「全く別の方法で解決できないか？」ということを考えるということです。

たとえば、「PlanB」の成功事例の一つで、すぐに思い出すのはテスラです。テスラといえば電気自動車メーカーのベンチャーであり、2021年現在では、実際の販売台数が遥かに多いトヨタ自動車よりも時価総額が大きい会社に成長しています。

このテスラが最初に電気自動車を作ったときのバッテリーの解決策が面白かったです。テスラが電気自動車のスポーツカーを生産するときに「どうやって電気自動車の最も大事な部分の一つであるバッテリーを作ったのか？」と言うと、通常の方法（PlanA）ではなく、既存の乾電池のような形のバッテリーを何個も並べて全体のパワーを出すという方法を採用しました。

単純なようですが、その方法によって電気自動車の肝でもあるバッテリー技術という生命線の部分を外部に握られることなく、独自性を得ながら開発コストを抑えることができました。これはテスラを成功させた要因の一つだと考えられています。

もう一つ例を挙げておくと「獺祭」という日本酒です。日本酒がお好きな方だったらご存じの方が多いと思いますし、代表の桜井会長は様々なメディアにも出られているので話を聞いたことがある経営者も多いでしょう。

この「獺祭」が飛躍するキッカケも「PlanB」だったと感じます。日本酒といえば「杜氏という職人さんたちが仕込まないとつくれない」という常識がありました。これがPlanAだったわけです。それが様々な事情もあって、杜氏さんたちに任せるのをやめて、機械化・デジタル化して科学的に美味しい日本酒を製造することを選択しました。それによって、地方の小さな酒蔵だった会社（旭酒造）が、世界中で評価される会社になりました。

伝統的な酒の製法だと、職人さんは言うことを聞かないし、辞めてしまったり、なかなかうまくいかなかったわけですが、杜氏がいないと日本酒は作れませんから、お酒を作る技術者の供給元である杜氏のほうがパワーバランスは強くて大変だったわけです。しかし、それをPlanBの機械化・デジタル化することによって解決したわけです。

このように私たちの周囲には常に「PlanB」が存在している可能性があるということです。

しかしながら、これまでの方法に固執して「その方法しかない」と思い込んでいると、なかなか「PlanB」を考えようともしなくなります。当然、飛躍的なアイデアは生まれてきません。

ですから、まず重要なのは「PlanBは存在する可能性がある」と考えることです。そして、それを折につけ考え続けることです。そうして常に考えていると、あるとき、ふっと「PlanB」が思い浮かぶことがあります。

そのアイデアは、あなたの会社にとって重要なコア部分の価値を、取引先とのストレスを軽減しながら向上させてくれる可能性があります。ですから「ひょっとしたら、別の方法があるかもしれない」と常に考えてみてください。

これまで「取引先から会社を守るためにすべき3つのこと」を見てきましたが、これらは取引先と対立するために想定することではありません。取引先と常にwin-winの対等な良い関係であり続けるためにあります。そのためには「分散」「内製化」「PlanB」という守りの手段を考えておいて、常に出せるカードとして持っておいたほうが良いということです。

取引先のほうにパワーがあって強くなってしまうと、値段を上げられたり、供給を停止されたりすることもありえるわけです。それは致命的なことになってしまうリスクなので「危ないな」と感じたときに想定していたことを素早く実行していくようにしましょう。

【5】『社員』から、会社を守る

会社の成否を左右する要素の中で最も影響力が大きい要素の一つは、会社を構成している「チーム」にあります。チームを構成する「社員」の質が会社全体のパフォーマンスを大きくも小さくもします。人はプラスにもマイナスにも動きます。ですから、「人」は最も「諸刃の剣」的な要素とも言えます。

チームをスタートしたときはプラスからのスタートではないです。マイナスからのスタートです。なぜなら、チームにはプラスのレバレッジだけではなく〝逆のレバレッジ〟も働くからです。

その現実を理解せずにうまくチームビルディングを行うことはできません。ですから、チームビルディングの「負の部分」を会社の脅威として意識することから始めましょう。

チームビルディングの「負」を見つめる

チームビルディングは「簡単ではない」という印象もありますが「ポジティブ」なイメージがあります。ですから、会社を成功させるためには「チームビルディング」が最も重要だと主張する人も多いです。

チームビルディングが重要なことに全く異論はないです。ですから「経営の12分野」（※『起業の技術』〔かんき出版〕をご参照ください）という経営の要素と構造の一つの分野にも入れています。

しかし、チームビルディングには「負の側面」もあります。経営者という実践者は、それを見つめないといけません。**人を疑うような嫌な話でもありますが、チームにマイ**

ナスの影響を与えてしまう可能性のある「人の性質」というのは厳然と存在していま す。経営者は、それを覚悟しておかないといけません。

そういったチームビルディングの負の側面も理解していないと、社員が脅威になってしまい、会社を危機的な状態にしてしまう可能性があります。ですから、チームビルディングの「負の面」を頭に入れておいてほしいと思います。

チームの〝逆レバレッジ〟

経営は「人が、人のためにやっている、人の活動」です。ですから「人」のことを知っていることは、とても重要です。

人は最大の悩みであり、大きな課題の一つでもあります。実際、団塊の世代が定年退職し始めた2010年頃から、経営上の悩みを「社員に関すること」とする経営者が加速度的に増えてきていると実感しています。

今は一人でもビジネスができるような時代ですから、チームを組まずに一人でやるというのも選択肢の一つです。しかし、より多くの人に喜んでもらえるようなビジネスを展開しようとすると、どうしてもチームを組んで、ある程度の規模を目指す必要が出てきます。一人でやるよりは二人三人でやったほうが、より大きなことができるようになります。

また、チームを組めば得手と不得手の交換ができるので、うまくできれば相乗効果が期待できます。ですから、人を増やすことによって生産性が上がることを目論んで、多くの会社では社員を雇用しようとするわけです。

しかし、人を増やして生産性が上がることは、残念ながら滅多にありません。たいてい生産性は下がります。チームを作ったらプラスだけの効果が働くわけではないということです。

チームを作ったときには、必ず生まれてしまう負の効果もあります。それを「チームの逆レバレッジ効果」と呼んでいます。

リンゲルマン効果

経営者がチームを作ろうとするのは〝レバレッジ〟を効かせるためでもあります。本来なら、一人でやるよりもチームでやったほうが「より良くなるだろう」という想定をして、社員を採用してチームを作っていきます。

簡単な数式にすると、左記のようになると想定するわけです。

1＋1＞2

自分に一人を加えることで1＋1が2以上になるということを期待します。しかし、実際の場合は、どうなるかというと……

1＋1＜2

《 リンゲルマン効果 》

個人の合計 ＞ 集団の合計

人が増えると「生産性はどうなるのか？」

作業する人数（人）	1	2	3	8
持ち上げられた重さ（kg）	63	118	160	248
1人を100とした割合（%）	100	93	85	49

残念ながら自分に一人を加えることで1＋1が2以上になることはなく、逆に2以下になることが、ほとんどです。これがチームを組む「負の効果」です。

「人が増えると生産性が下がる」というのは心理学の研究で証明されていて、それを【リンゲルマン効果】と言います。上の図は、人が増えると「生産性はどうなるのか？」を研究する際に行われた有名な実験の結果です。人が持ち上げることのできる限界の重さを、その人数によって測定したものです。

人は1人だと63kgの重さを持ち上げ

ることができました。それが2人になると、当然63kg以上の重さを持ち上げることができると想定するのですが、それは63kg×2の126kgではなく118kgしか持ち上げられなくなります。一人当たりの平均は63kg以下になり59kgになります。

この傾向は人数が増えていくほど大きくなり、8人になると一人当たりの平均が31kgまで下がってしまいます。1人の限界は63kgですから、8人だと504kgを持ち上げられるはずです。しかし、実際に8人で持ち上げるようになると248kgしか持ち上げることができなくなったのです。1人で持ち上げることのできる、たった半分の重さしか持ち上げることができなくなってしまったのです。

もちろん、心理学の実験なので、人を替えて何度もやっています。その平均が表のような結果になってしまったということです。集団の合計は、個人の合計より低くなってしまうのです。

個人＞集団の平均

この実験からわかることは、**人は集団になると「手を抜く」ということです。ですから、この現象は「社会的手抜き」と呼ばれています。**

人は集団になったときに無意識のうちに手を抜いていて「自分一人でやっていたときの半分以下の力しか出さなくなってしまう」ということです。

長く会社を経営している経営者の多くは、これを経験的に知っているはずです。「人が増えたのに生産性が上がらないなあ」という実感は間違いではありません。チームビルディングが卓越してうまくいっていない限り「人が増えると生産性が下がる」ことが残念ながら「普通」なのです。

チームビルディングに対するプラスイメージの幻想は根強いので、少なくとも、こういった〝負のレバレッジ〟があることを実感してもらうために「PLを一人当たりの平均値で見ていくようにする」ということをアドバイスしています。過去5年くらいの損益状態を平均の社員数で割ってみてください。もしくは人件費で割ってみてください。

このように数字というファクトベースでチームの生産性を見ていると、チームビルディングのプラスイメージ幻想だけを追いかけて「闇雲に社員を増やして会社を危機にさらす」ということを防げます。

私自身もシェアオフィスの事業が軌道に乗って、毎年2倍以上も売上が伸びていった時期に「社員を増やす」という選択肢が何度も頭の中をよぎりました。しかし、このリンゲルマン効果を勉強して知っていたので、社員を増やしませんでした。それによって、一人あたりの売上や利益は大企業並みの数値にすることができました。

売上が増えていくと、経営者は、どうしても人を増やしていくほうに動いてしまうものなので気をつけないといけません。そこに拍車をかけるのが社員です。社員は常に「人を増やしましょう」と言ってきます。人が増えれば、自分は楽になる可能性が高いですから、社員がそういう意見に傾くのは普通です。もちろん、本当に増員が必要な場合もあります。しかし、たいていの場合は絶対に必要というほどのレベルではありません。社員一人ひとりの成長を願うなら、増員せずに頑張ってもらったほうが良いことが多いです。

会社のチームに起きている現象をわかりやすく綱引きにたとえると、先頭は社長です。限界近く頑張っていることが多いです。２人目の№２あたりまでは限界に近い能力を発揮しているかもしれません。しかし、それより後ろの人は手を抜いています。

この状態が進んでいくと、結果として「社長一人だけが限界まで頑張っている」という状態が生まれてしまいます。

怖いのは、社員の一人ひとりは「手を抜いていることに気づいていない」ことです。そうなると、社員自身も成長しなくなります。必要なレベルのスキルアップをしなくなります。これはお互いの不幸を生みます。こういった現実を発生させないように工夫していくことが、チームビルディングでは重要です。

物事をプラスに持っていくときには、その明るい面だけを見るのではなく、暗い部分であるダークサイドも見つめておかないといけないと感じます。**チームビルディングにおいては「社会的手抜き」という現象はダークサイドですが、これをしっかりと理解した上でチームビルディングをやらないと大変なことになってしまう危険性があるので**

す。

人が増えたときはプラスに行くほうが「不自然」であり、マイナスに行くほうが「自然」なのです。

チームビルディングの逆レバレッジへの〈4つの対策〉

チームビルディングの逆レバレッジには、4つの対策があると考えています。

【チームビルディングの逆レバレッジへの〈4つの対策〉】

❶人を疑う
❷一人当たりの生産性をモニタリングする
❸ムチとバツをつくる
❹負の参照点に対応する

それぞれの対策を自社で対策をすることを考えながら見ていきましょう。

〈対策❶〉人を疑う

まず一つ目は、そもそも「人を疑う」ということです。このように言うと殺伐とした感じになりますが、全てを信用して一緒に仕事をするのではなく、一緒に仕事をする人を良い意味で疑わないといけないです。

社員が「100％に近い力を発揮しているのか？」を疑いの目で見るべきです。スポーツ選手の監督やコーチは、選手の練習中に、それを良い意味で疑いながらウォッチしています。限界に近い、もしくは限界を超えるような練習をしなければ、人は成長しないからです。

「人は成長するごとに幸せに近づいていく」と考えている経営者は多いです。だからこそ、社員に成長してもらいたかったら、そういう疑いの目を常に持っておくべきです。

それがお互いのためになります。

何も疑わずに「信じているよ」と言っているより、疑いの目を向けているほうが実は優しいのだと思います。明確な基準を突きつけるほうが、長期的には社員の成長に繋がるからです。

「性善説と性悪説」という問題で「性悪説を取るということですか？」と感じるかもしれません。しかし、そうではありません。私は個人的には性善説です。しかし、人には弱い部分があります。その弱さが悪を生み出す可能性はあります。それを認めざるをえません。ですから「性弱説」です。人は弱いから、手を抜く可能性があるし、犯罪に手を染めてしまう可能性もあるということです。

最近は電子マネー決済が増えてリスクが少なくなりましたが、飲食店などの現金決済商売をする経営者には、必ず現金の管理をしっかりするようにアドバイスしてきました。実際には、それでも事故は起こります。社員が誘惑に負けて目の前の現金に手を出してしまったら、それは犯罪になります。

「人の役に立つための仕組み」である会社が犯罪を生み出してはいけません。ですから、会社を守る意味だけでなく、社員を守る意味でも、人の弱さを「疑う」べきなのです。

〈対策❷〉一人当たりの生産性をモニタリングする

次の対策は、自分たちのパフォーマンスを正確に知るために、**常に「成果を人数で割った指標」で見ていくということです。「一人当たりの生産性」に注目しましょう。**

売上や利益の絶対額が増えただけで喜んではいけません。たとえば、売上が1億円から2億円に2倍になったとしても、社員が10人から30人になっていたら、一人当たりに創出した売上は減っていることになります。

会社のＰＬを社員数で割った数値をモニタリングし続けてください。「社員一人当たりＰＬ」を見ていきましょう。ＰＬ全体だけではわからなかった本当のパフォーマンスがわかるようになります。

PL全体を見ている経営者は多いですが、一人当たりのPLをモニタリングしている経営者は少ないので注意が必要です。

〈対策❸〉ムチとバツをつくる

3番目は「ムチとバツ」をつくるということです。これもネガティブな感じの対策なので、イメージが悪いためか実行している会社は多くはないです。実際、やり過ぎると逆効果にもなるので配慮は必要ですが、適度に実施できれば効果は大きいです。

その効果は道路交通法の例を考えれば明らかです。飲酒運転の取り締まりと罰則（＝ムチとバツ）が厳しくなってから飲酒運転する人は確実に減りました。また街中の駐車禁止も取り締まりが民間に委託されるようになって厳しくなりました。それから駐車禁止の場所で駐車する車は確実に減りました。

罰を作らないと、人は「止めるべきことを止められない」面があるということです。ですから、できれば実施したくない方法でもありますが、効果は大きいのです。

自分自身のことを考えても、こういった罰則的なことやムチがなくなれば「緩んでしまうだろうな」と想像がつきます。それにもかかわらず、少し厳しいルールをつくるとパワハラなどと言われて、そういった対策ができにくくなっている現状があるので、チーム力を底上げしていくのは非常に難しくなっていると思わされます。

この現状を踏まえると、今の日本企業全体に必要なのは「解雇できる」という究極の罰を持つことじゃないかと考えています。これは222ページの「社長を悩ませている〈雇用神話〉」のところで詳しく解説しましたが、現在の日本企業の生産性の低さやチームビルディングの難しさを転換させていくためには「正しい評価」と「解雇できる」という「ムチとバツ」を持って「人の弱さを止めるダムのようなもの」をつくることが必要ではないでしょうか。

会社の基準に満たない社員がいたときに、その社員ができるチームへの最大の貢献は辞めることです。辞めない場合は、チームの代表として経営者が毅然と「あなたはチームの基準を満たしていない」と勧告すべきです。他のメンバーにとっては、足を引っ張られているわけですから、辞めてもらったほうが良いわけです。それを放置しておくと、必ずチームの生産性は下がります。人は弱いので、低くて楽な基準のほうに傾いていってしまうからです。

基準に満たない働きであれば去らないといけないという罰がなければ、リンゲルマンが証明したように、人は少しずつ手を抜いていってしまいます。

〈対策❹〉「負の参照点」に対応する

対策の❸と似ていますが、チームの基準に満たない人を、そのまま放置してはいけません。

「腐ったリンゴ」という厳しい表現と同じように、一人の怠け者はチーム全体の平均値を加速度的に低くしていくからです。弱さは確実に伝染していきます。これはチームビルディングをしっかり行っていきたいという経営者にとっては、目に見えない伝染病のような存在です。

なぜ基準に満たない一人の怠け者が伝染していくかというと、「参照点バイアス」という力が働くからです。これも認知バイアスの一つですが、人は基準となる点（＝参照点）があると、それが高かろうが低かろうが、それに強く影響を受けるという力です。

一人の怠け者は目立ちます。ですから、基準値は低いですが参照点になってしまいます。そして全体の平均値は、その低い基準のほうに引きずられていってしまうのです。つまり、今まで１００の力を発揮していた人たちが、参照点となる弱い人の50という力を見て、90とか80とかの力しか出さなくなってしまうのです。

ですから、チーム内の一人が寝ているようなことがあれば、時間が経てば、多くの人が寝るようになってしまいます。低い基準は伝染しやすいのです。

たとえば、会社の成長過程を見てきて、よく起こると感じるのは「創業メンバーが参照点になる」ことです。それが高い基準の参照点になるのなら全く問題はないのですが、低い基準の参照点になってしまうことが多いです。

創業時は明確な危機感もあって頑張っていた創業メンバーも、会社が成功して軌道に乗り始めるとピタリと成長が止まるメンバーが出てきます。それと同時期にも会社は成長し続けているので、若い社員や新卒採用などを始めます。成功してからの採用になるので、優秀な社員が入って来ることが多いです。

そうやって新しい優秀な社員が入ってきたときに、成長が止まった創業メンバーに新しい社員のチームビルディングやマネジメントを任せてしまうと、新しく入社してくる社員の多くが成長しないままになります。**なぜなら、成長が止まった創業メンバーが「参照点」になってしまうからです。**

創業メンバーで頑張ってくれた社員だけにデリケートな問題ですが、それに対応しないと次のステップへ登れなくなってしまいます。実際、それが理由で成長が止まってい

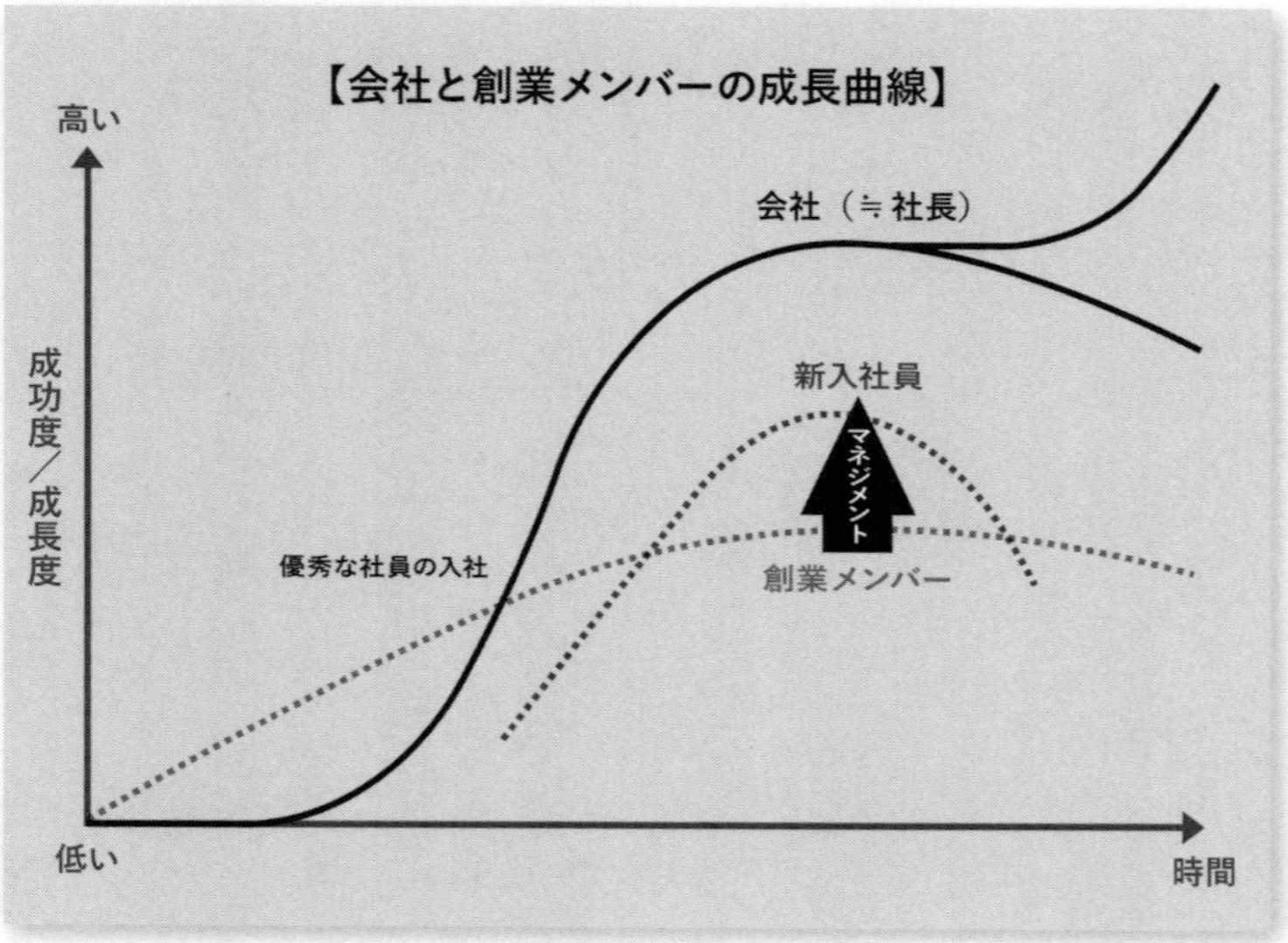

る会社も多いです。最も良い解決策は、創業メンバーが再び頑張ってリーダーになれるように成長することですが、それは簡単ではないことが多いです。

会社の成長に比例して成長していない創業メンバーを、新しく入ってくる優秀なメンバーのリーダーにさせてはいけません。それは、せっかく入社してくれた優秀なメンバーの成長を止めることになりますし、すぐに辞めてしまう社員も増えます。

そんなときは、社長が断腸の思いで「創業メンバーに去ってもらう」か「リーダー以外の仕事をしてもらう」

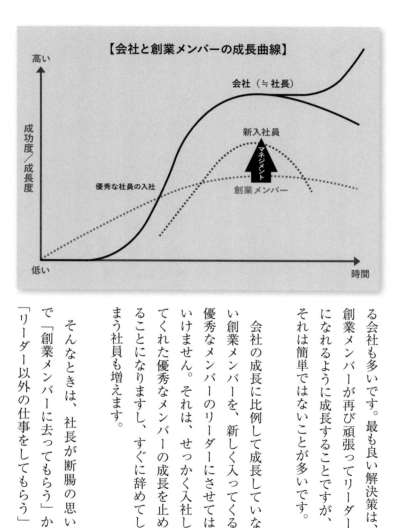

方向に進めるしかありません。

後者の選択肢を受け入れられない場合は、結局、辞めてしまう場合も多いです。しかし、自分と会社の成長が同期していない状態は創業時メンバーにとっても苦しい状況でもあったので、他の場所で仕事をするほうが「結局は幸せだった」というケースも多いです。

「参照点」が重要な社員であればあるほど、それが悪い影響を持ってしまったら、チーム全体の価値を下げる方向に引っ張っていってしまいます。注意して見ていってください。

【6】『家族や友人たち』から、会社を守る

自社に関わる人や会社の脅威を見てきましたが、ここでは会社の成否に最も深く影響する経営者に関わる人たちの脅威を考えましょう。

社長に関わる身近な人も、取引先などと同じく普通に考えると味方であり、脅威に感じる必要はないと感じているかもしれません。しかし人間関係は難しいものです。バランスを崩しやすいですし、崩れると修復が難しかったりもします。

「家族や友人」という最も身近な存在はデリケートな話でもあるので、なかなか表に出てきません。経営者同士の場合でも話題になることは稀です。ですから、多くの経営者は「誰にも相談できずに苦しんでいる」ことが多いです。

「家族や友人」は大切な存在であり、大切な関係です。ですから、何も起こらなければ、

もちろん、それがベストです。しかし近いからこそ、深い問題にもなりやすいです。そうなってしまったときに動揺して関係を悪化させないためにも、脅威として想定しておく価値はあると考えています。

会社が成功したときに起こること

会社が成功したときには、様々な変化があります。それらの変化をわかりやすく表現すると【矢印】が変わると説明しています。

会社が成功していないときは、会社に必要なものは、社長が外に向かって取りにいかないといけません。下の図の左側のように、社長から見ると矢印は外向きです。

成功前

成功後

しかし、会社が成功すると「どうなるか？」と言うと【矢印】は全く逆になります。これまでは自らが外に取りに行かないと得られなかった会社に必要なものが「勝手に集まってくる」ようになります。

成功すると319ページの右の図のように、社長を中心とした【矢印】が劇的に変わります。この大きな変化が、会社が成功したときに起こることです。社長に引力のようなものが生まれるのです。その引力が会社に必要なものを引き寄せてくれます。今まで外に向かって、汗水たらして努力をしないと得られなかったものが勝手に集まってくるようになるわけですから、とても楽になります。

成功すればするほど「社長の引力」は強くなっていきます。ですから、この矢印が変わった時点で油断せずに守りも固めれば、会社は好循環モードに入って加速度的に良くなっていきます。

しかし、社長に強い引力が備わることによって、引き寄せてしまうのはプラスのものだけではありません。残念ながらマイナスのものもあります。

「依存」という悪魔

社長に引力が備わることによって引き寄せてしまうマイナスの代表的なものが、関わる人たちからの「依存」です。

依存というのはプラスに働くこともあります。現代社会は経済という価値の交換をベースにした超依存社会と言うこともできますから、決して悪いだけではありません。しかし、人間関係において「依存」は悪魔のような存在になりえます。

多くの成功者たちの表には出ない裏の話を聞いてきて、また私自身も実際に経験し

たことから思い知らされたことは、人が生きていくために特定の人の力に依存してしまうことは「薬物やアルコールの依存症」に似ているということです。

簡単に得られる快楽は依存を生みやすいと言います。そして、一度生まれてしまった依存は、なかなか手放すことができません。薬物依存やアルコール依存と同じです。それくらい怖い存在だと認識しておいたほうが良いです。

依存という悪魔が、経営に成功して引力が強くなった社長のところに、残念ながら集まってくるようになります。他の有益なものと同じように引きつけてしまうのです。

最も近い人は敵になりやすい

では「どういった人たちの依存を引きつけるのか?」と言うと、社長の引力は物理的な法則と同じように遠いより近いほうが引力は強く働きます。ですから、最も強く引きつけてしまうのは身近な人たちです。社長に関わっている身近な人たちからの依存を集めてしまうようになります。

社長と身近に関わっている人の代表は社員ですが、この課題は「7つの脅威【5】：社員」で確認しました。ですから、ここで課題とするのは「家族や友人」です。

「家族や友人」は温かく見守ってくれているイメージがあります。苦労している段階では、実際に支援してくれた家族や友人もいるかもしれませんし、一定の距離は保ちながらも精神的な支えとなってくれたかもしれません。

そういった最も信頼している人たちが変わってしまうのです。

経営者が覚悟しておかないといけないことは「最も近い人が、最もややこしい存在になりやすい」ということです。それは成功する人が、他の多くの素晴らしいものと同時に受け取ってしまう、最も悲しいことの一つだと思います。

家族が敵になってしまうとき

最も近い存在の代表、それが「家族」です。

家族は「幸せの象徴」のような存在でもありますが、実際には揉めることも多く「悩みの種」であったりもします。極端な例ですが、殺人事件などの最も凶悪な事件というのは、実は半分は家族や親族の間で発生しています。この殺人事件の親族率と呼ばれている割合は、過去30年にわたって少しずつ上昇しています。

親族率の他に面識率という指標もあって、殺人事件の約9割が顔見知りの犯行ということです。通り魔的な殺人事件などをニュースで目にすることが多いので、殺人事件などの凶悪事件は知らない人を殺めているという間違った印象を持っている人が多いですが、それらは珍しいからニュースになると言えます。

ほとんどの殺人事件は顔見知りの間で起こるのであり、半分は親族間で起きているのです。残念なことですが「最も身近な存在が、最もややこしい存在になりやすい」ということを証明している事実です。

そこまで深刻なケースでなくとも、こういう話を聞いたことがありませんか？　成功してお金回りが良くなったら「お金を貸して！」と頼みにくる人が増えたという話です。ひょっとしたら、皆さんも実際に一度や二度は経験されているかもしれませんが、成功して矢印が劇的に変わると、こういう人が増えます。多くはないかもしれませんが、ポツポツと現れるようになります。

お金を借りにくる人が遠い存在の人なら、まだ対応は簡単です。断りやすいですし、断って関係が切れても良いことなのだと思うこともできます。難しいのは、それらが家族や親族だった場合です。

家族や親族は「血の繋がり」という関係性を断つことができません。厳密に言うと、関係を断つことはできますが、それをするには、かなりの勇気が必要です。核家族化が進んでいるとはいえ、日本は依然として血縁関係を大事にする社会ですから、家族や親族に頼まれるとＮＯとは言いにくいのです。

しかし、そうやって頼まれて一旦お金を貸してしまうと泥沼になる可能性が高いです。先ほども説明した通り「依存の心理」が強くなっていってしまうからです。

たとえば「1回だけだよ」と言って援助したとします。たいてい、それでは終わりません。「もう1回だけ、これで最後」と言われて2回目の援助をします。それで終わればラッキーです。しかし、たいてい「最後の最後」が来ますし、援助している限り、これが続く可能性のほうが高いです。

挙げ句の果てに、断ったときには「なんでだよ！」と逆ギレされます。依存しているほうは「家族だから力を貸してくれるのは当然」「家族だから力を分け合うのは当然」と感じているからです。もちろん「家族間で助け合う」というのは正しくもありますが、行き過ぎると間違った考えなのは明白です。

本来、お金を貸してくれることや援助してくれることは、借りる側からすると、とてもありがたいことであるはずなのですが、家族という関係性が入ってしまうと、それが「当たり前」になりやすいのです。

ですから「お金を貸すこと＝助けること＝愛」だと主張し始めます。そして、お金を無心してくる家族や親族は、ますます依存していきます。貸してくれることが当たり前になり、貸してくれないと「ひどい」となってしまいます。

貸す側が、そういうことは「おかしい」と冷静に感じていたとすればするほど、その「おかしい」相手が家族なわけですから、複雑な心境に追い込まれます。このようにして最も身近で大切な存在の人との関係が壊れていってしまいます。

「社長の仕事」としてアドバイスしていることの一つに「お金に対する知識（お金のＩＱ）を身につける」ことがあるのですが、実際に「お金の知識を身につけることなしにお金を持ってしまった人がどうなるのか？」と言うと悲惨な結果になることが多いです。

【偶然、お金を持った人の末路】

- **宝くじに当たった人の44％は全財産を失う**
- **宝くじに当たった人の7割以上が破産する（アメリカ）**
- **NBA選手の50％は破産する**

このような悲惨な結果になってしまう最も深い原因は「お金の知識」を身につけることなく、お金を持ってしまったことにあり、お金を持った本人の責任です。お金に対するＩＱが低いことが原因です。

しかし、宝くじに当たった人の以下の追跡調査を見る限り、身近な人の影響も深いのは間違いないでしょう。

宝くじに当たった人の……

- **83％が家族や親族を養うようになる**
- **90％が友人をなくす**

何億円という大金を持つ人の存在が身近に現れるまでは、裕福でなくとも一生懸命に働いて自立していた家族や親族のほとんどが働かなくなってしまいます。友人も「なんでお前だけがイイ思いをしているんだ」とばかりにたかってきます。近い存在であればあるほど、依存してくるようになります。愛をお金に換えようとしてきます。

このような現実があるために、日本の銀行では宝くじに当たった人にお金を渡すときに「宝くじに当たった人の心得」のような冊子が渡されます。**そこに様々な注意点が書かれてありますが「当選したことを他人に話さない」ということも書かれています。**

大きなお金を持つような力を持った人が現れたとき、それが近い存在であればあるほど、人はその力に依存するようになってしまうのです。依存という悪魔が「依存すれば楽だぞ」と囁くようになるのです。

身近な人を守るためにすべきこと

経営者は、このような「人の弱さ」を知っておくべきです。人間には、こういう側面があるということを知っておくべきです。

簡単に手にすることができる快楽は人を依存症にします。家族に依存して得るお金は「何の苦労もせずに得られるお金」です。その快楽から抜けられなくなってしまうのです。

「依存症」は病気です。他の病気と同じように、自分の力だけでは、なかなか治せません。薬物などなら難しさが想像できますが、お酒に対する依存症などは「飲むのを止めればイイだけじゃないの？」と感じてしまいます。しかし、依存症について調べれば調べるほど、自力で治すことは、ものすごく難しいことだとわかります。

そういう病気になってしまっている人が家族や友人だったら、せっかく成功したのに悩ましいことになってしまいます。ですから、最も重要なのは予防です。病気にさせないことです。

自分を守るためにも、身近で大切な人たちを守るためにも、こういった現実を知っておきましょう。「最も近い人が、最もややこしい存在になりやすい」というメカニズムを知っておくと冷静に対応できる可能性が高くなるので、できれば避けたい話題ではありますが、一度、考えてもらえたらと思います。

成功し続ける社長が口を閉ざす理由

こういった話は、あまり聞きません。話題になることすら稀なので、ましてや対応方法などを簡単に知ることができません。ノウハウ本もありません。

なぜ「話題にならないのか？」と言うと、成功した人は、これらの経験をしていたとしても口外しないからです。理由は「身内の恥」だからです。それは、なかなか簡単に話せることではないです。私自身も同じ経験をしたので、その心理はよくわかります。お金が減ることは、あまり気にならなかったのですが、身内がそういう依存する存在になってしまったことに深く傷つきましたし、やり場のない感情に悩まされました。精神的にも追い込まれていきました。

では、こういった経験をした成功し続けている人は「どうやって対応しているのか？」と言うと、簡単です。自分はうまくいっていないというフリをするのです。

「自分はうまくいっていませんよ」という盾を持って、身近な人からの依存を引き寄せないようにしています。ですから、経験者の話などが表に出ないのは当然のことです。

「成功していることを口外しないこと」や「自分はうまくいっていませんよ」という盾を持つことは、成功し続ける経営者が身につけるスキルの一つと言っても良いです。

このようなメカニズムが人知れず働いているので、初めて成功した経営者にとって「関わる人からの依存」という課題は青天の霹靂です。何の予備知識もないからです。経営に関しては、経営学や私たちが提供している「経営の12分野」というような体系的な知識というものがあります。しかし、こういった「成功したときに起こる人間関係の歪み」のような問題には、残念ながら教科書はありません。

ですから「せっかく成功したのに、どうしてこんなことに……」という状態になって経営に対するモチベーションを失ってしまう経営者も少なくないので、注意が必要です。

なかなか難しい問題ですが、対策として明確なのは「家族だからといって甘えさせてはいけない」ということです。相手が自立した大人である場合、大人同士として自立した存在であるべきというのは、人との関係性においては基本です。その基本を重視すべきです。

ちょっと冷たく聞こえるかもしれませんが、そうしないと逆に相手をダメにしていってしまいます。本当に困窮しているようなときは助けても良いと思います。しかし、それが依存の関係になってしまわないようには、最大限の注意を払わないといけません。

自分が成功した理由の一つに身近な人の存在があるのならば、それに感謝して成功して得た何かを還元していくことは素晴らしいことです。適切な量とタイミングの還元であれば、還元するほうも受け取るほうも幸せな関係でいられるでしょう。

しかし、それが「依存という悪魔」を生み出す種にならないようには、十分に配慮すべきです。

身近な人だからこそ「NOと言う勇気」を持っていきましょう！

【7】『自分自身』から、会社を守る

最大の脅威は「自分自身」

「会社は社長で決まる」と言われます。実際、数千人という社長と数千社の会社の趨勢を見てきた立場でも「社長が会社の命運を左右している」ということを強く感じさせられます。

つまり社長は会社を「成功させる原動力」でもありますし「会社を潰す元凶」にもなりえるということです。

そういう意味では、経営者である「自分自身」が最大の脅威であると言えます。

「油断」という脅威

経営者自身が最も気をつけないといけないのは「油断」です。

油断すれば、ルーズになります。ルーズになれば信頼を落とします。そうやって信頼をなくしていき、ピンチになったときに周囲の人たちから、あっさりと関係を切られてしまう経営者を何人も見てきました。

油断すれば、学ばなくなります。学ばなくなると、成長が止まります。会社というのは、競合関係も含めて社会という常に成長・変化している中で相対的に存在しています。つまり、止まることは停滞ではなく後退することであり退化することなのです。ですから、学ばなくなる経営者は、ずるずると失敗への坂道を下っているということです。

油断すれば、行動しなくなります。何もしないのが、最も楽なことです。ですから、油断している経営者の行動量は落ちます。当然のことですが、行動しなければ成長も変化もありません。会社の最も大切な関係先である顧客は、現在の価値には必ず飽きるものです。ですから、成長や変化がない会社からは顧客という最も大切な存在も去っていきます。

「油断して良いことは一つもない」と言っても過言ではないでしょう。

それにもかかわらず、多くの経営者は会社が軌道に乗ると油断してしまいます。さらに言うなら、まだ成功に到達しているとまで言えない経営者ですら油断しがちです。

人はなぜ油断してしまうのか?

誰もが「油断するのは良くないこと」だと思っているはずです。しかし、人は油断してしまいます。人は、なぜ心のどこかで「油断してはいけない」とわかっていながら、油断してしまうのでしょうか? どうして、せっかく苦労して得た成功を棒に振ってしまうのでしょうか?

油断してダメになっていく多くの経営者を見てきて、ずっと不思議に思っていました。安定した現状を維持する労力よりも、油断して安定軌道から落ちたのを戻す労力のほうが、よほど大変なのに「なぜ人は油断してしまうのか？」が理解できなかったからです。

しかし、私自身も成功して過分な収入や立場を得たときに、油断する経営者の気持ちがわかるようになりました。結局、最悪の結果になる程の油断をすることなく経営を継続し続けることができましたが、それは私が経営者として優れていたということではなく、油断という現象を「人のメカニズム」として捉えてみたからだと思います。

「油断するな」と言われると、個人の素養を蔑まれているように感じてしまい「油断すべきではない」という内容自体を拒んでしまいがちです。**しかし、人が油断することをメカニズムとして知っておくと、個人の性格や素養とは切り離して考えられます。ですから「油断すべきではない」という大切なことを、拒否することなく受け取りやすくなります。**

では、そのメカニズムを見ていきましょう。

人が油断するメカニズム

人が油断するメカニズムの土台にあるのは「認知バイアス」です。

「認知バイアス」は第1章の【4】でも説明しましたが、人が持っている〈認知の歪み〉です。人は自分の都合がいいように世界を見ています。自分の身の回りで起こることを、客観的に把握できているわけではありません。その認知には歪みが生じていて、間違った認識を持ってしまっていることが多いです。経営者が油断してしまうメカニズムもバイアスが大きく影響しています。

わかりやすい例は下の図です。

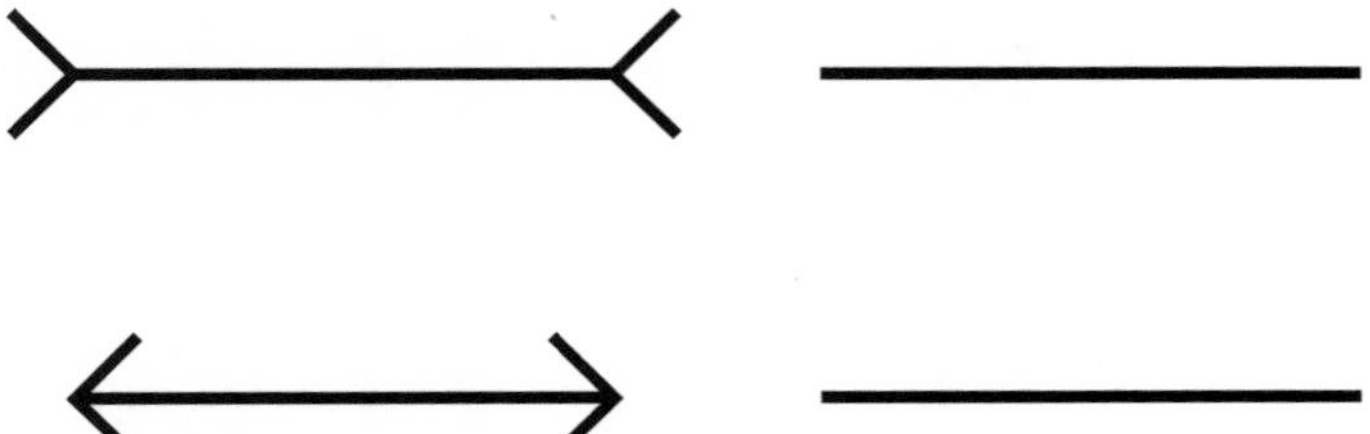

2つの直線部分の両端に違うパターンの矢印がついています。どう見ても上の直線部分のほうが長く見えます。しかし、両端の矢印部分を取ってみると同じ長さであることがわかります。このような「認知の歪み」を人は持っています。

認知バイアスが強いと戦略や方針や意思決定を考えたりするときに、判断の材料となる前提条件や情報そのものが間違っていることになりますから、注意が必要です。

油断を製造する〈7つの認知バイアス〉

人が油断してしまうメカニズムには「7つの認知バイアス」が関係しています。 そして、それぞれが他のバイアスを強化するような関係になっています。そして強力に油断を「製造」していきます。

【油断を製造する〈7つの認知バイアス〉】

① ダニング・クルーガー効果

② 自信過剰の法則
③ 自己奉仕バイアス
④ 可用性ヒューリスティック
⑤ 確証バイアス
⑥ 正常性バイアス
⑦ サンクコスト効果

認知バイアスへの最も有効な対策は「認知バイアスを認知すること」です。認知バイアスが自分にも存在すると認識しているだけで、認知の歪みを疑い、認知を修正していける可能性が高まります。ですから「ああ、自分にもこういう部分があるなあ」と感じながら「７つのバイアス」を確認してもらえたらと思います。

「油断」を製造する7つの認知バイアス

① ダニング・クルーガー効果
② 自信過剰の法則
③ 自己奉仕バイアス
④ 可用性ヒューリスティック
⑤ 確証バイアス
⑥ 正常性バイアス
⑦ サンクコスト効果

①ダニング・クルーガー効果

人が持つ「能力」と「自信」の関係を研究した結果、わかった認知バイアスを「ダニング・クルーガー効果」といいます。

図を見ると一目瞭然なのですが、端的に言うと以下のようになります。

「能力の低い人は、自分を過大評価する。
能力の高い人は、自分を過小評価する」

人は能力が低いときに自信が低く、能力が高くなるに比例して自信が高く

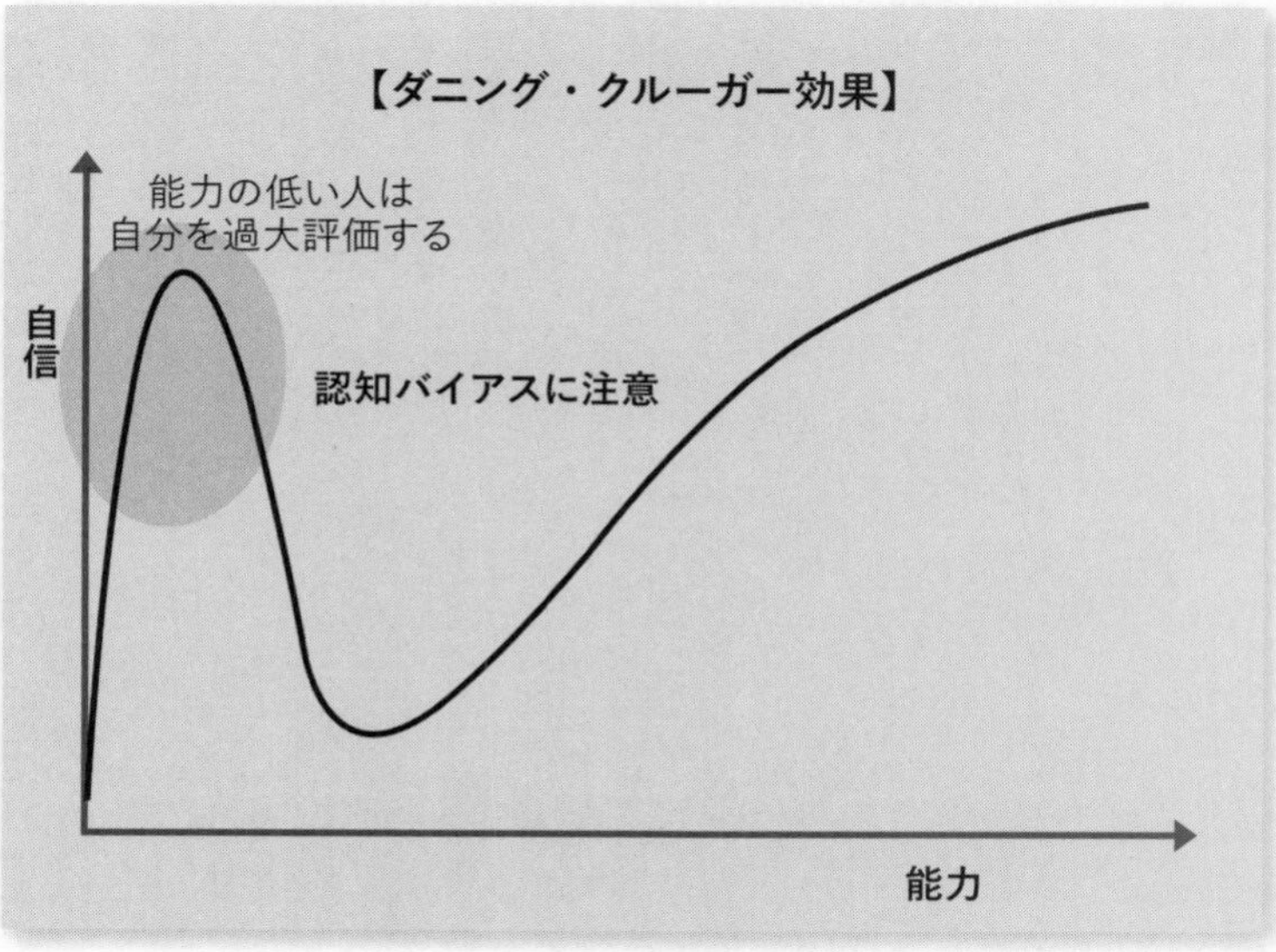
【ダニング・クルーガー効果】
能力の低い人は
自分を過大評価する
自信
認知バイアスに注意
能力

なっていくわけではありません。能力が低かったり、経験が浅いときほど、逆に自信を持ってしまったりしています。いわゆる「根拠のない自信」を持っています。

これは起業が失敗する根源的な要因になっています。能力が低いからこそ感じてしまう根拠のない自信によって、多くの起業者は経営を勉強しようとしません。そして自分の不足を認められないまま、失敗した理由すらわからずに失敗していきます。

これは起業者だけではなく、起業期を過ぎた経営者にも同じことが言えます。なぜなら、起業期に廃業しなくて済んだとしても、それは経営者の能力が上がったことにはなりません。起業期は規模が小さいだけに、ちょっとした偶然があると生き残れたりもするからです。

能力が不足しているからこそ、自信を持っている経営者がいます。そして、油断して成長しなくなってしまうのです。

②自信過剰の法則

「自信過剰の法則」も認知バイアスとして広く知られている私たちの傾向の一つです。客観的な数値などよりも、自分の評価を高く見積もってしまう傾向のことです。

たとえば、有名なのは大学の成績に関する自己評価の実験です。学生に「自分はクラスのどのあたりの成績だと思うか？」という質問をしたところ、多くの人は「自分を過大に評価している」ということがわかったのです。

- 「上位20％に入っている」と答えた人は、全体の半分の50％もいました
- 「中央値より低い」と答えた人は、全体の5％しかいませんでした

また運転免許を持っている人に「あなたは運転がうまいほうですか？」と聞くリサーチでも同じような結果が出ました。

・「平均よりは上かな」と答えた人が、全体の90%になりました

同じような実験結果が他にもたくさんあります。ですから、このように自分を事実より良く自己評価してしまう傾向があることを理解して気をつけていないといけません。

運転の実験と同じように、多くの経営者が「自分は平均より上かな」と感じています。しかし、その大半は間違っているのです。

③自己奉仕バイアス

「成功した理由は自分の内面的または個人的要因に帰属させ、失敗した理由は制御不能な状況的要因に帰属させる」傾向を「自己奉仕バイアス」と言います。

もう少し簡単に言うと「成功したのは自分の力だと考え、失敗したときは他者のせいだ」と考える心理傾向のことです。人は「成功は自分のおかげ、失敗は他人のせい」と

思いたいのです。

人は自分に甘いということです。

自分が社員だったとして、自分が仕える経営者が「自己奉仕バイアス」の強い人だったら、そこで仕事を続けたいでしょうか？　チームが成功したら社長は「俺の力だ」と言い、チームが失敗したら「お前らの責任だ」と言うような経営者には、誰もついていきたいとは思わないでしょう。

しかしながら、誰もが少なからず「自己奉仕バイアス」の傾向を持っているので、注意が必要です。

この傾向が強いと、今まさに失敗への下り坂を進んでいるにもかかわらず「それは自分の責任じゃない」「他者のせいだ」と考えて「自分が変わる必要はない」と考えるようになってしまいます。そうなると、自分が変わる必要性を感じなくなってしまいますから、当然の帰結として、変わらなくなってしまいます。ピンチにもかかわらず何もせず、成長も止まり、会社は下り坂を歩き続けることになるのです。

④可用性ヒューリスティック

次に「可用性ヒューリスティック」という認知バイアスです。ちょっと難しい言葉ですが、どういう心理傾向かというと「**判断や意思決定をするときに、多くの様々な情報を検討して判断や意思決定を決めるのではなく、最も手近な情報だけをベースに判断や意思決定をしてしまう」傾向のことです。**

「取り出しやすい記憶情報を優先的に頼って判断してしまうこと」を指すので「意思決定を怠ける行為」とも言われています。

たくさんの情報を集めて、それらの全てを精査して比較することは、とても面倒なことです。それらの手間を省こうとする傾向があるわけです。ですから、最も直近で起こった出来事を重視して判断したり、探さないといけないような情報ではなく「取り出しやすいすでに持っている情報」を重視して意思決定をしてしまいます。

例としてよくあるのは、社員の賞与を決めるときなどに、本来は評価対象期間の様々なファクトデータ（事実に基づいた情報）を分析して決めるべきですが、先週1週間ずっと残業して頑張っていた人に好成績をつけてしまうようなことです。1か月前は全くダメだったにもかかわらず、先週1週間だけの頑張りの記憶（情報）に最も引っ張られて判断をしてしまうのです。

ヒューリスティックというのは心理学用語で「正確ではないかもしれないが、正解に近いことを導き出す」という意味があります。これは普段、私たちが日常でも行っていることです。すべての判断を、すべての情報を精査して分析してから行うことはできませんから、常にある程度の情報は無視して考えているわけです。

ただ、経営の判断や意思決定がヒューリスティック過ぎると、あまりにも限られた情報で正しい方向が見出せていないかもしれませんし、自分の都合の良い情報しか選択しなくなる可能性があります。それによって判断を間違う可能性は十分にあるので注意が必要です。

⑤ 確証バイアス

①~④で固まっている「自分は大丈夫」という認知バイアスが働いて形成される歪んだ考えを「確証バイアス」が、さらに「自分は大丈夫」という鎧を強化していってしまいます。

「確証バイアス」とは、自分の持つ意見や信念を裏づける証拠ばかり集めて、反対意見を支持するデータはあまり細かく見ようとしない傾向です。**自分が「現在、持っている考え」や「正しいと感じている」ことを強化するような証拠しか集めなくなってしまうということです。**

私は創業時に大学の後輩と一緒に事業を始めたのですが、最初、彼は経営を学ぼうとしませんでした。そして「経営を学ぶ必要がない」という話を他の先輩社長から聞くと、その話を嬉しそうに披露していました。

その彼も3年ほどすると積極的に経営を学ぶようになりました。なぜでしょうか？

その理由は、私が「経営を学ぶ重要性」を伝え続けたこともありますが、最も大きな理由は、経営を学ぶことを軽視していた身近な経営者が「ほぼ全て失敗していった」のを目の前で見たからです。そういう現実を目の当たりにしたからです。

彼も今では複数の会社を経営していて、他の会社のコンサルティングなどもしている経営に詳しい優秀な経営者の一人です。しかし、多くの社長は彼のように自分の箱の中から出られません。

自分が正しいという証拠だけを集める傾向が、私たちにはあるからです。

⑥正常性バイアス

「第1章　守りの重要性【4】」でも解説しましたが、「正常性バイアス」とは、「自分は大丈夫だろう」と災害などの危険性を低く見積もってしまう心理です。

この傾向が強い社長も多く、他の会社や社長が倒産したり、苦しんでいたりしても、根拠なく「自分は大丈夫だろう」と考えています。ですから、経営を学ぶ必要性に気づいたとしても「自分は勉強しなくて大丈夫だろう……」と考えて経営を知らないまま失敗していってしまいます。

⑦ サンクコスト効果

サンクコストとは、自分がすでに何かに投じてしまった費用や時間や労力のことです。**人は「捧げた何か（サンクコスト）が大きいと、途中でやめられなくなる」傾向がありますが、それを「サンクコスト効果」と言います。**

自分が費やした時間やお金や労力が大きくなればなるほど、その費やしていることを止めにくくなるということです。「こんなにやったのに、途中でやめられない」という心理が強く働くので、たとえ成功する確率が低いとわかっていても、止めることができずに続けてしまいます。

有名なのはコンコルドの例です。コンコルドは1980年代頃には航空業界の最先端をいく最も注目されている超音速ジェット機でした。しかし、コンコルドが目指した超短時間と高級志向の航行体験というのを実現するのは難しくて莫大な費用がかかりました。ですから、ずっと赤字で累積赤字を積み上げていきました。

しかし、国やEUなども絡んだ大事業でもあり、莫大な投資（サンクコスト）をすでにしてしまっていたので、誰も止められなかったのです。最終的にコンコルドは撤退しました。あまりにも有名な事例なので、サンクコスト効果のことを「コンコルド効果」と呼んだりもします。

サンクコスト効果が働くと、今までやってきた方法を変えることが難しくなってしまいます。たとえ薄々「この方法は間違っている」と気づいていたとしても、なかなか他の方法に変えることができないのです。

油断を意識できていない社長は、実際の行動量の少なさにもかかわらず、すでに大きな労力を投じてしまったと勘違いしていることが多いですから、これまでの行動を変えられなくなっているので注意が必要です。

「油断を製造する7つの認知バイアス」を見てきました。これらの認知バイアスは、誰にでも存在します。そして「油断」を力強く「製造」していきます。ですから、多くの経営者が油断してしまうのです。

しかし、このメカニズムさえ理解していれば、「ああ油断しているな」と少し客観的に自分の状態を把握できるようになります。油断は無意識であり、無意識なことが最も怖い点でもあるので、油断を把握していればコントロールもしやすくなっていきます。

会社を守るための最大の脅威は経営者自身の油断です。
油断を冷静に見つめてコントロールしていきましょう。

第6章

社長の「ストレスマネジメント」の重要性

社長力の10分野

会社経営を継続させていくためには「社長の力」が重要です。「社長力」は会社力の中心であり土台です。社長として必要な力は様々な領域がありますが、まず「心・技・体」の3つの大きな分野に分けられます。これらを「社長力の3大分野」と呼んでいます。

【社長力の3大分野】

①心：社長のメンタル力
②技：社長の技術力
③体：社長の資産力

会社は経営者が「仮説・実行・資産化」の行動サイクルを繰り返していくことで良くなっていきます。ですから、行動サイクルの質が重要で、それが「社長力の基本」であり「社長の技術力」と言うこともできます。

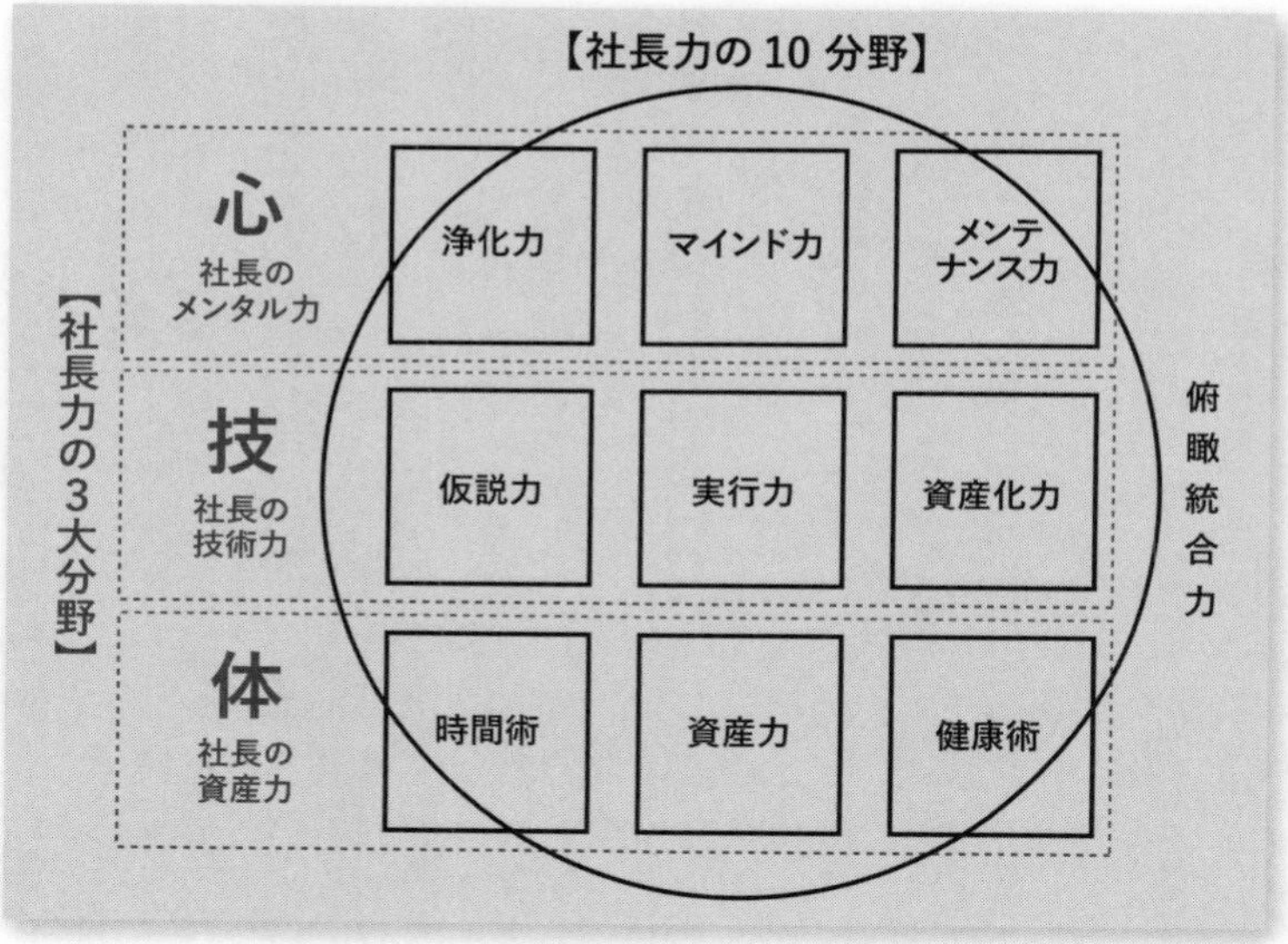

「社長の技術力」を効果的に発揮していくためには、メンタルやマインドなどの心的な部分も深く影響力を持っていますし、保有している資産によっても大きな影響を受けています。ですから、それらメンタルな部分と資産の部分も重要です。

「社長力の3大分野」のそれぞれが3つの分野に分かれているので3×3で9の分野があります。最後に、それら9分野を俯瞰して統合していく分野が加わるので、全部で10の分野に分けることができます。それらを上の図のようにまとめています。

会社を守っていくためには、これら10の分野を統合してバランスを保ちながら高めていくことが大切です。

「社長力の10分野」を詳しく解説していくと本1冊分が増えるくらいの内容量があるので、ここでの詳細な記述は避けますが、「何が必要か?」ということがわかれば行動の指針になる経営者は多いと思います。ぜひ「社長力の10分野」を高め続けていってください。

甘く考えられているHQ

この「社長力の3大分野」の中で「体:社長の資産力」の部分は見過ごされがちですが、とても重要です。この部分がダメになると、人間の足腰の強さと同じで、悪循環になって全てが悪くなっていくことが多いからです。

「体:社長の資産力」の部分は「時間術・資産力・健康術」に分けられますが、それら3つの中でも「健康術」を経営者は蔑ろにしがちです。しかしながら、最近は健康の重要性は見直されてきていますし、成功し続ける経営者は健康の重要性にいち早く気づいていて、健康管理をしっかり行っている人が増えています。

健康を高いレベルで維持していくことは知性が必要でもあるのでＨＱ（Health Quotient：健康指数）と呼んでいます。ＩＱやＥＱと同じように重要な分野です。

心と体は密接な関係がありますから、体の状態はメンタルにも影響します。メンタルに影響すると、実行力にも影響します。このように心技体はつながっているので、３大分野の一つでも低いレベルの分野があると、他の２つの分野が高いレベルであっても、全体のレベルを低下させてしまいます。

社長力は３大分野の平均値になるのではなく、メンタル力と技術力が10でも体力が５だったら全体の力は５になってしまうということです。ですから、ＨＱを高めていくことも「社長の仕事」くらいに考えていったほうが良いです。

ストレスマネジメントの重要性
〜会社の継続性を最も危うくさせる脅威〜

社長のパフォーマンスにとって重要な「健康レベル」に最も大きな影響を与えているのが、社長業の大敵とも言える〈ストレス〉です。

現代はストレス社会と言われています。特に社長業は様々な事情からストレスが蓄積しやすい仕事になっていますから、気をつけないといけません。ストレスを管理していく「ストレスマネジメント」を「社長の仕事」の一部として考えていくべきです。

会社の司令塔である社長がストレスで心身ともに悪い状態であれば、良い戦略などを提示できなくなりますし、アクションの質と量も下がります。それらはチーム全体に暗い影を落とします。

ストレスは社長のモチベーションにも深く影響を与えます。あまりにもストレスが大きく積み重なってくると「社長を辞めたくなる」ような瞬間も頻繁に出てくるようになってしまいます。長く経営を実践している経営者なら一度や二度はそんな経験をしているでしょう。

社員はモチベーションの維持を上司や経営者に委ねることができます。しかし、社長はモチベーションの維持を社内の誰かに委ねることができません。自らを鼓舞し続けていく必要があります。社長のモチベーションを上げようと考えてくれる社員は滅多にいません。そんな社員がいたら素晴らしい社員なので、大切にしてあげてください。たいていの場合は逆で、社長のモチベーションは社員によって削られていくことのほうが圧倒的に多いです。

そうやって社長のモチベーションは低下していきます。そうなれば会社のパフォーマンスは中長期的には確実に低下します。ですから、会社の守りにとって「社長のストレスマネジメント」は重要な課題なのです。

ストレスの定義

ストレスとは、外部から刺激（ストレッサー）を受けたときに生じる緊張状態であり、それによって身体や心に負荷がかかり「歪み」が生じることです。それらが積み重なることによって様々な身体への不調を引き起こす原因になります。

ストレス自体は悪いことだけではありません。人は身の危険を感じたときや狩猟のようなリスクをとってでも行わないといけない何かがあったときに、一時的に体をハイパーモードにする構造を培ってきました。しかし、命を守るためのハイパーモードを断続的に続けることによって「体のバランス」が崩れてしまうのです。

ですから、一時的なストレスはプラスにも働くので、多少のストレスは仕方のないことだとしても、それらが増え過ぎたり、継続的に続き過ぎると注意が必要だということです。

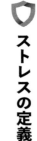

社長のストレス状態は簡単にレッドゾーンに入ってしまう

ストレスの測定方法として「ライフイベント表」というものを使った方法があります。

この診断では【260点以上】が「ストレスが多い要注意の段階」で【300点以上】が「病気を引き起こす可能性があるほどストレスが溜まっている段階」とされています。

ここで自己診断をしてみるとわかるのですが、経営者は260点以上を簡単に超えてしまいます。300点以上になる経営者も多いでしょう。私自身もITベンチャーを経営していた頃は軽く300点を超えていました。

経営者は、そういう状態に慣れてしまっているかもしれませんが、一般的に考えると、ストレス的には「危険な状態」です。社長はストレス耐性自体は強い傾向にはありますが、ストレスの発生源は増加していますから、やはり注意が必要です。

35	住宅ローンがある		47 点
36	住宅環境の大きな変化		42 点
37	上司とのトラブルがあった		51 点
38	職場のＯＡ化が進んでいる		42 点
39	職場関係者に仕事の予算がつかない		38 点
40	職場関係者に仕事の予算がつく		35 点
41	食習慣の大きな変化		37 点
42	親族の死があった		73 点
43	人事異動の対象になった		58 点
44	睡眠習慣の大きな変化があった		47 点
45	性的問題・障がいがあった		49 点
46	息子や娘が家を離れる		50 点
47	多忙による心身の過労		62 点
48	単身赴任をした		60 点
49	長期休暇が取れた		35 点
50	定年退職した		44 点
51	転職をした		61 点
52	同僚とのトラブルがあった		47 点
53	同僚との人間関係		53 点
54	同僚が昇進・昇格をした		40 点
55	妊娠をした		44 点
56	配偶者の死があった		83 点
57	配置転換された		54 点
58	抜擢に伴う配置転換があった		51 点
59	夫婦げんかをした		48 点
60	妻（夫）と別居した		67 点
61	部下とのトラブルが生じた		43 点
62	法律的トラブルが生じた		52 点
63	友人の死があった		59 点
64	離婚をした		72 点
65	労働条件の大きな変化があった		55 点
	○をつけた項目の合計点数		

【260 点以上】… ストレスが多い要注意の段階

【300 点以上】… 病気を引き起こす可能性があるほどストレスが溜まっている可能性がある段階

『中高年に効く！メンタル防衛術』夏目誠著、文春新書　より

日本版ライフイベント表（夏目 誠氏らによる調査研究）

番号	ライフイベント	体験した項目に○をつける	点数
1	300万円以下の借金をした		51点
2	300万円以上の借金をした		61点
3	レクリエーションが減少した		37点
4	レクリエーションが増加した		28点
5	引っ越しをした		47点
6	家族が増える		47点
7	家族の健康や行動の大きな変化		59点
8	家族のメンバーが変化した		41点
9	課員が減る		42点
10	課員が増える		32点
11	会社が吸収合併される		59点
12	会社の建て直しがあった		59点
13	会社が倒産した		74点
14	会社を変わる		64点
15	技術革新の進歩がある		40点
16	軽い法律違反を犯した		41点
17	結婚をした		50点
18	個人的な成功があった		38点
19	顧客との人間関係		44点
20	左遷された		60点
21	妻（夫）が仕事を始める		38点
22	妻（夫）が仕事を辞める		40点
23	仕事に打ち込む		43点
24	仕事のペースや活動が減少した		44点
25	仕事のペースや活動が増加した		40点
26	仕事上のミスがあった		61点
27	子どもが新しい学校に変わる		41点
28	子どもが受験勉強中である		46点
29	自己の習慣が変化した		38点
30	自分が昇進・昇格をした		40点
31	自分が病気や怪我をした		62点
32	社会活動の大きな変化があった		42点
33	収入が減少した		58点
34	収入が増加した		25点

ストレスマネジメントの基本

ストレスマネジメントの基本は、下の図のように「ストレスの蓄積を一定以上に溢れさせない」ことです。

ストレスに対する耐性が高くても、発生するストレスが多くて、処理できるストレスが少なかったら、溢れてしまいます。溢れてしまうと、心身に異常をきたして、社長業を正しくできる状態ではなくなります。

会社を経営していると「ストレス因子」の発生はなくなりません。少なくすることはできますがゼロにすること

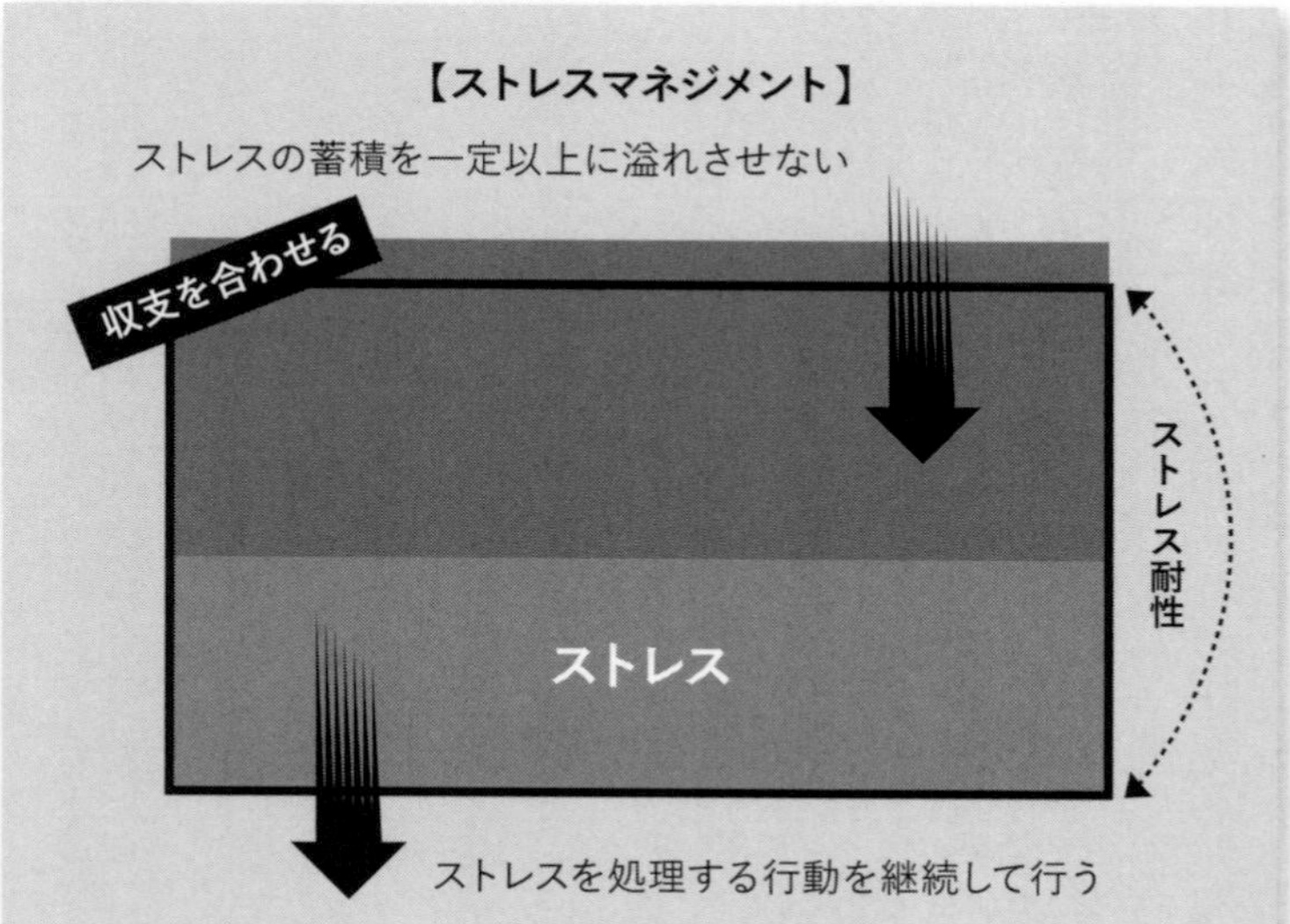

【ストレスマネジメント】
ストレスの蓄積を一定以上に溢れさせない
収支を合わせる
ストレス耐性
ストレス
ストレスを処理する行動を継続して行う

は難しいです。ですから、ストレスを処理する行動を継続して行う必要性が出てきます。

経営におけるＰＬ上の損益収支と同じように「ストレスの収支」を合わせていかないといけません。

ストレス対策の「7つのヒント」

ストレス収支を合わせるために、いくつかのヒントがありますので、試してみてください。人によって効果の大小は違いますが、どれも有効とされている方法であり、多くの経営者にオススメして喜んでもらっています。

〈ストレス対策のヒント①〉：ストレス因子

まず、ストレス対策の基本です。ストレスはストレスの原因になっている「ストレス因子」そのものを解消しない限り、ストレスをなくすことはできません。

ですから、たとえば会社内の人間関係でストレスを感じたときに、カラオケに行って熱唱しても、皿を何枚割っても、ストレスはなくならないということです。**ストレスの発生原因となっている「ストレス因子」を明確にし、それらをなくすようにしないといけません。**

〈ストレス対策のヒント②〉：コーピング

基本的にはストレス因子がなくならない限り、ストレスは発生し続けますが「緩和することはできる」と言われ始めました。

これはNASAが研究していることですが、ISSのように宇宙空間に浮いている狭い空間の中で特定の限られた人たちと一緒に長期間を過ごすことは、地上の生活に慣れている人間にとっては大きなストレスです。しかも、そのストレス因子（狭い空間に特定の人と一緒に過ごす）をなくすことはできません。ですから、ストレス因子を解消できないような状況でもストレスを緩和する方法の研究が進みました。

ストレスを和らげる努力をすることを「コーピング」と言います。ストレスを感じたときに「ストレスが和らぐような行動を取る」ということです。人によっては、音楽を聴くことであったり、本を読むことかもしれません。それらは人によって違いますが、「これをすると少しストレスが和らぐ」というアクションをメモしておいて、ストレスを感じたときに、それらを行えばストレスが軽減されるということです。

10個くらいの自分に適したコーピングを持っておくと、ストレスの緩和には役に立つので、10個くらいの「コーピングリスト」を作っておきましょう。

〈ストレス対策のヒント③〉：体を動かす

私自身が最も効果的だと考えているのは「運動する」ことです。

経営は知的な仕事であり、運動は相容れないものとして長く扱われてきた感がありま す。実際、運動による心身へのポジティブな影響や効果は、まだまだ低く見積もられて いるなと感じます。

しかし、最近は「運動によるメリット」が科学的なエビデンスを伴って、かなりわかってきています。運動はものすごくプラスになります。それにもかかわらず、運動の効果や効能が大きく広がらなかったのは「製薬会社か何かの陰謀なのか?」と疑うくらい、運動することは人間の心身に良い影響を与えます。

実際、運動すると体調を崩す人や病気になる人が減るという研究データがたくさん出ています。運動を定期的にしている人は実感していると思いますが、あまり運動をする習慣がない人も、ぜひ一度、試してみてください。激しい運動をする必要もありません。30〜40分くらい歩くだけ(ウォーキング)で効果が期待できます。

運動の効能という分野だけで多くの本が出版されているので詳細は避けますが、運動ほど「費用対効果の高いストレスマネジメント」は「なかなかない」というのが実感です。

〈ストレス対策のヒント④〉：笑う効能

次に大切なストレスマネジメントは「笑う」ということです。

「幸せだから笑う」のではなく「笑うから幸せになる」ということが科学的に明らかになってきました。笑うことは、私たちの幸福感に良い影響を与えてくれます。幸福を感じるということは、ストレスから離れているということですから、ストレスマネジメント上も笑うことは、とても効果的な方法と言えます。

ですから「お笑いのテレビ番組を見る」とか「コメディー映画を見る」とか、最近は人を笑顔にしてくれるコンテンツが世の中にはたくさんありますから、自分に合ったものを選んで定期的に見て「笑うことを習慣にする」ことをオススメしています。

〈ストレス対策のヒント⑤〉：自然に触れる

人によって大きな効果をもたらしてくれるのは「自然に触れる」ということです。

科学的な理由は十分にはわからないですが、自然の中に身を置くと気分が清々しくなってストレスが緩和されることが多いです。近年、多くの人が自然に触れる機会を多くしているのは、ストレス社会に対する対応をしているからなのだと思います。

「一人キャンプ」が流行っていることなどは、その典型です。自然に触れて癒されながら、最もストレスが発生しやすい人間関係を断絶して行うのが「一人キャンプ」ですから「ストレス処理」が進むのは間違いありません。ですから、キャンプに行かないまでも、公園などで木々に囲まれながらボーッと散歩するのも手軽で良い方法になります。

〈ストレス対策のヒント⑥〉：期待値のコントロール

経営者にとっての最大のストレスの一つは「社員との関係において発生するストレス」だと感じている経営者が多いです。つまり、チームマネジメントからストレスの多くが発生しているということです。

このようにストレスの発生源は「社員」であることが多いので、社長にとってのストレスマネジメントはチームマネジメントの状態に大きく左右されます。ですからチームマネジメント上でストレスを軽減できるようであれば、経営者のストレスはかなり軽減できるはずです。

これに対応する方法の一つは、235ページで解説した「雇用は不自然に守らなくていい」と考えて、社員と対等な立場を築いていくことです。

また、社員が経営者の期待値ほど仕事をしてくれないことがストレスの原因になることも多いです。それに対する対処方法は2つあります。

一つは、期待し過ぎないことです。過度な期待を持ってしまうと期待値とのギャップに常にストレスを感じてしまいます。適度な期待は必要ですが、過度な期待になると、自分も相手も必要以上のストレスになってしまうので気をつけたいです。

もう一つは、一つ目の課題の解決策にもなっていますが「期待値を給与レベルに合わせる」のではなく「実績値に給与レベルを合わせる」ようにするということです。これも日本企業では解雇と同じく禁じ手のようになっていますが、期待値によって給与を決めていて、その期待値を超える仕事をしてくれなかったら「減給」して実績値に合わせればいいのです。

提供してくれた役務に対する報酬が給与です。役務と報酬の価値が同じであるべきです。本来は、それが自然な形です。ですから、提供してくれた役務の価値によって、昇給もできるし、減給もできるはずです。しかし、昇給したときには何も言われませんが、減給したら文句を言われます。それらが実績値と合っているのであれば、減給も昇給と同じで「実績値に給与レベルを合わせる」行為であり同じことのはずです。

ですから期待値よりも実績値が低ければ「このままだと減給せざるをえないよ」と伝えればいいのです。これが原理原則です。いくら終身雇用の時代が長く続いてきたからと言って、今は全く違う時代に突入しています。実際、大企業のトヨタですら「終身雇用や昇給し続けることは時代に合っていなくて維持することは難しい」ということを発表していました。

「減給というカード」を持っておくべきです。

もちろん急に実行するのではなく、話し合うこともプロセスとして大切なので忘れないようにしましょう。

〈ストレス対策のヒント⑦〉：マインドワンダリング

最後に考えないといけないのは「自ら生み出すストレス」です。

自ら生み出してしまうストレスの一つに「マインドワンダリング」があります。「心の迷走」と呼ばれたりしますが、本来だったら「今のことだけに心や意識を集中」させていれば良いのに、未来のこととか過去のことばかりを考えてしまって心が迷子になっているような状態に陥っていることです。

実際にハーバード大学の研究でも「思考の47％」は過去や未来のことで占められていることがわかっているそうです。「要らぬ心配」や「変えられない過去」に起こった出来事に固執してしまっているということです。多くの人が未来や過去に囚われていて、逆に「今」を疎かにしてしまっています。

過去や未来のことを考えるよりも「現在」に集中する時間をもっと多くするのが理想

です。しかし、経営者の仕事では仕方がない部分があります。なぜなら「社長の仕事」は過去に起こったことを分析して、未来にすべきことをビジョンや戦略として提示することが、大切な仕事だからです。

ですから、社長はマインドワンダリングの迷路にはまりやすいと言えます。余計に気をつけないといけません。

「心の迷走」に効果的なのは「心の瞑想」です。
心が過去や未来に行ってしまうのを、現在に戻してくるのが瞑想です。

世界各地で瞑想が流行っているのは、現在に集中することが難しくなってしまった現代人にとって、日常的に必要なアクションになってきているからなのだと思います。

おわりに

「日本の開業率を10％に引き上げます！」

社会に入って最初に感じたことは、
起業家や経営者は社会を支えている中心にいるということでした。

そんな人たちを増やしたい。
そんな想いを強く抱いて起業しました。

そして、多くの社長と接することになり、多くの会社を見ることになりました。
経営の素晴らしい面もたくさん見させてもらいました。

しかし、一方で、厳しい面もたくさん見ました。

その量が、自分の中で飽和状態になったとき、「起業すること」を薦められなくなりました。

冒頭に掲げた旗のもとに、多くの社員も集まるようになっていました。
それでも、心の底から「起業しよう」と言えなくなりました。

起業して経営という海に飛び込んだ、
あまりにも多くの人が「溺れていたから」です。

創業時に立ち上げて業界のパイオニアとなり、
高収益事業だったシェアオフィスの事業を売却しました。

2つのことを、やろうと決意したからです。

一つは、泳ぎ方を伝えるということ。
もう一つは、浮き輪を作ろうということです。

起業した人が溺れているなら、その2つをやればいい。
そう強く思いました。

2つ目の「浮き輪」を作ろうと考えて始めたITベンチャーは、
なかなかうまくいかず、7億円の私財を失いました。

ベンチャー的な事業経営が、
僕には向いていなかったのかもしれません。

3勝1敗7分

僕の起業の歴史です。
初めて大きな負けを経験しました。

おわりに

それでも生き残ることができたのは、
「守り」を意識してきたからなのだと思います。
でも、守れなかった会社が、いっぱいあります。
それを思うと、残された資産を頼りに、挑戦もせずに、
気楽に生きていくことは、できませんでした。
これからも、泳ぎ方を伝えるために、
経営という海に飛び込み続けたいと思っています。

2021年9月13日

浜口隆則

【著者紹介】

浜口　隆則（はまぐち・たかのり）

◉——会計事務所、経営コンサルティング会社を経て、1997年に「日本の開業率を10%に引き上げます！」をミッションとするビジネスバンク社を20代で創業。シェアオフィスのパイオニアとして業界を牽引していくなかで多くの会社が失敗する現実を見て、高収益事業だったシェアオフィス事業を売却して経営者教育を始める。

◉——数千社という会社経営の現実を見てきた経験から生み出された「経営の12分野」「社長力の10分野」「幸福追求型の経営」などのプログラムを提供する〈プレジデントアカデミー〉は累計参加者が３万人を超える「社長の学校」となっている。早稲田大学でも教鞭をとり「ビジネスアイデアデザイン」「起業の技術」「実践起業インターンREAL I&Ⅱ」などユニークな講義で人気に。

◉——著書に『戦わない経営』『社長の仕事』『起業の技術』（かんき出版）などがあり、海外でもベストセラーに。大企業の社長から若い起業家まで多くのファンに支持されている。

◉——横浜国立大学教育学部卒業、ニューヨーク州立大学経営学部卒業。

◉——株式会社ビジネスバンクグループ 代表取締役、スターブランド株式会社 代表取締役、PE&HR株式会社 社外取締役。

◉——現在も複数事業を経営する実践者であり続けている。

生《い》き残《のこ》る会社《かいしゃ》をつくる
「守《まも》り」の経営《けいえい》

2021年10月19日　　第１刷発行

著　者——浜口　隆則
発行者——齊藤　龍男
発行所——株式会社かんき出版
東京都千代田区麴町4-1-4 西脇ビル　〒102-0083
電話　営業部：03(3262)8011㈹　編集部：03(3262)8012㈹
FAX　03(3234)4421　　振替　00100-2-62304
https://kanki-pub.co.jp/

印刷所——シナノ書籍印刷株式会社

　ISBN978-4-7612-7573-0 C0030